吉祥中国

传统吉祥文化常识

颖君 ◎ 编著

中国华侨出版社

北京

图书在版编目（CIP）数据

吉祥中国：传统吉祥文化常识 / 颖君编著. —北京：中国华侨出版社，2019.10
 ISBN 978-7-5113-7969-6

Ⅰ.①吉… Ⅱ.①颖… Ⅲ.①中华文化—基本知识 Ⅳ.① K203

中国版本图书馆 CIP 数据核字（2019）第 185194 号

吉祥中国：传统吉祥文化常识

编　　著 / 颖　君
责任编辑 / 王　委
经　　销 / 新华书店
开　　本 / 670 毫米 ×960 毫米　1/16　印张 / 16　字数 / 242 千字
印　　刷 / 三河市华润印刷有限公司
版　　次 / 2022 年 2 月第 1 版第 2 次印刷
书　　号 / ISBN 978-7-5113-7969-6
定　　价 / 45.00 元

中国华侨出版社　北京市朝阳区静安里 26 号通成达大厦 3 层　邮编：100028
法律顾问：陈鹰律师事务所
编辑部：（010）64443056　　64443979
发行部：（010）64443051　　传真：（010）64439708
网　址：www.oveaschin.com
E-mail：oveaschin@sina.com

前言

"吉祥"从字面的解释来说,就是"吉利"与"祥和"的意思。古文献中记载"吉者,福善之事;祥者,嘉庆之征"。《说文解字》中说:"吉,善也","祥,福也"。也就是说,吉祥是一种好兆头,只有凡事顺心如意、美满幸福,才称得上吉祥二字。人们趋吉避害的心理在吉祥文化中体现得淋漓尽致,而吉祥物、吉祥符号、吉祥图案等就是人们数千年来创造并延续下来的表达美好心愿的最佳载体。

吉祥是人们生活中不可或缺的盼望,这就像鱼离不开水,鸟离不开天空一样。因为期盼美好幸福,祈望吉祥平安,这种吉祥意识是人们千百年来最执着的追求。吉祥意识决定了人们对吉祥符号和图案的选择,人们相信需要借助吉祥来驱赶厄运、消灾灭害、保佑平安,这样生活才会幸福美好、富贵荣华。

早在远古时代,中华民族的祖先就用符号图画寄托精神上的需求,敬拜图腾求得心理安慰,因此图腾是最早,也是最特殊的吉祥物。在原始社会中,某一种图腾符号可以代表某一家人,从而把整个原始部落凝聚成一个氏族,用崇拜图腾来祈求吉祥平安、氏族兴盛,因此图腾符号发展成为氏族的保护神，更是吉祥的象征和寄托，是一个民族最初凝聚力的重要标志。

吉祥的语言和图案，不论是对于正统华夏文明的传承更替，还是在普通百姓的日常生活中，都有着非常重要的地位。回溯我们民族的历史，你会发现寓意吉祥的元素、图案、纹样无处不在，并且不知经过多少代人的智慧和想象力，一次次修改、提炼和发展，才凝结成现今这些富有生命力的成果。

本书详细介绍了吉祥文化在饮食、装饰、节庆、婚嫁等诸多领域的表现，挖掘了吉祥文化背后的民族心理和文化根基，展示了中国人几千年来的伦理情感和审美趣味。

目录

第一章　吉祥文化之起源篇

  吉祥文化，人们的美好期盼　　003
  趋福避祸，人类的童年记忆　　005
  吉祥物，吉祥观念的物化　　007
  祥瑞之物的渊源和流传　　010

第二章　吉祥文化之饮食篇

  长寿面：福如东海，长命百岁　　015
  包子：包金包银，金银满堂　　018
  元宵：团团圆圆，阖家欢乐　　021
  喜蛋：十全十美，配得佳偶　　024
  鱼：过年有鱼，年年有余　　027
  饺子：更岁交子，团圆福禄　　030
  腐竹：金银满钵，富足安康　　033
  发糕：吃了发糕，步步高升　　035
  腊八蒜：聪明伶俐，算才之神　　037

第三章　吉祥文化之装饰篇

百家锁：避邪镇灾，锁命长寿　　　043
花花绳：五彩斑斓，祛瘟避邪　　　045
长命锁：求吉避凶，儿孙平安　　　048
对襟衣：身份尊贵，出身名门　　　051
灯笼：红灯高照，喜气浓厚　　　　053
百家衣：祛病免灾，健康平安　　　056
虎头鞋：虎虎生威，避邪壮胆　　　059
翡翠寿星：福如东海，健康长寿　　063
玉佩：养生修德，君子如玉　　　　065
玉瓶：普度众生，永遇平安　　　　068

第四章　吉祥文化之节庆篇

"破五"接财神：招财纳宝，财源广进　073
狮子滚绣球：祛灾祈福，万福安康　075
春社：万物繁衍，六畜兴旺　　　　078
咬春：咬得草根断，则可做百事　　080
划龙舟：纪念先祖，祈求平安　　　083
挂菖蒲：辟邪祛病，庇佑家宅　　　085
熏苍术：祛污除秽，趋利避害　　　087
插茱萸：驱邪治病，祈求安康　　　089
大暑食仙草：纳凉除热，送暑迎秋　092
小暑食新：驱邪避灾，庇佑全家　　095

立夏吃蛋：勤劳肯干，强身健体　　097
舞龙灯：人寿年丰，风调雨顺　　100
压岁钱：压祟压惊，岁岁平安　　103

第五章　吉祥文化之婚嫁篇

撒谷豆：辟邪除灾，迎祥纳福　　109
饮合欢酒：同甘共苦，患难与共　　111
龙凤呈祥：乾坤相通，天作之合　　113
五子衣：五子登科，福禄富贵　　116
中国结：意结同心，幸福绵长　　119
红双喜：喜庆加倍，好运连连　　121
纳吉：如纳彩礼，缔结婚约　　124
凤冠霞帔：出身显赫，无上荣耀　　127
安床：早生贵子，家庭和睦　　130
爆竹：竹报平安岁岁新　　133

第六章　吉祥文化之生肖篇

子鼠：蒸瞎老鼠，五谷丰登　　139
丑牛：丑牛送寒，冬去春来　　141
寅虎：白虎当堂坐，无灾又无祸　　144
卯兔：蛇盘兔、必定福　　146
辰龙：龙子求雨，风调雨顺　　149

巳蛇：排忧解难，降福消灾　　152

午马：车马还乡，驱除不祥　　154

未羊：阴消阳长，三阳开泰　　157

申猴：聪明伶俐，富贵封侯　　159

酉鸡：金鸡报晓，一唱天下白　　161

戌狗：盘瓠神话，供奉狗神　　164

亥猪：腊月宰年猪，来年又丰收　　167

第七章　吉祥文化之图腾篇

蝙蝠：五福和合，五福捧寿　　173

蟾宫折桂：应考得中，富贵荣华　　175

鸿雁南飞：秩序之鸟，忠贞有节　　178

鸳鸯比翼：双宿双栖，至死不渝　　180

貔貅：招财纳宝，福瑞之兽　　183

牡丹富贵：雍容华贵，仪态大方　　186

葡萄多子：多子多孙，儿孙满堂　　188

鲤鱼跳龙门：科举及第，功成名就　　190

燕子富贵：燕燕于飞，满园春色　　193

蟾蜍：吐宝不绝，财源绵绵　　195

第八章　吉祥文化之语数篇

福：五福临门，幸福安康　　　　201

禄：禄神临世，高官厚禄　　　　204

寿：长寿长存，国泰民安　　　　207

富：迎神祭富，财丰物厚　　　　209

偶数：两两为偶，阴阳互转　　　212

六：大吉大利，万事如意　　　　215

第九章　吉祥文化之植物篇

桃子：长命百岁，延年益寿　　　221

金橘：招财纳宝，吉祥如意　　　224

柿子：事事如意，一切顺遂　　　226

橙子：心想事成，梦想成真　　　229

甘蔗：节节攀登，步步高升　　　231

红豆：相思情切，寓意缠绵　　　233

梧桐：灵性梧桐，木中之王　　　235

葫芦：福禄双全，富贵无双　　　238

月季：月月花开，月月红火　　　240

佛手：佛缘长久，手到财来　　　243

第一章 吉祥文化之起源篇

吉祥的观念源远流长，长久以来都是中国人生存于世的终极目标。中华民族在原始社会就已经产生了吉祥文化，对美好与吉祥的崇拜和追求，历经千年万代，从来没有停歇过。吉祥文化不仅包含着深刻的文化内涵和寓意，也是中华民族追求美好生活和未来的象征。

吉祥文化，人们的美好期盼

纵观华夏文明的历史，"吉祥"的观念由来已久，乃是人们与天地自然相处时所追求的和谐之境。中华民族是一个追求美、追求吉祥的民族。在人们看来，审美感受与吉祥文化的内涵息息相通。

其实，"吉祥"最初的意思就是"美好的预兆"，《说文解字》中是这样阐述"吉祥"之意的："吉，善也。祥，福也。"《庄子·人世间》也提出了对"吉祥"的理解："吉者，福善之事。祥者，嘉庆之征"。纵观中国古代典籍，有关"吉祥"一词的释义、记载屡见不鲜。总而言之，"吉祥"带有古人浓重的理想主义色彩，是对未来生活的一种美好期盼与祝福。在遥远的上古时期，人们的"吉祥"观念是以巫术和原始宗教观念为基础的，通过一系列卜筮活动表现出来。所谓卜筮，就是古人占问吉祥的一项活动，作为卜筮工具的甲骨上面常常刻有"吉""凶"或"大吉"等卜辞。那个时期，人们称祭祀活动为"吉事"，称祭祀的礼仪为"吉礼"，称祭祀所用的各类青铜器具为"青金"，称举办祭祀活动或其他庆典的好日子为"吉日"。可见，当时"吉祥"观念已经具有很强的影响力，渗透人们生活的各方面。

总体来说，中国传统吉祥文化可以分为行为吉祥和物体吉祥两类。所谓行为吉祥，就是人们日常开展的各种丰富多彩的祈吉风俗或语言行为等。所谓物体吉祥，就是五花八门的传统吉祥物或具有吉祥寓意的图腾等。人们借助可见的风俗行为、生动的语言、有形的器具表达着无形的吉祥观念。

作为人们美好期盼的象征，"吉祥"包含着很宽泛的内容。就国家和古代皇权来说，统治者追求的吉祥就是国泰民安、王道仁政。就黎民百姓来说，遵循一般的世俗评价标准，人生最高的理想莫过于富贵长命、儿孙满堂、加官晋爵、平步青云。于是，吉祥的内容也主要围绕着多福、添寿、多子多孙等展开。

就像《尚书·洪范》所概括的，当时人们心中有关"吉祥"的观念可以通过"五福"来反映，即"五福，一曰寿，二曰富，三曰康宁，四曰攸好德，五曰考终命"。"五福"是中国传统的吉祥文化的核心内容，作为吉瑞主题，各有特色又彼此关照，集中反映了中国农耕时代和手工业时代的核心观念，是普通民众对自身价值的追求，对美好生活的憧憬，对生命意义的关注。

在漫漫历史长河中，这些人生主题通过功名利禄、增寿延年、祈福纳吉、驱邪避灾、招财纳宝等多个方面表现出来。千百年来，唯一不变的是中华民族对福寿平安、吉祥如意的美好人生的渴望与追求。吉祥文化是中国传统文化的一个重要部分，植根在中国传统农业社会的土壤之上，绵延数千年，不仅在衣食住行、节庆典礼、婚娶殡葬、寿诞生育等各个风俗习惯中得以彰显，在政治、经济、农事活动、哲学、文艺、宗教等各个领域也多有涉及，遍布于民众生活的各个方面，各种纳福迎祥的民诉事象也随之产生，比如说，"福""禄""喜""寿"等表示吉祥寓意的文字；瓜瓞绵绵、葡萄多子、牡丹富贵等表示吉祥寓意的图案；桃、梅、石榴、金橘等表示吉祥寓意的植物；龟、鱼、鹿、龙、凤等表示吉祥寓意的动物；贴春联、舞龙灯、挂菖蒲、吃饺子等表示吉祥寓意的行为。

吉祥文化是人们所选择或所追求的一种生活方式，是在特定的时间、地点或仪式中所传达出的一种生活期盼，凝聚着人们的生命意识、审美情趣、伦理情感。迄今为止，中国吉祥文化已有数千年的历史，而我们要继续心怀着这份对美好生活的期盼，将生动有趣、渊博浩瀚的吉祥文化继续传承下去。

相关小知识

卜筮：卜筮有占卜、算卦的意思，是古代人们预测未来的活动。卜筮，顾名思义有两种方法，一种是卜，一种是筮。具体操作时，应先手执蓍草观看数目以定吉凶,这是筮,然后再烧灼乌龟的壳,龟壳受到烧灼会裂开,人们便以龟壳裂纹的形状来定吉凶,这是卜所。所以,卜筮的具体过程是先筮后卜。卜筮在古代人们生活中的地位非常重要,如《尚书》中说,箕子向周武王进言,认为决定军国大事的应该有五个方面,"谋及乃心,谋及卿士,谋及庶人,谋及卜筮"。这段话表明,五个决定国家大事的因素中,卜和筮便是其中的两个。

趋福避祸,人类的童年记忆

从人类早期的历史可以得知,原始人类为了生存下来,每天必须与自然界中的各种危险相抗争。在这种抗争的过程中,人类形成了各种神灵观念和崇拜意识,长期发展构成了一种趋福避祸的观念,成为原始人类生活的精神支柱。

为什么早期的人类会相信各种神灵呢?趋福避祸的观念又是怎样产生的呢?首先,在原始经济活动中,主要依靠狩猎、采集、畜牧和农耕,生活在中原地区的人类自古以来就以农耕为主,虽然人们能够掌握一定的农业和耕种知识,但是无法控制水旱灾害、害虫侵食庄稼等意外情况。所以,对于农业社会来说,庄稼是荒年还是丰年,人力根本无法主宰。此外,战争也是原始社会一项无法预测的活动,战场上的胜负成败,绝非某一方军队自身能力所决定。还有一些异常的自然现象,也超出了原始人类的知识范围,引发了人们的恐惧和猜测,怀疑有一股神秘的力量在背后支配一切。因此,"人事之外,尚有天命"的观念就产生了。

原始人类相信有超自然的力量主宰人生,他们对这种力量充满敬畏和恐惧。比如船舶在水中航行时,遇到巨大风浪,船夫会采取祭祀的方式,将活的动物或者活人抛进水中，以祈求风平浪静，化险为夷。原始人类经过多次尝试和试验，逐渐产生一种观念，只要设法把握住这一股超自然力量，就可以从中得到祝福和好处。

正因为这样，原始人类相信万物有灵，自然界里的日月星辰、山川河流、花草树木、野兽爬虫，都能成为人们的崇拜对象，由此也产生了一些趋福避祸的方法。比如在氏族部落中，有图腾崇拜和祖先崇拜，人们把崇拜物神化之后，就变成了自然神灵崇拜。

早期的图腾崇拜就是人类趋福避祸的重要方法，图腾的形象一般刻画在氏族部落的旗帜或者祭器上，作为一个氏族的徽号和名称，同时也是氏族部落的吉祥物。在古籍记载中，远古图腾的类别繁多，很多地区的人类相信图腾就是自己的祖先，因而产生敬畏的崇拜之情。比如严复在《社会通诠》中总结原始部落的图腾：闽地为蛇种，盘瓠为犬种，西羌为牦牛种、白马种、参狼种，哀牢夷为龙种，夜郎为竹种，党项羌为猕猴种，高车人有狼父，突厥人有狼母，等等。

除了图腾崇拜以外，早期人类趋福避祸还有自然神灵崇拜，从古文献来看，当时人们崇拜的东西有日月星辰等天体，也有风雨雷电等自然力量，还有山川河流、动物植物等。中国古代人认为太阳是众神之主，关于太阳的神话有羲和生日、夸父逐日、后羿射日等，而对月亮的崇拜产生了常羲、嫦娥、蟾蜍、桂树、玉兔等吉祥形象。此外又有风伯、雨师、雷公、电母的神话形象，而山川河流都有土地神、山神、河伯等形象，连动物和植物都赋予神灵崇拜的具体形象，比如蚕神、鸟神、虫神、兽神等。在《周礼·春官》中规定，由神职"大宗伯"管理天下各种神祇，具体种类包括：天神、日月星辰、风师雨师、社稷神、五祀五岳、山林川泽、四方百物、氏族祖先、英雄人物等。

古代先民趋福避祸的观念和方法对后世产生巨大影响，吉祥物和吉祥文化的本质就是趋福避祸，是人们对美好平安生活的希冀，并在某种程度上成为一种精神寄托。

相关小知识

图腾：图腾是古代的原始部落因为迷信与某种自然事物或者是有血缘关系的祖先、亲属等，而将它们作为本部落或氏族的象征。因此可以这样来形容图腾在先民们心中的地位：图腾就是承载神的灵魂的载体。先民们无法解释许多大自然中的奇异现象，便认为世界上存在着他们无法接触的神灵，这些神灵或借助龙的模样出现在人间，或借助熊的形象来传达他的某种旨意，或者借助狼的躯壳来帮助人或惩罚人，由此便形成了龙图腾、熊图腾、狼图腾等。先民们用图腾的说法来解释神话、诠释古典记载以及形成民风民俗的行为，是目前学者们研究到的全世界人类历史上最早的文化现象。随着人们认知的逐渐广泛与深化，许多以前解释不了的现象能够轻而易举地理解了，可图腾作为一个民族共同的文化烙印，永远不会消失。

吉祥物，吉祥观念的物化

吉祥物，是中国最早的代表原始精神文化的吉祥事物。在远古时代，我们的祖先面对不可预知的天地自然现象，对生活和未来产生畏惧感，因此创造了很多具有象征意义的形象，比如龙、凤、麒麟等祥瑞动物，象征着人们追求幸福美好的生活，这些被称为"吉祥物"。

吉祥物产生历史悠久，在远古时期就已经出现了图腾类的吉祥物。古代原始部落迷信某种保护神灵，将神灵形象化，用来作为本族的徽号或者象征。图腾形象对原始氏族部落来说，就是一种带有神灵力量的吉祥物。《列子·黄帝》中记载："黄帝与炎帝战于阪泉之野，帅熊、罴、狼、豹、貙、虎为前驱，雕、鹖、鹰、鸢为旗帜。"当时东方的少昊部落以鸟为图腾，而太昊部落则以龙为图腾。而太昊部落的龙图腾形象由蛇的形象演变而来。上古时期，太昊部落主要在黄河中下游地区活动，草莽树林茂盛，毒蛇猛兽随处可见，尤其是毒蛇最为凶猛，部落的人心存畏惧，将蛇奉为神明，作为保护部落的吉祥物，逐渐演化成龙图腾。

吉祥物从远古发展到今天，种类丰富多样，类型包罗万象，有寓意美好的动物、植物、器物等，也有人们在原有事物属性基础上，进行加工转换，创造出来的各种富有吉庆意味的虚构物品。吉祥物从功能用途来分，可以分为以下几类：祈福吉祥物，如蝙蝠等；富贵吉祥物，如鲤鱼、蟾蜍等；求子吉祥物，如石榴、送子观音等；寿庆吉祥物，如寿桃、龟鹤等；喜庆吉祥物，如喜鹊、双喜字等；辟邪吉祥物，如貔貅、钟馗等；品格吉祥物，如竹子、莲花等。

从这些吉祥物中，可以窥知中华民族传统风俗和生活方式，人们创造吉祥物时，通过转化事物属性、谐音取意、加工神话故事等手段，使吉祥物的形象不仅富有吉祥内涵，而且意趣无穷，体现出古代人们的无穷智慧。

比如椿树、萱草、芝兰、磐石、竹子，这五种东西被称为"五瑞"。由于椿树的寿命比较长，古代人习惯将椿树比作父亲，称为"椿庭"，因此椿树是一种吉祥植物，象征老人的长寿。萱草又名忘忧草，古人多在后室种植萱草，而后室常常是母亲居住的地方，因此古人将萱草指代母亲，希望这种植物让母亲忘记忧愁，给母亲带来祝福。芝兰外形高洁优雅，古人常常用盆栽种植在庭阶之上，用它训诫家中子孙，要效仿芝兰的高洁德行。磐石是平坦厚重的大石头，通常盘踞在高山上，任由风吹雨打岿然不动，古人将磐石引申为志向坚定的意思，是执着稳固的吉祥物。竹子被古人比喻为正直的君子，古代在信笺上印画竹枝或者竹叶，代表着平安，所以有"竹报平安"的说法。把这五样吉祥的瑞物放在一起，就形成了父母长寿无忧、家基稳如磐石、子孙兴旺好学、合家平安幸福的寓意。

除此之外，谐音取意也是吉祥物创造的重要方式，以"如意"为例，原本是一种搔痒工具，后来有人把它插在瓶子里，取谐音为"平安如意"，或者用两个柿子或一对石狮子配如意，便成了"事事如意"。用如意与柏树、柿子搭配，就是"百事如意"。

由于汉语谐音在古代的广泛运用，使得吉祥物的类别不断增加，流行于民间的吉祥物多属谐音取意。比如考试的时候要带糕点和粽子，糕的谐音为"高"，粽谐音"中"，寓意为"金榜高中"。新婚夫妇要准备枣、栗、桂圆和花生四样吉祥物品，寄托了"早生贵子"或者"立生贵子"的美好愿望。

还有一些吉祥物出自民间神话传说，一代一代的人们经过口耳相传，把传说故事延续下去，形成了一种习俗，而故事中的吉祥事物就被人们奉为吉祥物。比如"麒麟送子"的故事，传说孔子的母亲怀胎十月，有一天外出经过尼山的时候，突然间肚子疼痛，马上就要生产。这时候天空出现一阵雷鸣闪电，有一只独角麒麟驾着五彩祥云从天而降，带来漫天红光和瑞气。麒麟举止优雅有礼，从口中吐出一块锦帛，上面写着：水精之子孙，衰周而素王，徵在贤明。意思是说，孔家将要出生一位龙之子孙，他在周王朝衰落的时候出现，是未来的道德之王，虽未居帝王之位，却有帝王之德。麒麟离开之后没多久，孔子就诞生了。因此，后人将"麒麟"象征着崇高道德，并且成为送子的吉祥物。

吉祥物是中国传统吉祥观念的物化，也是人们寄寓美好愿望的象征物。由吉祥物而体现的吉祥文化，寄托着人们的生活理想和情感愿望，在中国人的精神世界和物质世界里，占有极为重要的地位。

相关小知识

麒麟：中国古代五大瑞兽之一。麒麟在古代是一对儿神宠，麒为公，麟为母。麒麟的形象也与龙一样，是由许多动物的特征综合而来的。据记载，麒麟有龙之头、狮之眼、鹿之角、虎之背、熊之腰、蛇之鳞、马之蹄和牛之尾，性情温和，口中可喷火，能活两千岁。古人常用麒麟来形容德才兼备之人，认为有麒麟出没的地方，必定有祥瑞。与龙凤不同的是，麒麟的适用范围较广泛，上到王公贵族，下到府县衙门，都可用麒麟作为装饰，以振官威，而龙凤只能用来装饰皇帝、皇后等寥寥几人。在民间，麒麟向来是"送子"的形象，民间多有"麒麟送子"之说，除此之外，麒麟还有化煞挡煞、镇宅辟邪、旺财旺丁、转祸为祥等功能。因此，无论官府还是民间，都将麒麟视为大吉大瑞之兽。

祥瑞之物的渊源和流传

祥瑞又称"福瑞"，传统的说法是指吉祥的征兆。在中国古代，民间百姓相信祥瑞带来的吉祥征兆，而儒家也相信祥瑞是一种表达天意、给百姓带来吉庆的自然现象。比如天上出现祥云，意味着风调雨顺；还有田地里禾生双穗、涌出甘泉、出现奇禽异兽等，都是吉祥的征兆。传统的儒家学者通常认为，这些现象之所以出现，是因为上天对君王的行为表示满意，对帝王推行政策进行赞扬或表彰。因此，在中国古代出现了谶纬学，即对祥瑞进行解释，而儒者的重要任务之一，就是负责观测和解释这些祥瑞现象。

在中国古代，凡是帝王登基，或改朝换代，都有祥瑞征兆出现。比如说，周武王进攻商朝都城时，传说有无数白鱼跳到船里；有火焰从天而降，落到了周武王的房顶，然后化为一只白鸟。汉朝开国皇帝刘邦，曾经醉酒斩断一条白色巨蛇的头，据说那白蛇是白帝的儿子，而刘邦是赤帝的儿子，杀死了白蛇，这预兆着刘邦要当皇帝。刘邦登基时，据说五大行星曾连成一字排列，出现在天上，号称五星连珠，此外还有许多其他的祥瑞，都预示着刘邦是真命天子。汉代以后，几乎每一个皇帝登基即位，都会有一些祥瑞出现，大臣们也把发现和解释祥瑞作为政绩的重要表现之一，因此出现了许多虚假情况，发展到后来，越是朝政败坏，祥瑞反倒越多。

翦伯赞在《秦汉史》中说："按中国的规矩，做皇帝，一定先要有上天的预示，而这就是所谓祥瑞。"中国传统文化中的祥瑞，早期都与帝王宣扬皇权天授，因而天降祥瑞以示正统地位有关，但这些祥瑞在当时多是由人伪造出来的，完全是为了政治服务。比如在王莽辅政的五年中，全国到处出现祥瑞，有麒麟、凤凰、神龟、龙等总共七百余次，无奇不有，这些祥瑞虽然是为了维护皇权正统而设置，但也有吉祥的征兆和象征，符合民间百姓渴望吉祥如意、平安昌盛的心理需求。

古代祥瑞的种类有很多，大体分为五种，即为五个等级。古人相信"麟凤五灵，王者之嘉瑞也。"这是最高等级的瑞兆，称为嘉瑞，以下又分为大瑞、上瑞、中瑞和下瑞四个等级。在《新唐书·百官志》记载："礼部郎中员外朗掌图书、祥瑞，凡景星、庆云为大瑞，其名物六十四；白狼、赤兔为上瑞，其名物二十有八；苍乌、赤雁为中瑞，其名物三十二；嘉禾、芝草、木连理为下瑞，其名物十四。"

嘉瑞五种，又称"五灵"，分别是麒麟、凤凰、龟、龙、白虎。麒麟是古代传说中的神兽和仁兽；凤凰是传说中的瑞鸟，这两种祥瑞出现，意味着贤王的出现，传说"凤鸟非练实不食，非礼泉不饮。有王出，则凤凰见"。所以古人用"凤鸣朝阳"寓意高才逢时，用"鸾凤和鸣"作为祝贺新人婚礼之词。远古时期多以龟甲占卜凶吉，所以称龟为神龟。《尔雅·释鱼》记载："河图曰：灵龟负书，丹甲青文。"龟有长寿之意，也有彰显天下吉凶，朝代兴衰的灵性，因此历代以龟作为嘉瑞。龙自古以来就是华夏民族崇拜的图腾，传说龙能兴云雨、利万物，使百姓风调雨顺、丰衣足食，而历代皇帝都以真龙天子自居，认为自己就是龙的化身，因此龙为五灵嘉瑞之一。白虎也称"驺虞"，《古今图书集成》记载："驺虞，仁兽也，其文而白，其质貌首虎躯，尾参于身。一日千里，熟知其神，振振仁厚，不践生草，彼物之生亦不以饱，维天生之亦白天成，圣明之世为祥为祯。"记录白虎黑纹是仁兽，虎性威猛，是忠义之兽，常被比喻为将帅之勇，所以被百姓誉为嘉瑞。

大瑞一类指各种自然现象，比如"甘露降、日月光、斗极明、钟律调、四夷化、瑞雪雨。日月合璧、五星连珠、江出大贝、海出明珠、河出马图、洛出龟书、陵出黑丹、山出器车、泽出神马、风不鸣条、海不扬波、混河载清、枯木再生、抱珥之日、同色之星、牛生上齿、狗养斯肫、牛生厥石、鸟状前赤、陆生莲花、万蚕同茧、抱日之气、覆鼎之云"等。在这些祥瑞名物中，多数是自然现象，也有一些是神话传说和虚构故事。

上瑞一类泛指各种动物，如白狼、赤兔、白鹿、白狐、白猿、白熊等。中瑞一类主要是指各种飞禽，如飞鹰、苍乌、赤雁、白雉、白燕、白鸠等瑞鸟。下瑞一类泛指各类奇花异木，如一株多穗的谷子、稻子、麦子等称为嘉禾，古人一般以九穗以上的嘉禾为祥瑞。此外还有灵芝、木连理、平露、宾连、冥荚、走蒲、延喜、嘉瓜、朱草、屈轶草、大木、五丈高桑、夜亮木等。

此外，到明清时代，又发展出了祥瑞的种类，包括各种珠宝、器物和祭祀礼器等，比如玳瑁、珊瑚、神鼎、丹甑、铜钟、玉磬、玉瓮、瓶瓮、玉英、玉琮、碗圭、珍圭、玄圭、玉玺、玉印、传国玺及各种玉璧等。

相关小知识

蜘蛛报喜：在古代，蜘蛛是与喜鹊齐名的喜虫。现如今，"喜鹊报喜"的说法在中华大地上妇孺皆知，而又名"蟢子"的蜘蛛却逐渐被人们淡忘了它的吉祥寓意。关于蜘蛛报喜的事例书上有很多记载，如宋朝《碧溪游潭》上说，有一个秀才进京赶考，路过一座庙宇，由于连日赶路，身体疲乏不堪，便在庙宇的佛堂上睡了起来。一觉到天亮，正准备起身，一只结网的蜘蛛垂掉了下来，正好落入秀才怀中。秀才高兴地说此乃"喜从天降"，连忙对着蜘蛛拜了三拜。后来果然一举考中解元，又得到同乡一位尚书的提拔，三四年内接连升官，受到朝廷的重用。这故事虽不一定真实，却反映了民间"蜘蛛报喜"的说法深入人心，难怪欧阳修说："拂面蜘蛛占喜事，入帘蝴蝶报佳人。"

第二章 吉祥文化之饮食篇

自古以来，中华民族重视饮食文化，并将饮食和吉祥紧密结合起来，形成独特的吉祥饮食文化。每一道吉祥的食物不仅寓意深刻，更包含了人们对美好生活的期待和向往。人们愿意用食物赋予祝福的含义，也会用吉祥食物为自己的生活祈福，并希望饮食中的每一个细节都是吉祥的代表。因此，在充满祝福的饮食文化中，即便是普通的食物，也都包含着吉祥寓意，代表着美好和幸福。

第二章 吉祥文化之饮食篇

长寿面：福如东海，长命百岁

  在中国的饮食文化中，以面为主，上到八十岁老人，下到牙牙学语的婴儿都喜爱食面。中国面条起源于东汉，后由"遣唐使"传入日本，元代后由威尼斯商人传入意大利和欧洲。在中国文化中，面条和美酒、茶叶一样为人类餐饮文化的发展史做出了巨大的贡献。中华文化博大精深，吃面在中国有很多讲究。过生日时要吃长寿面，祝愿寿比南山；乔迁新居要吃打卤面，寓意着接下来生活有滋有味；农历二月二龙抬头要吃龙须面，祈盼来年风调雨顺。由于各地风俗文化不同，不同时节吃的面条也不尽相同。中国饮食文化的魅力让人叹为观止，而且多有吉祥寓意，现以长寿面为代表来展示一下中国面食的吉祥文化。

  长寿面的面条很长，由于以高筋粉来做面条，筋道不容易断，因而代表着长寿的含义。在中国文化中，长寿一直是人们执着追求的目标。起初，民间有生日吃寿面的习俗，据说这个习俗源于西汉年间。相传，汉武帝崇信鬼神又相信相术，一天他与众大臣聊天，说到人的寿命长短时，汉武帝说："《相书》上讲，一个人的人中长，寿命就长，如果人中达到一寸长，就可以活到一百岁。"坐在汉武帝身边的大臣东方朔听后，就哈哈大笑了起来，众大臣莫名其妙，都怪他对皇帝无礼。汉武帝问他笑什么，东方朔解释说："我不是笑皇上，而是笑彭祖。人活一百岁，人中就长一寸，那么彭祖活了八百岁，他的人中就长八寸了，那他的脸有多长啊。"

  东方朔说的笑话流传下来，让百姓误以为脸长的人就会长寿，后来随着民间的流传，误传成了面长即寿长，所以逐渐产生了"长寿面"，意味着寿命长。后来，人们在过生日的时候就吃长寿面，逐渐发展成为一种庆贺诞育寿辰的礼仪，尤其是婴儿出生三日或满月时，亲朋好友前来祝贺，主人家则举办宴席答谢，其中照例应有一道汤煮面条，就是长寿面。从此，这道长寿面也成为每次生日宴会上所必备的食物，由最初的出生之喜推移为对长寿的祝福。

过生日吃"寿面"有一定的讲究和规矩，人们喜欢吃寿面，因而形成了固定的套路。寿面要求三尺，每束须在百根以上，盘成塔形，用红绿镂纸拉花罩在上面作为寿礼，敬献给寿星。寿面要准备双份，祝寿时置于寿案之上，寿面的吃法也是很有讲究的。寿星的子女孙儿都盛上一碗长寿面，在寿星面前摆好一个大空碗，上面搭一根葱。首先由寿星的伴侣或者长子为寿星添汤，然后按长幼顺序依次把自己碗中的长寿面挑一根最长的，放在寿星的碗中，搭在长寿碗中的葱上。然后寿星开始品尝长寿面，大家欢呼后依次品尝各自的长寿面。

一般说来，长寿面条越长越好，老人吃一碗还不行，子女还要给老人加面条，称为"添寿"。在中国传统食品中，以面条最为绵长养身，生日的时候吃长寿面，表示延年益寿，因此吃寿面是过生日时最要紧的饮食。生日吃一碗长寿面，表达人们对寿星的美好祝福。于是人们就借用长长的面条来祝福长寿。渐渐地，这种做法又演化为生日吃面条的习惯，称为吃"长寿面"。这一习俗一直沿袭至今。

古语曾说"人生有三面"，即"洗三面""长寿面"和"接三面"。"洗三面"是婴儿降生后三日有"洗三"的仪式，所以宾客吃"洗三面"，祝愿婴儿身体健康，长命百岁；过生日时照例吃"长寿面"，谓之"挑寿"，寓意"福寿绵长"；人死三日的初祭谓之"接三"，家人用"接三面"招待来宾，表示对死者的悼念之情悠悠不断。

民间在除夕、元旦两天也有吃长寿面的习俗，象征着新年祝福、长命百岁，这时要在长寿面里放鸭蛋，虽然平时鸡蛋比较受欢迎，也容易买到，但在春节期间吃的长寿面里，鸡蛋是不能取替鸭蛋的，而且老一辈特别强调用鸭蛋。至于为什么用鸭蛋呢？因为古时候的人出远门，多数使用的交通工具是小船,他们希望行程能够乘风破浪,顺顺利利到达目的地,回来时也能平平安安,一家人就可以团团圆圆。所以"鸭蛋"意指"压浪",就够压住大浪,小船乘风破浪,顺利到达,平安回家。

在中国人心中,长寿是享受幸福生活的一个标志,传统的五福,即福、禄、寿、喜、财,就代表了中国人的生命价值观和幸福感。健康长寿是国人共同的美好愿望,也是对每一个生命的美好祝福,中国长寿文化已经渗透中国人的血液中,成为一种传统和习惯。

相关小知识

彭祖:《论语》中有这样的记载"述而不著,信而好古,窃比于我老彭。"这里的"老彭"指的是彭祖,把彭祖和"好古"联系起来,可见彭祖的高寿。《神仙传》中记载,彭祖"殷末已七百六十七岁,也不显得衰老。少好恬静,不恤世务,不营名誉,不饰车服,唯以养生活身为事"。彭祖在中华历史中是一个颇有影响的人物,在孔子、荀子、吕不韦等先秦思想家的言论中都有关于彭祖的内容,关于彭祖的长寿之道,在庄子流传下来的诸多篇章中更是多有提及。在《庄子·大宗师》中讲得道者的玄妙之处,讲到长寿之道时有这样描述:"彭祖得之,上及有虞,下及五伯。"这句话的意思是,彭祖学会长寿之道后,从虞时代一直活到了五伯时代,活了八百多年。也因此,彭祖被称为世界上最长寿的人。

那么,彭祖有什么养生之道呢?《庄子》中这样写道:"吹呼吸,吐故纳新,熊经鸟伸,为寿而已矣。此导引之士,养形之人,彭祖寿考者所好也。"庄子认为,彭祖之所以长寿,在于他善用行气养生的方法。《荀子》中也有关于彭祖"治气养生"的记载。道教出现并盛行后,因为道教讲究吐纳行气之术,便将彭祖列为道教仙人,随之他的身世和经历也丰富起来。关于彭祖的生平,在道教名人葛洪的《神仙传》中,就有较为详细的记载。

包子：包金包银，金银满堂

每个国家和地区都有属于自己的饮食文化，在饮食文化中，人们关注的不只是色香味等因素，更重视饮食中蕴含的寓意。在我国的传统饮食文化中，人们认为包子是一种吉祥的食物，因为包子取自"包金包银"，具有金银满堂的美好寓意。

包子别称"蛮头""曼头""馒头"，是指外面为面皮，里包裹有肉、豆沙或其他馅的一种食物，一般是用面粉发酵而做成的，包子的大小依据馅心的大小有所不同，最小的可以称作小笼包。包子常用的馅心有羊肉、牛肉、粉条、香菇、豆沙、芹菜、包菜、韭菜、豆腐、木耳、干菜肉、蛋黄、芝麻等。

在北方，没馅的馒头叫馒头，有馅的叫包子。而在南方一些城市里，却习惯叫包子为馒头，有些地方称"肉馒头"。包子和馒头在历史上有着很深的渊源，而且包子最初不叫这个名字，而是以馒头之名行于世的。

包子不仅是吉祥富贵的食品，也是一种古老的面食，相传起源于三国。

三国时期，包子叫馒头，传说是诸葛亮发明的。《事物纪原》中记载了一个故事：诸葛亮征讨孟获，他的手下人说，蛮地非常流行巫术和邪术，所以在征讨之前，必须向神灵祈祷，然后神灵会派阴兵前来助阵。但是按照当地的习俗，在祈祷祭祀的时候必须杀人，用人的脑袋祭祀神灵，然后神灵才会发阴兵来帮助他们打仗。但是诸葛亮不愿意遵从当地的习俗，于是他杀了一头猪和一只羊，把猪羊的肉割下来剁碎，用面皮包上，做成一个很大的包子，看上去很像人头的样子，蒸熟之后用来作为祭祀品。后人就把这种面皮包肉的食物叫馒头。

从此，在民间即有了"馒头"一说，诸葛亮也被尊奉为"馒头行"的祖师爷。明代郎瑛在笔记《七修类稿》中记载："馒头本名蛮头，蛮地以人头祭神，诸葛之征孟获，命以面包肉为人头以祭，谓之'蛮头'，今讹而为馒头也。"他解释馒头名称的来历，说当年诸葛亮用面皮包肉做成人头进行祭祀，因为他们在蛮地祭祀，所以称为"蛮头"，后来讹传为"馒头"。

到了晋代，史书上正式出现"馒头"的字样。在《饼赋》中记载，"馒头"指的是内含肉馅的大个"蒸饼"。据史籍记载看，西晋时期已经流行用馒头作为祭祀品。"馒头"不仅是有馅的，而且制作方法已经十分精湛，尤其提到馒头"笼无迸肉""薄而不绽""三十色外见"，颇似后世制作考究的小笼包子。《饼赋》中说，初春时的宴会上宜设"曼头"，这里所说的"曼头"其实就是包子。

宋朝以后，"包子"这种叫法才开始流行，在《爱竹淡谈薮》一书中记载：宋朝有个叫孙琳的大夫，他为宋宁宗治病，就是用馒头包大蒜、淡豆豉，让皇帝每日吃三次，三天之后便病除，被人们视为神医，而神医用馒头包馅治病，被称为包子。宋代著名的大诗人陆游写《笼饼》诗："昏昏雾雨暗衡茅，儿女随宜治酒肴，便觉此身如在蜀，一盘笼饼是豌巢。"他自己做注释说：用蜀中杂猪肉作馅的馒头，味道非常好，唐代人把馒头称为笼饼。由此可见，在唐宋时期，人们用猪肉和面做的馒头已经非常普遍了。

元代时，人们非常看重包子，认为包子是一种吉祥富贵的食物。《饮膳正要》中记有天花包子、藤花包子、蟹黄包子，天花包子指的是平菇与羊肉一起作馅，味道非常鲜美。《居家必用事类全集》中有"鱼包子"，是以鲤鱼或鳜鱼为主馅，可见元代时期制作包子的花样已经很多，而且非常味美，同时又很昂贵，只有富贵人家才吃得起包子。

明代时期人们将包子纳入祭品，对包子的具体样式也有了规定，与饼类严格区分。到了清代，北方把没有馅的称为馒头，有馅的称为包子。而南方则把有馅的称为馒头，无馅的叫"大包子"。在《清稗类钞》一书中记载："馒头，一曰馒首，屑面发酵，蒸熟隆起成圆形者。无馅，食时必以看佐之。

南方之所谓馒头者，亦屑面发酵蒸熟，隆起成圆形，然实为包子。包子者，宋已有之。"说明这时候南北方对于包子的称呼并不统一。

清代时，人们对于包子馅料的追求达到了极致，很多老字号的包子店流传至今，例如人们熟知的天津"狗不理包子"，名扬天下，享誉中外，已有百年历史；灌汤包，俗称汤包、灌汤小笼包，起源于北宋时期，流行于全国各地，著名产地有开封、西安等地；叉烧包，流行于广东、香港一带，是广东省具代表性的汉族传统名点之一，粤式早茶的"四大天王"之一；小笼包，因包子以小笼屉蒸得名，南方味道偏甜，北方味道偏咸，起源于清代道光年间的江苏省常州府，是当时的万华茶楼首创；蟹黄包，尤其是江苏靖江的蟹黄汤包，以数百年的悠久历史闻名遐迩，是全国的六大名包之一。除此之外，常见的包子还有豆沙包、奶黄包、糖三角等。

包子在古代是富贵人家祭祀、食用的面食品，因而象征着吉祥、富贵、祝福等。据宋人王棣《燕翼诒谋录》记载：宋大中祥符八年二月丁酉，是宋仁宗的诞生之日，真宗皇帝心情愉悦，凡是大臣前来祝贺的，都领取宫中赏赐的包子，包子里全是金珠子。因为皇帝赏赐给臣下的银钱封包，所以包子富贵，包金包银，成了吉祥的象征物。宋代蔡绦《铁围山丛谈》卷四记载：皇宫里诞下皇子和公主的时候，普天同庆，皇帝把包子赐给大臣们，以示庆贺。这些包子全是用金银、大小钱、金粟、涂金果、犀玉钱、犀玉方胜一类的物品包成。以此可看，"包子"在北宋时期象征着富贵吉祥，皇子生辰的时候赐给众臣，这就是"包子"寓吉祥之意的起源。

"包金包银包富贵，装珠装玉装平安。"包子的发明与演变不仅是我国古代百姓的智慧结晶，更是传统饮食文化的重要组成部分，经历了宋元时期奢侈至极的"包子时代"，包子从显贵的皇宫和富豪人家流传开来，成了普通百姓餐桌上常见的面食。如今包子的原始寓意"包金包银，金银满堂"已经逐渐淡去，但它传达出人们对幸福生活的美好期盼，这种吉祥意蕴会一直流传下去。

相关小知识

狗不理包子：狗不理包子是最具中国特色的风味小吃之一，是"天津三绝"之首。狗不理包子味道鲜美，制作工艺严格，据说每个包子上的褶都不能少于十五个。关于狗不理包子名称的由来，还有一则小故事：狗不理包子的创始人名叫高贵友，出生于1831年，年幼时其父亲因为中国民间有"人名贱，好养活"的说法，所以给高贵友取小名叫"狗子"。后来高贵友进城学艺，由于勤劳肯干人又聪明，因此做点心的手艺长进得很快。后来他便索性自己开了一家包子铺，取名"德聚号"，由于口感鲜美且诚信经营，德聚号的生意很快红火起来。来吃包子的人愈来愈多，高贵友常常忙得不可开交，不能招呼顾客。顾客们便戏称："狗子卖包子，不理人。"这句话喊得久了，便成了"狗不理"，德聚号的名字反而逐渐没人知道了。

元宵：团团圆圆，阖家欢乐

元宵是中国汉族传统小吃之一，属于一种节日食俗，通常是在元宵节食用，具有一种吉祥喜庆的象征意义。元宵的做法有两种，北方是"滚"元宵，南方是"包"汤圆，两种做法的馅料和口感均有所不同。

吃元宵的习俗在民间流传较广，据说春秋末期，楚昭王在复国归途中经过长江，见江面上飘着一些东西，颜色白而微黄，里夹有红如胭脂的瓤，吃起来味道甜美。大家都不知这是什么东西，昭王便派人去问孔子。孔子说：这个叫浮萍果，凡是吃到这种食物的人，都有好运，看来这是君王复兴之兆啊。楚昭王一听，特别高兴，就命手下人用面仿制此果，并用山楂做成红色的馅，煮熟了当作食物吃下去，寓意吉祥顺利。因为这一天是正月十五日，以后的每年这一天，都要做这种食物，这就是元宵最早的传说。

到了汉武帝时期，又有一个关于元宵的故事。有一天，东方朔在长安街上摆了一个算命摊，很多人都争着向他占卜算卦。结果每个人所占的都是"正月十六火焚身"的卦签。长安顿时引起很大的恐慌，人们纷纷求问解灾的办法。东方朔说："正月十五晚上，天上的火神君会派一位红衣仙女下凡，她就是奉命焚烧长安的人，我抄一份偈语给你们，可以想一想办法。"说完，他写了一张红帖给众人。人们拿着红帖送到皇宫去禀报。汉武帝拿来一看，上面写着："长安在劫，火焚帝阙，十五天火，焰红宵夜。"汉武帝看不懂什么意思，连忙请来东方朔。东方朔说："火神君最爱吃圆子，宫中有一个宫女叫元宵，她经常做圆子，十五那天可让她做好圆子，然后皇上焚香上供，传令家家户户一齐供奉火神君，再把圆子分给百姓食用，然后到晚上满城挂灯，点鞭炮、放烟火，好像着大火一样，就可以瞒过玉帝了。"

到了正月十五日晚上，长安城里张灯结彩，热闹非常，百姓吃到宫女元宵做的圆子，又看到写有"元宵"字样的大宫灯时，都大声高喊："元宵！元宵！"这一晚长安城果然平安无事。汉武帝于是下令，以后每到正月十五都做圆子供火神君，全城挂灯放烟火。因为这些圆子是宫女元宵做的，所以称为"元宵"，而正月十五这天叫作元宵节。

元宵的做法流传到后世，发生了一些变化。据民间风俗史书上记载，隋朝末期，有一年正月十五，隋炀帝杨广为了粉饰太平，彰显民富国强，下令在洛阳城里搭起高台戏棚，让全国各路高手戏班从十五之夜开始，夜夜花灯高照，歌舞升平，弦歌不绝。一时看灯的、听戏的、做小生意的，人山人海，整个洛阳城都沸腾起来。这时有个小吃店铺的老板别出心裁，把糯米碾成粉，用糖馅做成团子，然后煮熟卖给观灯的客人，这种团子既饱肚子，又暖身子，很受欢迎，这就是隋朝的"元宵"。

到了宋代，元宵节吃元宵的风俗开始遍及大江南北，当时称元宵为"浮圆子""圆子""乳糖元子"或"糖元"。从《平园续稿》《岁时广记》《大明一统赋》等史料记载看，宋代时期人们已经开始将元宵作为欢度元宵节的主要食品，在元宵节必食"圆子"，代表了喜庆吉祥、团团圆圆。

在古人和现代人眼中，元宵乃是一种吉祥的食品，是全家人欢聚一堂，生活和和美美的象征物。元宵节的时候，全家人围坐在一起，包元宵，吃元宵，被认为人生中一大乐事。元宵最早在南方称"汤圆""圆子""水圆"等，这些名称都与"团圆"字音相近，取团圆的吉祥之意，象征全家人和睦幸福，团圆安康，吉祥如意。

因为元宵寓意着团圆美满，人们也经常以此来怀念自己离别的亲人，元宵节吃元宵，也象征着家庭能够像月圆一样团圆，没有缺憾，从而寄托了人们对未来美好生活的向往。

如今，元宵已经成为每年农历正月十五餐桌必备的饮食佳品，随着吃元宵民俗的流传和普及，千百年来带动了各地风俗文化的产生，跟元宵一起成为庆祝元宵节的固定风俗，比如放花灯、舞龙舞狮、扭秧歌、猜灯谜等，都是寓意吉祥，表达追求幸福生活的愿望。

相关小知识

元宵节：元宵节是中国的传统节日，又叫元夕、元夜、上元节。一般来说，正月十五是上元，七月十五是中元，十月十五是下元。古时候夜里又称之为"宵"，所以正月十五也被称为元宵节了。

早在2000多年前的西汉，就有了元宵节的说法。汉武帝时，规定要在正月十五这天祭祀"太一神"（太一：主宰宇宙一切之神），随后又在《太初历》中将元宵节确定为重大节日。到了东汉的汉明帝时，由于明帝笃信提倡佛教，他听说佛教有正月十五日僧人观佛舍利、点灯敬佛的做法，就命令这一天夜晚在皇宫和寺庙里点灯敬佛，令士族庶民都挂灯，后来这种佛教礼仪节日逐渐形成民间盛大的节日。

在不同的时代元宵节的时间有长有短。汉朝时仅仅一天，唐代也不过只有三天，到了宋代就增加到五天，明代更是有整整十天之久。清代时虽然没有增加元宵节的天数，不过增加了舞龙、舞狮、踩高跷、扭秧歌等内容。

喜蛋：十全十美，配得佳偶

喜蛋是一种传统习俗，在婚嫁或者生小孩后吃的一种染红色的鸡蛋。"鸡"字的发音也同"吉"字，按照传统风俗，人们把鸡蛋煮熟，用红色颜料将熟鸡蛋染成红色或者玫瑰红，这就叫喜蛋。在婚礼结束后，将两个喜蛋作为回礼，送给婚礼的宾客们，寓意新人的生活红红火火、添子添孙。

此外，当一个人家生小孩后，也会将喜蛋向亲戚邻里分发，分发的范围往往极为广泛，一般的朋友关系以及邻居都要送到。凡是拿到喜蛋的人，不用问就知道，分喜蛋的人家添了子孙，于是便要纷纷前去祝贺。

喜蛋的历史久远，早在三国时期，就有关于卵生的神话传说，三国徐整所著《三五历纪》中，最早对始祖盘古氏开天辟地进行记述："天地浑沌如鸡子，盘古生其令，万八千岁，天地开辟，阳清为天，阴浊为地……"我国先民在神话中追溯着天地形成、人类起源，而"卵生"的神话对后世文化影响极大，被认为是吉祥之兆，这是喜蛋最早的源头。

《史记》中讲述了商代人的起源：有娀氏的女儿简狄"见玄鸟堕其卵，简狄取吞之，因孕生契"，契就是商代人的始祖。《史记·秦本纪》中又讲述秦人的起源：颛顼氏的孙女女修在织帛时，"玄鸟陨卵，女修吞之，生子大业"，大业就是秦人的始祖，由于女修的后裔"实鸟俗氏"，"身体是鸟而能人言，又云口及手足似鸟也"，因此秦人一直以野鸡为图腾。

从考古学的角度可探知,在中国原始文化中,有相当大的比重是对"鸟"图腾的崇拜,比如河姆渡、良渚、马家窑文化中都有大量鸟纹形象,而古人所谓的"玄鸟",包括后来成为中华民族代表性图腾之一的凤凰,都是以未经驯化的鸡为原型。于是,"鸡"在上古时期成为许多先民部落的原始图腾。

这些文献记载透露出浓郁的历史信息,先民从朦胧的对于"卵"的原始崇仰,发展到对鸡的喜爱和崇仰,又在民间形成了将鸡蛋和出生、传宗接代联系到一起的传统文化。而红色在民间一直被看成喜庆祥瑞的颜色,因此人们将鸡蛋染成红色,逐渐发展成民间的红蛋习俗。

春秋以后,喜蛋的寓意和习俗有了进一步发展。古人以鸡为百禽之长,认为鸡具有镇伏妖魅的作用,如《春秋运斗枢》中记载:"玉衡星精散为鸡。"《春秋解说辞》也记载:"鸡为积阳,南方之象,火阳精物炎上,故阳出鸡鸣。"这些文献都反映出古人对鸡的"神性"有一定的认识。古人认为,鸡从蛋出,蛋由鸡生,因此蛋也有神性,这是理所当然的。

春秋战国时期,民间开始盛行用鸡蛋占卜,而红蛋习俗则源于辟邪禳灾的巫医之术,古人认为凡是遇到喜庆之事,必有妖魅前来搅扰;或者在某些特定的节气与时辰,必有病疫入侵,所以要吃鸡蛋进行防治。后来民间渐渐流行在新婚时让新人分食红蛋,也是为了喜庆辟邪,防止妖魅疾病侵扰。

南朝时期,梁宗懔《荆楚岁时纪》记有"镂鸡子"的习俗:"古之豪家,食称画卵。今代犹染蓝茜杂色,仍加雕镂,递相饷遗,或置之盘俎。"以此可知,"镂鸡子"就是在鸡蛋上染色作画,俗称为"画卵",鸡蛋染色之后,可以作为朋友间相互馈赠、食用的佳品。

宋代陈元靓《岁时广纪》里记载:"寒食日,俗画鸡子以相饷。"寒食日的时候,民间有一种风俗,就是用染色的红鸡蛋相互送礼馈赠。从这些文献可以得知,喜蛋在民间并非单单食用,而且还能作为"雕卵画蛋"的工艺品,作为吉祥的礼物送给朋友宾客。这种雕卵画蛋的习俗一直在民间流传，并逐渐发展为一门成熟的传统工艺，在各种喜庆场合成为馈赠的佳品，喜蛋的颜色有紫色、蓝色、藕色等，但最能渲染喜庆之意的红色始终是喜蛋的主流颜色。直到现在，红色的喜蛋依然非常流行，并被人们视为祥瑞之物。

随着时间的推移，喜蛋风俗的内容在不同地区也各有差异。喜蛋一开始是汉族的礼仪风俗，后来在少数民族地区也颇为盛行。

喜蛋的传统习俗有其历史渊源，送喜蛋对婚礼和生小孩的寓意都是美好的，也是吉祥圆满的象征。不仅送喜蛋的人家红红火火，得到喜蛋的宾客也跟着沾一些喜气，因此，中国的喜蛋文化蕴含了吉祥的祝福和美好的愿望。

相关小知识

吉祥红色：在中国人心目中，红色往往是吉祥的象征。逢年过节，要张贴大红对联；嫁女娶媳要披红挂彩；家里添了新丁要送红喜蛋；给人送贺礼时要用红纸包裹；开张奠基，要剪红绸缎。总之，基本上表示喜庆、表示吉祥的，都与红色有关。不过，中国并不是一开始就用红色来表示吉庆。

最早在远古时代，我们的祖先曾用黄色代表吉庆，也曾用黑色和白色表示吉庆。到了汉朝，汉高祖称自己是"赤帝之子"。赤，就是红色。从那时起，人们开始崇尚红色，红色才开始成为吉庆的象征。汉朝以后，我国各地崇尚红色的风俗习惯保持了下来，并逐渐趋向一致。

鱼：过年有鱼，年年有余

在中国传统文化中，鱼是吉祥的象征。北方人过年采购物品时，必不可少的就是鱼，因"鱼"和"余"谐音，"年年有鱼"就代表着"年年有余"，寄托着人们对未来的美好期盼和愿望。

据史料记载，年年有鱼的意思最初是"以鱼谐余，以鱼寓吉，以吉示富"。中国古代图必有意，意必吉祥，把吉祥语中所"谐"的音附会在各种纹饰图案上。"鱼"与"余"谐音，往往用来表示丰裕。年画上总会出现一个中国娃娃抱着一条大鱼，背后有盛开的莲花的图景，寓意为"连年有余"。据《山海经》记载，文鳐鱼的出现能带来雨水，带来丰收。而事实上在中国传统的农业社会，鱼也曾被奉为主雨的水神，所以古人有向鱼神祈求天降甘露的习俗。《诗经·卫风·硕人》："河水洋洋，北流活活。施罛濊濊，鱣鲔发发。葭菼揭揭。"这句诗用网中之鱼多来比喻出嫁场面的盛大和陪嫁物的丰厚。

年年有余的风俗起源于东晋，形成风俗于宋代，流传至今。过年吃鱼起源于原始崇拜鱼。年夜饭在鱼类的选择上，鲤鱼的"鲤"与"利"谐音，寓意"大势大利"，"得利有余"；鲢鱼的"鲢"与"连"谐音，寓意"连年有余"；鲫鱼的"鲫"和"吉"字发音类似，吃鲫鱼寓意第二年带来吉利；鲇鱼发音似"年余"，吃鲇鱼寓意来年盈余。在除夕年饭中，鱼除了象征年年有鱼的吉祥意义外，还有隐秘的镇邪意义。古代画师所绘门上的扣环，多用鱼作镇邪物。唐代的屋门、柜门、箱门等，都盛行鱼形拉手，以示镇邪的功能，这也影响了后世除夕年饭的鱼俗。由此可见，除夕的鱼，在餐桌上是招财，餐桌外是镇邪。

按照旧时过年的习俗，宴席上最后一道菜就是鱼，而且鱼上桌时的摆放也有很大的讲究。鱼头要对着长辈，表达尊敬之意，如果客人是文人，要将鱼肚对着他，称赞他满腹文章；若是武将，要将鱼脊对着他，代表着可作国之脊梁，还有鱼端上桌时的摆放，摆下后不可再动，鱼头对谁、尾对谁都有讲究。吃鱼也有说法，鱼吃完一面的时候，不能说"翻过来"，要说"正过来"或者"划过来"，都象征着吉祥顺利。鱼之所以为人们所喜爱，除了它的食用价值之外，更是一种美好的文化象征。相传，在很早的时候，人们以绢帛写信，置于鱼腹中传给对方，后来为了方便起见，古人在寄信时就直接把书信折成双鲤形状互相往来，因此书信在古代也称之为"鱼笺"。汉乐府诗歌《饮马长城窟行》中写道："客从远方来，遗我双鲤鱼。呼儿烹鲤鱼，中有尺素书。"因此形成了"鱼传尺素"的文学典故。直到现在，友人之间书信联系仍被称为"鱼雁往来"，鱼在其中担当了信息交流的媒介。

在人类社会尚未形成时期，人类的生存受到所处环境的严重威胁，生存不易，所以繁衍后代就显得尤为重要。在古代人的眼中，最为常见的可能就是鱼了，再加上鱼的繁殖能力极强，符合先人们的祈求，因此鱼早在很久之前就和人类结下了不解之缘。南方一些地方在举办婚礼时就用鲤鱼撒子来许下婚后早生多生贵子的愿望。在《诗经》中就经常用鱼代替女性配偶，比如："岂其食鱼，必河之鲂？岂其取妻，必齐之姜？岂其食鱼，必河之鲤？岂其取妻，必宋之子？"也正因为如此，又引申出了爱情之意，在汉乐府民歌《江南》中写道："鱼戏莲叶间。鱼戏莲叶东，鱼戏莲叶西，鱼戏莲叶南，鱼戏莲叶北。"借鱼儿与莲叶的嬉戏显现男女之间嬉戏打闹的场面，象征男女爱情的鱼水之欢。在长久的历史发展过程中，以鱼来象征配偶和爱情在民间诗歌中仍在广为流传。

人类社会起源于大江大河区域，而在这片区域内最丰富的就是鱼，江河为人们提供了食物来源，在敬畏大自然的同时，人们也开始了了解和接触自然，利用身边的自然条件来改善自身的生存状态和生存条件，人们也因此对一些生物饱含敬畏之心，并在他们身上寄托着自己的美好愿望。在商周以前，鱼是被当时的人们当作神灵来看待的，比如南朝民歌《白石郎曲》中写道：白石郎，临江居。前导江伯后从鱼。虽然说商周以后逐渐淡化，但在后代人的著作中仍可看见鱼的痕迹。

在古代，鱼的吉祥寓意还被赋予在了饰品中。据出土的文物考证，早在商代，鱼的造型就被引用到了玉佩中。唐代规定五品以上官员皆需在腰间佩戴鲤鱼形饰品"鱼符"以明贵贱。也正是因为寓意美好丰富，鱼类的饰品到现在仍广受大众喜爱。

在漫长的历史发展过程中，鱼的寓意虽然在不断被改变和丰富，但一直保持着质朴自然的本质。不管是哪种寓意都反映了先人们对美好生活的憧憬和向往，相信在以后的发展过程中，鱼所蕴含的吉祥文化意义仍会伴着人们共同成长！

相关小知识

鱼腹藏书：中国古代有许多浪漫的爱情故事，这些故事想象力丰富，意象优美，很能勾起人们对爱情的向往。但鲜为人知的是，许多爱情故事的来源并非那么优美，比如鱼腹藏书。鱼腹藏书的来源是《史记》中对于陈胜吴广的记载：陈胜吴广一行九百多人被发配到边疆戍边，在大泽乡因为下了大雨而耽误了日期，这时候陈胜吴广商量，已经耽误了日期，就算到了边疆也会被处死，还不如反抗暴秦的统治。可是他们认为九百兵士因为害怕会不愿意追随他们，于是陈胜就想了个计策。让一位兵士偷偷在绸子上写上"陈胜王"三个字，然后塞在鱼肚子里，再假装上街买菜时买回来。一位兵士做饭时剖开鱼肚子，惊奇地发现了有一块儿绸子，上面写着"陈胜王"。大家纷纷表示惊奇并信以为真。这就是"鱼腹藏书"的由来。

饺子：更岁交子，团圆福禄

吃饺子是中国过春节时的一项传统习俗，在全国各地每年过春节的时候都会端上一碗热气腾腾的饺子，但各地吃饺子的时间有所不同，有些地方是除夕之夜吃饺子，有些是大年初一吃，还有初一到初五每天早上都要吃饺子。虽说时间不一样，但吃饺子表达了广大人民在新的一年到来之际求吉纳福的美好愿望，饺子的身上背负着人们的美好期盼。

关于饺子的产生，每个时代都有着不同的解释。民间流传，早在远古时期，女娲抟土造人，但因为天气寒冷，很多泥人的耳朵都很容易被冻掉，为了解决这个问题，女娲想了一个办法来把耳朵固定住，就是在泥人的耳朵上穿一条线，线的另一头咬在泥人的嘴里，这样的话泥人的耳朵就不会掉了，为了感谢女娲的贡献，人们就仿照着把面捏成了耳朵的形状，把馅放在面皮里，因"馅"与"线"同音，在某一固定时间食用，寄予着人们的感恩之情。到了东汉时期，医圣张仲景用面皮包上一些祛寒的食材和药材（如羊肉、胡椒等），用来治病，避免病人耳朵上生冻疮。

根据文献记载，三国时期，饺子已经是一种食品，称为"月牙馄饨"，据三国魏人张揖著《广雅》记载，当时有形如月牙称为"馄饨"的食品，和饺子形状十分类似。大约到了唐代，饺子已经和如今的饺子几乎一样，称"偃月形馄饨"，分为十大系列，有素馅类、野菜类、水产类、海鲜类等。宋代称饺子为"角儿"，它是后世"饺子"一词的来源。元朝时期，饺子在蒙古语中读音类似"匾食"，样式也由原来馅小皮薄变成了馅大皮厚，后来演变成"扁食"这一名称。

清朝时期，过年吃饺子已经成为固定的习俗。春节吃饺子还有很多其他的吉祥寓意，特别是在除夕夜那一天晚上意义非同寻常，正好处于大年三十晚上的二十三时到新年正月初一的一时，两个时间段交于子时，再加上饺子与"交子"谐音，"子"代表子时，便取更岁交子之意，饺子也就自然而然的被赋予了这样的一层寓意。清朝史料记载："元旦子时，盛馔同离，如食扁食，名角子，取其更岁交子之义。"过年吃饺子有"喜庆团圆""吉祥如意"的意思，"每年初一，无论贫富贵贱，皆以白面做饺食之，谓之煮饽饽，举国皆然，无不同也。富贵之家，暗以金银小锞藏之饽饽中，以卜顺利，家人食得者，则终岁大吉。"这说明新春佳节人们吃饺子，寓意吉利，辞旧迎新。

人们不仅仅是过年吃饺子，保留至今的习俗还有冬至吃饺子。过年时旧年和新年之交，冬至是秋冬季节之交，而且秋季是收获的季节，粮食丰收，食物丰足。全家人在冬至和春节那一天，热热闹闹地坐在一起包饺子、吃饺子，甚是幸福。而且饺子里馅儿的种类也代表着不同的意义，猪肉白菜馅儿，肉代表大富大贵，白菜意味着"百财"，希望新的一年里，财源滚滚来；韭菜馅儿，"韭"与"久"谐音，意思是长长久久，菜就是财，也表达了人们希望在新的一年里顺顺利利、财源广进。人们在吃饺子的时候往往会在某一个饺子中放置一些东西来寄托自己对未来的期盼。比如在饺子里放置栗子，谁吃到了预示着谁在新的一年里就会大吉大利；放置硬币的意思就是预示着咬到硬币的那个人在新的一年里会发财。在河南某些地方，还会把饺子和面条放在一起煮，并美其名曰：金线穿元宝！饺子在煮的过程中如果煮破了，一定不能说"破了""烂了"，要说"涨了""挣了"。其中蕴含的意义也寄托着人们对美好生活的向往。

此外，包饺子的形状也大有讲究，大多数地区习惯保持传统的弯月形饺子。包饺子时要把面皮对折，用拇指和食指沿半圆边缘捏细捏匀，称之为"捏福"。也有把弯月形的饺子两角捏在一起，呈"元宝"形，象征着财富遍地，金银满屋。也有将饺子捏成麦穗形花纹，好像颗粒饱满、硕大无比的麦穗，象征新的一年五谷丰登。

饺子的吉祥意义不仅仅体现在过年的时候，因为它所拥有的象征意义，也出现在了传统婚礼中。在传统婚俗中，新郎在前往新娘家迎娶新娘时，女方家长要在家煮上一锅饺子，到新郎来到家中时，要用碗盛出数量为双数的饺子，新郎新娘一人一碗，两人在各自的碗里吃双数留双数，而且不能吃完，代表着不会把双方父母家里的东西吃完。婚礼中出现的饺子被称为"子孙饺百财馅儿"，寄托着两位新人对未来生活的美好愿望以及双方父母对早日抱孙子的希冀。

如今，不管是逢年过节，还是传统婚俗，饺子作为必不可少的一样吉祥物依然活跃在人们的视野中。

相关小知识

饺子包硬币：饺子是中国最经典的食物，它不仅体现了中国人的历史文化和美食文化，还蕴藏着更多中国文化中独有的东西。近年来由于中国文化热，许多外国人效仿中国人的生活，吃饺子便是其中一项。不过绝大多数外国人只学到了表象，远没有学到中华文化的精髓，单单就饺子来说，很多外国人就不知道饺子包硬币的寓意。清朝年间，慈禧太后为了博个彩头，为新的一年讨个吉祥，便命太监在每年的大年三十包饺子时，都要在里放上四个小金元宝，谁吃到了就寓意着这一年必定平平安安、吉祥如意。太监们为了讨慈禧的欢心，便偷偷在饺子上做下记号，因此每年慈禧总能吃到四个小元宝。后来清朝灭亡，这种做法流传到民间，百姓们没有金元宝，便用铜钱、硬币代替。吃饺子包硬币的做法便一直流传到了今天。

腐竹：金银满钵，富足安康

　　腐竹是一种很受欢迎的客家传统食品，具有浓厚的豆香味，富含蛋白质，营养价值极高，是华人所在地常见的食物。又因为腐竹与富足谐音，所以多带有富足安康的吉祥寓意，备受欢迎。

　　李时珍《本草纲目》中说，豆浆被加热时，在豆浆的表层会出现一层膜，这时将膜取出来，使其晾干、干燥，就可得到腐皮。李时珍所说的腐皮就是我们今天所说的腐竹。那么腐竹究竟是怎样产生的呢？有历史考证，在唐代有一个以做豆腐为生的男人，为了获得更好的经济效益，他要去城镇里制作售卖豆腐，这样他便从家乡江西抚州来到了高安八景镇礼巷。在礼巷卖豆腐一卖就是好几年。直到有一天，他在煮豆浆的时候，往炉灶里添了很多的柴火，这时豆浆开始沸腾，热气却在一层薄膜的覆盖下难以冒出来，于是他用筷子将那层薄膜挑了出来，可是不过一会儿，豆浆上面又出现了一层薄膜。原先挑出来的薄膜已经被晾干了，他闻了闻，只有一股豆香味，于是他干脆把这豆浆皮做成了菜吃，没想到味道还真不错。后来他便将这些豆浆皮拿出去卖，来买豆浆皮的人也越来越多，他也因此大赚了一笔钱。后来这种技术传到了高安市，如今在锦河两岸地区家庭式的豆制品作坊仍然十分发达。

　　制作腐竹受到特定的水源、自然环境以及加工工艺的影响，在我国广大的地区，形成了品质各异、口感不同的腐竹。江西高安腐竹是全国最早开始制作"腐竹"的地方，始于唐代，有一千多年的历史了，制作工艺精湛，具有一股清香的气味。唐代时期，佛教盛行，寺庙林立，人们普遍食用斋食，腐竹这类食品遍布整个高安县城，当地流行用平底圆形铁锅烧稻草做腐竹，日投黄豆十五市斤，得腐竹十市斤，卖给和尚尼姑做素食辣鸡食用。

广西高田腐竹是广西腐竹代表之一，高田地区高林密布，溪流小河纵横，瑶族人民聚居在此，瑶山黄豆品质优良，山泉清凉，富含多种微量元素，瑶族人用高山泉水烹煮豆浆，腐竹所含营养价值高，由于高田腐竹采用的是不脱皮的黄豆，其维生素 B1 和 B2 的含量高。

福建三明腐竹久负盛名，在清代曾被列为贡品，其可煮可炖，作为其他菜的辅料是再好不过了。后来经过解放时期的胡成生等人的积累与创新，三明腐竹具有耐煮、嫩滑的特点，三明腐竹也因此远近闻名。

中国人看重谐音，经常利用谐音来为很多物品带上感情色彩，使物品带有人的感情。正是因为谐音，腐竹便成为中国传统文化中是象征吉祥的一种食物，寓意着"富足"，是除夕不可少的一道菜，祈求来年的富足安康；也寓意着"福祝"，代表祝福，可在各个祝福的场合使用，所以腐竹出场的场合十分多。

在广东地区，男家到女家相亲时，若女方家长同意就会煮完整的双鸡蛋腐竹糖水给男方喝；若不同意，便会打散鸡蛋，做成散鸡蛋腐竹糖水。

高安腐竹、高田腐竹、三明腐竹和河街腐竹远销全国各地，取得了可观的经济效益。腐竹也因其寓意深远，受到广大食客的喜爱。

相关小知识

腐竹和豆皮的区别：腐竹和豆皮都属于豆制品。二者的不同主要来自制作工艺。

腐竹是将豆浆加热煮沸后，经过一段时间保温，表面会形成一层薄膜，趁热将这层薄膜挑出后下垂成枝条状，再经干燥而成。因为其形类似竹枝状，固称之为腐竹。

豆皮是在特质工具内层层压制，再将豆皮摊成又大又薄的片状，经晒干而成，出品时看起来有如千百张叠加在一起，因而在有些地方也被称为千张。

腐竹和豆皮二者食用口感略有不同。腐竹性韧有嚼头,豆皮入口豆香浓郁,可满足不同口感需求。

发糕:吃了发糕,步步高升

发糕以糯米蒸煮制成,是一种大众化的糕饼类食物。发糕是糕类中较为原始的一种食物,起源于南方的"米文化"。发糕广泛分布在南方地区,其外形松软,色泽洁白如玉,闻起来鲜香扑鼻,吃起来甜而不腻、糯而不黏。最大的特色是在制作过程中加入适量糯米酒,不仅有益于发酵,使发糕松软可口,而且还含有丰富的营养,尤其适合老年和儿童食用。

发糕自古以来就是一种吉祥食品,南方的发糕形状好似圆圆的明月,在过年的时候都要吃发糕,代表万事如意,家人团圆,吉利如愿。尤其是江浙以南的地方音"发糕"谐音"福高",含有"年年发,步步高"之意,因此发糕也成为馈赠亲友的节日佳品。

据说发糕顶端的裂缝越大,财运也就越旺,因为好运气从发糕顶的裂缝"发"出来了。关于发糕的吉祥喜庆,还有一个传说故事,元朝末年,朱元璋率领二十万大军与陈友谅的六十万军队展开一场激战。陈友谅的大军训练有素,而且兵力充足,占有很大的优势。所以这场仗打下来,朱元璋的军队损失很大。于是朱元璋带领部下暂时躲避,他们逃到荒僻的野外,扎营休整歇息。但是军中已经没有粮食,将士都饿着肚子,怨声载道。朱元璋的军师刘伯温派遣几名亲兵出外寻找食物,但是荒野之地四处渺无人烟,根本找不到粮食。正在朱元璋一筹莫展时,一名亲兵发现荒野中有一处破庙,从破庙里飘出一股浓郁的饭香,朱元璋和刘伯温急忙赶去破庙一看究竟。原来破庙里住了一个流浪汉，他正把讨来的食物和粮食全都混在一起，团成一个个的圆块，然后放到一口破锅里蒸熟。刘伯温恭谦有礼地上前问候，并且说明来意，掏出许多银两给流浪汉，想买他的食物。

流浪汉见刘伯温是一个仁义之人，就没有收受银两，反倒热情地让他们坐下歇息，一起吃蒸好的食物。朱元璋已经三天没有正常吃饭，眼见流浪汉把破锅盖掀开，锅里是一团黄澄澄的块状物，顶部蒸开很多裂缝，吃起来口味微甜，松柔爽口，鲜美无比。朱元璋和刘伯温一边吃一边赞美佳肴，吃完之后，流浪汉告诉他们，柴房里还有一些这样的食物，是他储存了过冬的粮食。朱元璋喜出望外，用银子购买了这些"粮食"，刘伯温邀请流浪汉到军队里当伙夫，给将士们做这种特殊的美食。靠着这伙夫做的美味，军中将士渡过了难关，后来重整旗鼓，一举消灭了陈友谅的大军。

后来，朱元璋当上了明朝的开国皇帝，他认为这种圆月形状的橙黄色美食对他登上龙位有功，就召来当年破庙里的流浪汉当御厨，并问他当初做的美食叫什么名字。流浪汉是个南方人，他一边想名字，一边顺口溜出了一句乡音："发糕（福高）嘛！"朱元璋听后大喜，于是封"发糕"为宫中御膳。从此以后，民间开始流行吃发糕，而且发糕顶上要蒸出很大的裂缝，才更加吉利。

发糕取一个"发"字，成为吉祥的食品，广泛用于各种节日礼仪中，如寿诞、进宅、婚嫁等，成为吉祥喜庆的专用食品，而且，只要在发糕上面贴红纸剪成的"喜"字，就可以把发糕作为贺礼的吉祥物，称作大红发糕。每到节日年庆时，南方的家家户户都蒸发糕，庆祝全家团团圆圆，发财进宝，高寿高福。

相关小知识

发糕的来历传说：传说在古时候，有一位新媳妇拌米粉蒸糕，一不小心将灶头上的一碗酒糟弄翻了，全都流进米粉中。新媳妇急得想哭，但是又不敢出声，怕遭到公婆的斥责，她没有办法，只得硬着头皮把沾了酒糟的米粉揉好，然后放进蒸笼里蒸。没想到蒸好之后，出来一笼松软可口的蒸糕，香甜之中还有一股微微的酒香。就这样，新媳妇不但没有遭到公婆的责骂，反而受到了夸奖。于是，这种蒸糕的方法一传十、十传百，传到了千家万户，很多民间老百姓都学会了蒸发糕。

腊八蒜：聪明伶俐，算才之神

腊八蒜是一种腌制食物，在以前的民间指的是在阴历腊月初八的这一天，将紫皮蒜瓣儿放到一个密封的罐子或坛子里，然后倒入米醋，封口放到一个地方冷藏。到了除夕启封，泡在醋中的蒜瓣就会变绿，最后通体碧绿，如同翡翠碧玉一样。人们因为这腊八蒜的颜色湛青翠绿，而且味道鲜美，营养丰富，就起名为翡翠碧玉腊八蒜，不仅是腊八节的节日食品，也是一种非常重要的吉祥小吃，常用来拌凉菜，也是吃饺子和面条的最佳佐料。

泡腊八蒜的习俗主要流行在北方，尤其是华北地区，腊八蒜是一种传统小吃，也是腊八节日的食俗之一。自上古起，民间百姓就有在腊八这一天祭祀祖先和神灵的习俗，包括祭祀门神、宅神、户神、灶神、井神等，祈求丰收和吉祥。据《祀记·郊特牲》记载，腊祭是"岁十二月，合聚万物而索飨之也"。夏代称腊日为"嘉平"，商代称为"清祀"，周代称为"大蜡"。因为祭祀一般在十二月举行，所以称农历十二月为腊月，而举行腊祭这一天就是腊日。先秦时期，腊日在冬至后的第三个戌日，后来随着佛教的盛行，人们将佛祖的成道日与腊日融合起来，在佛教中被称为"法宝节"，直到南北朝时期才固定在腊月初八这一天。

北方人一到腊月初八，因为临近年关，所以家家户户开始预备过年的物品，俗语说"吃过腊八饭，就把年事办"，正是这个意思。自古以来，商号店铺都在年前腊月结账，商户在腊八这天拢账，把一年的收支算出来，包括外欠和外债，都要在这天算清楚，才可以看出盈亏，所以民间称腊八这一天是"腊八算"。北京城有一句民谚："腊八粥、腊八蒜，放账的送信儿，欠债的还钱。"各家商号要在腊八这天要债，往欠钱的人家送信儿，通知各家该准备还钱。那些欠商号钱的人家，就在腊八这天用醋泡蒜，因为腊八蒜的"蒜"字，和"算"字同音，大家一方面用蒜代替"算"字，以示忌讳，回避这个算账的"算"字，另一方面也为春节备上食物，迎接即将到来的年景。

由于"腊八蒜"和"腊八算"谐音的缘故，在过年前后，街上没有卖腊八蒜的，因为商贩吆喝"腊八蒜"时，会让欠债的人听见，想起债主催债，心里不舒服，而且也不吉利。所以腊八蒜不能上街去卖，更不能吆喝着卖，都是一家一户自己动手泡腊八蒜，先给自己家盘算一下，今年的春节要怎么过。

有了腊八蒜的风俗之后，每年腊月结账的时候，商号派人去各家催债款，带上一小罐腊八泡的蒜拿给欠债人，欠债人一看腊八蒜，就明白是催债款来了。借债的穷苦百姓或小商贩无力还债时，就在腊八、腊月十八、腊月二十八这几天出去躲一躲，吃饭的时候啃一口"腊八蒜"，把"蒜"吃掉，意味着消除"晦气"、了结"算账"，就可以欢欢喜喜过个平安吉祥年。

此外，腊八蒜也是一种吉祥的食物，自古以来，民间就称大蒜为"算才之神"，流传着吃蒜会变得聪明精算的说法。所以从古代开始，家家户户都有吃蒜的习俗，腊月里腌制腊八蒜，过年的时候给小孩子多吃几颗蒜瓣，祝愿孩子聪明伶俐，好学会算。还有做生意的人家，过年时把腊八蒜跟算盘放在一起，除夕之夜让孩子一边吃腊八蒜，一边打算盘，以此祝愿孩子聪明懂事，将来成为算才之神，生意兴隆，财源广进。

相关小知识

腊八节：中国向来有过腊八节的习俗，在这一天里，人们喝腊八粥、吃腊八蒜。关于腊八节的来历，民间历来有许多说法，其中最广为人知的是佛教的传说：释迦牟尼在成佛之前，有过一段苦修的日子，最艰苦的时候一天只吃了一麻一麦。长年的苦修令他身体极度瘦弱，终于到了奄奄一息的地步。有两个牧牛的女子，见到释迦牟尼如此苦修，又敬佩又心疼，便将母牛牵入河中洗干净，挤出母牛的乳汁，蒸成乳糜给他喝。释迦牟尼连喝了一个月，终于恢复了原来的强健体力。他受了恩惠，暗暗发誓更要普度众生，于是在菩提树下静坐四十八天。腊月初八凌晨，他看到明星出现在天上，忽然大彻大悟，得到无上大道，成了佛。从此腊月初八便成了佛教的"成道节"，又叫"腊八节"。

第三章 吉祥文化之装饰篇

自古以来，人们总是希望在生活中能够避除灾祸，称心如意，于是根植于生活的吉祥物应运而生，反映出人们追求吉祥、向往幸福的期待和心态。从古至今中国人凡事都讲求"好彩头"，因此衍生出各样吉祥物，在生活中的衣物装饰品等方面，吉祥文化尤其发达。这些吉祥物大多是人们对生活的冀盼，是人们将吉祥愿望寄托于生活物品之中，追求生活的和谐美满，幸福安康。

百家锁：避邪镇灾，锁命长寿

"锁"，在中国古代不只是一种安全保障，还是民间流传的一种护身符，古人认为"锁"有一种神奇的力量，可以压惊辟邪、驱鬼祛灾、祈祷福寿。汉代以前，人们认为锁可以锁住邪气瘟病，后来慢慢引申出了锁住生命的寓意，与长命有关的锁因此盛行于世。直到如今，人们仍会给刚刚出生的孩子赠送各式各样的锁，以祈祷新生儿长命百岁，福寿安康。

百家锁，正是锁中的一种护身符，也属于锁类首饰，起源于古代的"百锁"，它和百家衣的性质相仿，都是古代汉族人育儿的一种习俗，在全国很多地区流传至今。百家锁的主要功能是消灾、辟邪，保佑孩子长命百岁，古人也称为"百锁"。

"百家锁"顾名思义，就是集众人之力，增加护身符锁定命运的神力，帮助小孩度过人生中的各种"关煞"。百家锁亦有"百家宝锁"或"百家保锁"之称，古代有些家庭生活并不富裕，但家长总是设法为孩子佩戴百家锁，为了锁住孩子的性命，使孩子平安富贵。百家锁一般是在婴儿百天时，由家人或亲戚准备，它还有另外一种配锁形式，叫"官煞开锁"，多用于体弱多病的婴儿，家长用"认干爹"或是"认干娘"的办法来给孩子消灾，为孩子打制银锁项圈一个，佩挂在孩子的脖子上，民间称为"关锁"。孩子长到十几岁，将百家锁取下来，民间称之为"开关"。百家锁一锁一开，孩子命运中的难关便可以解除，从此通身无病，健康长寿。

百家锁据说兴起于汉代，原本是江南地区的一种育儿民俗，家家户户给小孩挂百家锁，是为了祈求幼儿健康成长。百家锁先是在汉族中广为流传，后来流行于全国各地，一些少数民族也开始使用百家锁。

在古代的江西地区，孩子出生之后，家长向亲朋好友筹钱铸长命锁，筹钱的方式十分特别，用红纸包上七粒白米、七片红茶，制成一个一个小红纸包，然后将上百个这样的小红纸包发散给亲友，亲戚朋友接到小红纸包之后，就用铜钱作为回礼，铜钱的数额从十文到百文不等。孩子家长便用这些礼钱，请金楼银铺铜坊打制百家锁，系在小孩的脖子上，锁的正面镌刻"百家宝锁"，反面镌刻"长命富贵"等字样。江西当地的风俗认为，小孩佩戴这样的百家锁，就能汇集百家的力量，可防病避灾，保命长寿。

　　古代湖南地区则也有百家锁的风俗，孩子出生之后，家长请一位在当地有影响的乡绅族长到一百户人家去筹钱，然后打成一把银锁，在锁中藏一张写有一百户人家姓名的字条，然后在锁面上镌刻"长命富贵"之类的祝语。当地人的小孩三岁要度"花树关"，这时就要把百家锁戴上，一直戴到十二岁度"大关"，然后才把百家锁解下来。

　　这种集百家钱制成的"百家锁"来自百家之众的力量，据说神力强大。但是凑齐百家钱的过程手续繁杂，不容易办到，于是后来又有简单易行的方法，就是孩子家长拿出几百文钱，跟乞丐的钱交换。因为乞丐的钱是挨家挨户讨来的，有百家钱的意思，所以用乞丐手里换来的钱制锁，这样的锁也叫百家锁。孩子的家长在募钱过程中，要特别注意向陈、孙、刘、胡四姓募集铜钱，因为这四姓的谐音为"存""生""留""护"，可以讨个吉利和好彩头。

　　到了明清时期，百家锁的类型也逐渐固定，一是瑞兽百家锁，银锁表面上镌刻一只瑞兽，四肢粗壮矮短，叶形耳朵，乳眼突出，口开露齿，双臂紧抱一个八卦图。瑞兽的形态逼真，惟妙惟肖，身上还细刻了梅花，象征着志存高远、避邪还瑞，具有深厚的文化内涵和传统意蕴。二是麒麟百家锁，麒麟与凤、龟、龙合称"四灵"，象征祥瑞，古代人称之为仁兽。麒麟具有强大的生命力和勇往直前的气势，而麒麟送子，大富大贵，寄托着民间百姓对孩童未来的期望。三是蝙蝠百家锁，因"蝠"与"福"谐音，所以蝙蝠象征着幸福。

"百家锁"多为元宝状，寓意富贵，也有圆桶形、六棱形、爆竹形、古钱形、鲤鱼形，锁面上均刻有吉祥话语和图案，诸如"荣华富贵""长命百岁""螽斯衍庆""麟趾呈祥""吉祥如意""五世其昌""五子三元""状元及第""三多九如""关煞开通""天竺关锁"等，图案也有写意和工笔两类，常以仙姑、寿星、牡丹、仙桃、鹿鹤、鲤鱼为图形。

百家锁相当于一种护身符，寄托了父母对子女的无限希望。随着时代的发展，百家锁的形制也在发生演变，它的祈子、祛病、消灾、祈福、辟邪等功能日渐淡化，更多的是传达长辈对孩子的深情厚谊与美好祝愿。

相关小知识

百家锁的材质："百家锁"分为金、银、铜、牙、角、玉、石、木等质地。古代的富贵人家用金、玉、象牙制锁，中等富裕人家用银或牛角，一般人家用铜、石、木。至明清时期，则以银制最为流行。

花花绳：五彩斑斓，祛瘟避邪

花花绳，又叫五色丝线。古代民间过端午节时，有系五彩丝的习俗，这五彩丝是用红、黄、蓝、白、黑五色丝线编成的细绳索，民间又称"花花绳"，另外又有续命缕、辟兵绍、五色缕、朱索等称呼。

花花绳有祛瘟避邪的美好寓意，乌丙安在《民俗学丛话》中将花花绳的用意和流传形式作归纳总结，有以下几类：其一系在脖项、手腕、脚踝处的，通称续命、健索或百岁索，具有保命长寿的吉祥寓意；其二系在手臂上，辽代时称为合欢结，有夫妻恩爱、和谐相处的吉祥寓意；其三用彩色丝线垂挂一个金锡象钱锁,又称端午索,有平安富贵的吉祥寓意;其四用彩丝扎做人形簪在发髻上,辽代时称长命缕,有长命延寿的吉祥寓意;其五是帝王系彩丝,赐大臣彩丝,都称作长寿缕;其六用彩丝缠纸帛折成菱角方,然后缀于胸前,作为保佑平安的吉祥饰物;其七用彩丝缠粽子,相互馈赠,作为祝福;其八用彩丝缠粽子,端午赛龙舟,将近黄昏时,把粽子投入江中,祝贺端午节日。

这八种形式的前六种,被称作长命、长寿、续命、百岁、合欢等,是从正面祝福长寿和谐的。第七、第八两种形式,则与屈原投江的传说有关。人们用五色丝缠粽子投入江中,是为了纪念屈原而举行的祭仪,也说是为屈原缚江中蛟龙的意思,同时用五色丝缠粽互相馈赠,又有祝贺节日的吉祥寓意。

早在汉代时期,《风俗通义》中记载:"五月五日,赐五色续命丝,俗说以益人命。"《荆楚岁时记》记载:"以五彩丝系臂,名曰辟兵,令人不病瘟。"说的就是五彩花花绳,有续命、辟邪、治病的功效。东晋葛洪在《抱朴子》中记述,当时有将五色纸挂于山中,召唤五方鬼神的巫术,是以五色象征五方鬼神,一齐前来护佑之意,这也从另外一个方面说明五彩花花绳的产生极有可能源于我国古代的五行观念。

花花绳民俗文化在发展过程中,逐渐与端午节的庆贺习俗统一在一起,端午节佩戴五彩丝线的习俗一直传到后世,又发展成样式各异的丝线香囊等饰物。如《东京梦华录》记载北宋开封百姓过端午时要购买"五彩绳、百索、艾花、银样鼓儿花",这些都是佩戴的饰物。《武林旧事》记载南宋杭州过端午节,皇帝赐给后妃和大臣们"翠叶、五色葵榴、金丝翠扇、真珠百索、钗符、经筒、香囊、软香龙涎佩带"等饰物。清代《帝京岁时纪胜》记载:"幼女剪彩叠福,用软帛缉缝老健人、角黍、蒜头、五毒、老虎等式。"是说在端午节用彩色线制人形偶,还有粽子、蒜头、五毒、巷虎等形状的小香囊,佩戴在身上。《清嘉录》中也有记载:"市人以金银丝制为繁缨、钟铃诸状,骑人于虎,极精细,缀小钗为串,或有用铜丝、金箔为之者，供妇人插鬓，又互相献赉，名曰健人。"这些都是五彩花花绳的演变分支，古代妇女也在髻上戴五彩线绑成的艾草、石榴花朵，既可以驱邪，又具有装饰的功用。

端午节佩戴五彩丝线，为何寓意祛瘟避邪呢？

这一传统据说是因屈原而起。在南朝梁人吴均《续齐谐记》里解释，戴五彩线跟屈原投江有关。屈原五月五日投汨罗江而死，楚国人非常悲伤，每年到了五月五这一天，当地人就把糯米装进竹筒里，投到汨罗江中祭拜屈原。到了汉代建武年间，长沙地区有一个姓曲的人，他往江里投糯米的时候，忽然看见江面上出现一个人，自称是三闾大夫屈原，他告诉这个人说："你每年都来祭拜我，我非常感激，但是你投入江中的糯米都被蛟龙偷吃了，你以后再投糯米时，可以用楝树的叶子包起来，然后用五彩丝线绑好，楝叶和五彩丝线这两种东西，蛟龙是最忌惮害怕的。"姓曲的人依照屈原说的话去做，用楝叶将糯米包成粽子，然后用五彩丝线捆住。后世人都学他的样子，做粽子的时候用五色丝捆住楝叶，这也是汨罗江一带的习俗遗风。

汉代盛行阴阳五行之说，青、白、红、黑和黄色，分别代表木、金、火、水、土。同时，分别象征东、西、南、北、中五个方向。五彩丝线取义五行，蕴含着五方的神力，可以驱邪除魔，祛病强身，使人健康长寿。这种五色彩丝"为蛟龙所惮"，具有厌禳、驱邪、避瘟之意，因此被人们视为吉祥之物。

五彩丝线花花绳在端午节佩戴时有一些特殊的规矩和要求。通常在节日的清晨，各家大人起床后第一件大事便是在孩子手腕、脚腕、脖子上拴五色线。系线时，禁忌儿童开口说话。此外，五色线不可任意折断或丢弃，只能在夏季一场大雨或第一次洗澡时，抛到河里。据说，戴五色线的儿童可以避开蛇蝎类毒虫的伤害，把五彩线扔到河里，意味着让河水将瘟疫、疾病冲走，儿童由此可以保安康。

相关小知识

屈原：屈原是中国最著名的浪漫主义诗人之一，也是后世文人、诗人共同的楷模。屈原自幼勤奋好学，胸有大志，且身份高贵，又博闻强识。屈原年轻的时候，受到楚怀王的信任与重用，他与楚怀王一起制定了很多有利于楚国的政策，使得楚国的国力大大增强。但是好景不长，楚国的上官大夫靳尚和楚怀王的宠妃郑袖等人受了秦国的使者张仪的贿赂，开始在楚怀王面前说屈原的坏话。屈原自身性格耿直，绝不愿趋炎附势，因此慢慢受到楚怀王的冷落。后来楚怀王果然被骗到秦国，受到囚禁，身死异国他乡。楚襄王继位，屈原以为自己可以沉冤昭雪，没想到继续受到迫害，被楚襄王流放到江南一带。屈原万念俱灰，又不愿与世俗同流合污，便毅然决然身投汨罗江而死。

长命锁：求吉避凶，儿孙平安

长命锁，又叫"寄名锁"。它是古代时挂在儿童脖子上的一种装饰物，按照传统风俗的说法，只要佩挂上这种饰物，就能辟灾去邪，"锁"住生命，所以许多儿童出生不久，就挂上了这种饰物，一直挂到成年。新生儿满百日或周岁举行的仪式中最为流行的是挂长命锁。

寄名锁历史悠久，最早的时候也称"长命缕"，关于儿童佩长命缕的习俗，最早可追溯到汉代。据《荆楚岁时记》《风俗通》《岁时广记》以及《留青日札》等书的记载，在汉代每逢五月初五端午节，家家户户都在门楣上悬挂长命缕，以避不祥和疾病。到了魏晋南北朝时，长命缕被移到了妇女臂上，渐成为妇女和儿童的一种臂饰，不仅用于端午，还用于夏至时节。当时，由于战争频繁，到处都有瘟疫和疾病，而且灾荒不断，广大百姓渴望平安健康，所以用彩色丝线编成绳索，配以各种玉石、金银之类的装饰，缠绕于妇女和儿童手臂上，以祈求辟邪去灾，祛病延年。

到了宋代，这种风俗不仅流行在民间，还传入宫廷中，除妇女儿童之外，成年男子也可以佩戴。每到端午节前后，皇帝就在长春殿亲自将长命缕赏赐给近臣百官，让他们在节日里佩戴。宋代称这种长命缕为"珠儿结""彩线结"，这个时期长命缕的形制已经比较复杂，除了用丝绳、彩线之外，还穿有珍珠、雕花金银等饰物，在当时京都地区的街市上，有不少店铺和市贩专门销售这种饰物。到了明代以后，民间风俗变迁，成年男女佩戴长命缕的越来越少，通常都是儿童佩戴，并成为一种儿童的颈饰。后来长命缕演变成长命锁，一般多用于小儿满周岁时佩戴，有金银长命锁，也有玉石、木质等长命锁。而穷苦人家没钱为小孩子准备长命锁，就用丝线代替金银项链，用布条或纸币代替银锁，因而佩戴长命锁的习俗在很多地区逐渐演变成了一种象征性仪式。儿童戴长命锁并不需要每天佩戴，仪式结束之后，长命锁当天就要摘下来。

佩戴长命锁在明清时期的汉族地区十分流行。小孩出生后为了消灾避邪，永葆平安，父母或舅舅出资请银匠打制一副银锁给小孩佩戴，意在"锁"住生命。明清以后的"长命锁"多用白银打制，也有用黄金打制或者用玉石雕琢的。錾刻的吉语内容有"长命百岁""福寿双全""长命富贵""福寿万年"等，装饰的纹样大多是吉祥八宝、莲花蝙蝠、祥云瑞兽，以及一些相关的寓意吉祥的民间故事和神话传说等，十分丰富多彩。

此外，苗族姑娘胸前佩戴着硕大的银锁，也是长命锁中比较有特色的一类。银锁是苗族银装中的主要饰物，制作得十分精美，银匠在压制出的浮雕式纹样上錾出细部，纹样有龙、双狮、鱼、蝴蝶、绣球、花草等。锁下沿垂有银链、银片、银铃等。这类银锁有"长命锁""银压领"等名称，苗族姑娘从小就佩戴身上，意在祈求平安吉祥，直到出嫁后才可取下来。

长命锁是一种吉祥饰物，在文学作品中也十分常见，描述古代富贵人家对这种吉祥物品极为重视。在《红楼梦》中，宝玉黛玉初次见面时，宝玉便"带着项圈、宝玉、寄名锁、护身符等物"。薛宝钗的金锁上也刻着"不离不弃，芳龄永继"，寓意永远佩在身边，永不分离，永不抛弃。

千百年来，长命锁作为一种吉祥信物，带给了人们精神上的庇佑与慰藉，今天，它更是超越了人们祈望上天来保佑子孙的本意，已成为中华民族传统文化中的祈福精神的体现。佩戴长命锁不单是为了装饰，还有辟邪纳福之意。从古到今，新生儿满百日或周岁举行的仪式中最为流行的就是挂长命锁，不仅如此，在小孩本命年时，家中也要大摆宴席，赠送长命锁。

长命锁之所以流行千年，受人追捧，主要是因为它具有"吉祥如意""长命百岁""聪明伶俐""避祸驱邪"等吉祥寓意，被人们赋予了平安富贵的概念，表达了长辈对儿童寄托的美好愿望，是一种超越"长命百岁"形式的人生理想和生命情怀。千百年来，中国的长辈把最重要、最美好的祝福凝固在"长命锁"上，怀着无比虔诚的心情，将"长命锁"佩戴到孩子身上，寄托了无限的希望和祝福。

相关小知识

璎珞：璎珞是古代用珠玉串成的装饰品，多用为颈饰，有时也是长命锁的代称。作为饰物，璎珞的形制比较大，在项饰中最显华贵。古人佩挂璎珞在北朝以后变得常见，尤其是宫廷中的舞伎和女侍，晚唐诗人郑嵎有《津阳门诗》，描写庆典上宫伎佩着七宝璎珞表演歌舞的情景。《红楼梦》中贾宝玉出场时，也有关于璎珞的描写。

对襟衣：身份尊贵，出身名门

对襟，指汉服上衣的一种式样，两襟相对，纽扣在胸前正中。对襟衣自古以来就是中国的汉服，男装从长袍马褂演变到民国时的对襟衣短打，女装从婷婷袅袅的长裙发展到凸显身材婀娜多姿的斜襟旗袍，千变万化，都在领子、袖子、扣子上做文章。

中国人一直追求着造物里的对称美，在许许多多中国的文化国粹中，我们似乎都能看到对称元素的摄入，特别是服饰文化，反映着中国人独有的阴阳平衡概念。身着对襟服饰的人物形象可追溯到安阳殷墟墓出土的玉人，从玉人身上的对襟衣花纹中可以断定此玉人是贵族。之后，古代贵族女子的嫁衣龙凤褂、秀禾服，朝廷官员的朝服，还有状元郎的衣服，大都采取对襟的裁制，以显示自己的尊贵地位。

随着人们生活水平的提高，对襟服饰越来越受贵族人士欢迎。尤其是对襟外褂，大多着意在款式造型、色彩搭配、图案装饰以及穿着方法上的暗示都使人感到"衣不在衣而在意，纹不在纹而在文"，因此，古代贵族女性常常不遗余力地使纹样成为寄托穿着者意念的媒介之一。如对襟女褂中的喜相逢纹样、江崖海水纹样等，通身透着穿着人的富贵祥和。另外，对襟女褂大都以美丽的鲜花纹样作为基本的图形，无论是代表雍容华贵的牡丹，还是清冷典雅的梅、兰，抑或是月季、芍药、玉兰等百花，其主题都是以表现"美丽""富贵""吉祥"为前提，更加表现了贵族人的气质。像江崖海水纹是典型的贵族纹样，平民不能擅用，而龙凤纹则更是皇家之专属。这使得对襟服饰又披上了尊贵吉祥之意，平民们都可在视觉层面直观地传达出穿着者的身份。

明代时期，对襟服饰艳丽多样。明孝靖皇后的罗地百子衣是明代对襟服饰的一个最典型的实例：面料色彩艳丽，红罗上用金线织绣出各种图案，用彩线绣百子图，有多子多福的吉祥含义，上面的童子有跳绳的、捉迷藏的、放爆竹的，还有生动活泼的百子、龙、山、吉祥植物等，色彩不一，整体和谐华丽，使着装人觉得自己被吉祥气息笼罩，而且上面的图案皆是左右对称，显示出皇家人特有的端庄与尊贵。

　　清代时期，许多平民百姓都是身裹斜襟长袍，目的是为了方便劳作。而那些官吏大臣，他们有朝廷里统一发的对襟官服，根据官位的不同，官服上刺绣的对称图案也各不一样。但是，相同的是，他们的官服都是扣子从脖颈一直到脚踝，便于上朝行礼。朝廷官员，官服自然要与普通百姓的衣服区别开来，这样走出去更显示出自己的身份尊贵。

　　石青色江崖海水牡丹纹对襟女褂，是清代中晚期贵族女眷所着的礼仪服饰，也是传世女褂中的一件珍品。为什么贵族女眷喜爱穿对襟女褂？因为对襟女褂形制为圆领、对襟、平袖宽挽、左右开裾，缀铜鎏金寿字纹扣四枚。而女褂整体上宽肥博大，衣身宽松，后中破缝，衣肩连接，下摆加阔上翘呈圆弧状，两侧开衩，两襟相对，纽扣在胸前正中，是典型的对襟接袖结构。女褂两肩部是对称的缠枝葡萄纹样，缠枝是以藤蔓卷草经提炼变化而成，又名"万寿藤"，寓意吉庆，因其结构连绵不断，故又具"生生不息"之意。其纹饰造型生动，寓意吉祥，布局疏朗有致，做工精湛，晕色自然和谐，纹饰处理细腻、生动，给人以富贵庄重之感。作为贵族服饰，该女褂的下摆纹样也承载着标志等级的作用，同时又通过牡丹纹的点缀，为原本严肃呆板的海水江崖赋予了新的含义——花开富贵，透射着等级秩序的庄严与新奇的律动。

　　后来，由于对襟衣的舒适性，在民国时期，三教九流、各阶层的人都开始喜欢对襟衣，他们的衣服上也有许多刺绣图案，寓意着吉祥富贵或者是为了给自己带来好运气。而此时要区分穿对襟衣人的身份，就要从布料和做工的精细程度来辨别。有身份地位的人多选择绫罗绸缎精工缝制，这样做出来的效果是穿上后大度从容，神采飘逸；而一般的寻常百姓则以对襟粗布褂子为主。

如今，对襟衣已在广大群众中流行，"新唐装"的出现，更是带动了对襟服饰的发展。像现在中国的传统婚礼上，新娘着装的对襟秀禾服，衣服两边绣着龙凤以及百子图，以中间对称，给人吉祥富贵之意。

相关小知识

旗袍：旗袍是中国乃至世界上所有华人女性共同青睐的传统服装，被誉为中国的国粹和中国女性的国服。虽然目前学术界对它的产生时间仍有许多争论，但无可非议的是，旗袍是中国历史悠久的服饰文化中最具代表性的形式之一。一般认为旗袍最终成形的时间是20世纪20年代，但也有学者认为旗袍真正的源头是先秦两汉时期的"深衣"，无论如何，从20世纪20年代开始，旗袍成为中国最普遍的女性服装。到了1929年，更是被"中华民国"政府定为国家礼服之一。在"文化大革命"时期，旗袍的地位一度下降，80年代的改革开放让旗袍在中国重获新生，从此，旗袍才又代表中国文化走向世界。

灯笼：红灯高照，喜气浓厚

中国灯笼，统称为灯彩，是一种古老的中国传统工艺品。灯笼起源于2000多年前的西汉时期，每年的农历正月十五元宵节，家家户户都挂起象征团圆的红灯笼，来营造一种喜庆吉祥的氛围，后来灯笼就逐渐发展成了中国人喜庆的象征。灯笼从种类上可以分为：宫灯、纱灯、吊灯等。从造型上来看，有人物、山水、花鸟、龙凤、鱼虫等，除此之外，还有专供人们赏玩的走马灯。

不同的灯笼有不同种类和寓意，但都表示满满的喜气，象征吉祥。一般来说，在民间用的吉祥灯上，一面是姓氏或神的名字，另一面是八仙（吕洞宾、何仙姑等）、福禄寿三星等吉祥图案。或者一面是姓氏、神的名字或吉祥话，另一面是吉祥图案。元宵的剪纸灯笼常见的有，剪五谷蜜蜂贴上灯笼，代表"五谷丰登（灯）"；剪喜鹊梅花裱饰灯上，称为"喜鹊登（灯）梅"；剪五个娃娃则寓意"五子登（灯）科"。

关于正月十五挂灯，民间有一个有趣的传说，在很久以前，凶禽猛兽很多，四处伤害人和牲畜，人们就组织起来去打野兽，有一只神鸟因为迷路而降落人间，却被不知情的猎人给射死了。天帝知道后十分震怒，传旨下令，让天兵于正月十五到人间放火，把人间的人畜财产通通烧光。天帝的女儿心地善良，不忍心看百姓无辜受难，就偷偷来到人间，把这个消息告诉了人们。这时又一个聪明人想出个法子，他让大家在正月十四、十五、十六三天在家里张灯结彩、燃放烟火爆竹，这样一来，天帝就会误以为天兵已经放过火了。到了正月十五这天晚上，天帝往下一看，发觉人间一片红光，响声震天，连续三个夜晚都是如此，以为大火燃烧的缘故，因此感到很满意。从此每到正月十五，家家户户都挂灯笼，来纪念这个日子。后来灯笼大多都是红色，因为民间百姓认为，挂红色灯笼希望可以平平安安，生活越过越红火。

灯笼与中国人的生活息息相关，在古代的庙宇中、房间里，处处都有灯笼。中国古人点灯的习惯是秦汉以后的事，而元宵观灯的习俗则起源于汉朝初年，纸灯笼则是在东汉纸发明之后出现。唐朝时期，唐明皇在元宵节上阳宫大陈灯影，为了庆祝国泰民安，扎结花灯，借着闪烁不定的灯光，象征着"彩龙兆祥，民富国强"。宋代也有记载，《宋书·武帝纪下》："牀头有土鄣、壁上挂葛灯笼。"这表明灯笼是吉祥的象征，红灯高照喜气浓。明朱元璋建都南京时，在秦淮河上燃放万盏水灯，永乐年间在午门大立鳌山灯柱，又在华门外设灯市，如今北京还保留了"灯市口"的街道名称。

关于灯笼吉祥还有一个小故事，清代雍正年间，河北省有一个老汉，他心灵手巧，酷爱民间工艺，有一套做灯笼的手艺。每到年节的时候，他都要做几对鲜艳夺目的灯笼，悬挂在自家的门前，为新春佳节增添祥和、喜庆的气氛，因为他做的灯笼绚丽夺目，因此每年都吸引众街坊邻居围观欣赏。有一年老汉做了几对灯笼到集上去卖，恰巧被游集散心的县太爷看见了，见他的灯笼做得好，便把所有灯笼都买下来，挂在府邸里整日观赏。老汉的灯笼做工别致，挂起来显得富丽堂皇，县太爷视为珍品，爱不释手。这年又到向宫廷进贡的日期，县太爷苦思冥想送什么物品来取悦皇上，这时有人指点他，不如送几对灯笼试试，县太爷虽有点舍不得，但为讨好皇上，他只得忍痛割爱。果然，灯笼送进宫中，皇上一眼看中，顿时龙颜大悦，重赏这位知县，并把他送的灯笼定为贡品，后来皇宫内外到处挂上了这大红的灯笼。

中国的灯笼，不仅是用以照明，它往往也是一种象征，有着美好的寓意。灯笼一般都是在元宵节悬挂，灯笼又是圆的象征着一家团圆，希望以后的日子过得红红火火。中国人喜欢红色，认为红色是吉祥的颜色，很多吉祥物都是红色，其中红灯笼的寓意是红灯高照喜气浓。

随着时间的推移，挂灯笼这个习俗依然存在在日常生活中。新娘灯（即宫灯）就代表婚礼喜庆。伞灯（字姓灯），因灯与丁语音相同，意味着人丁兴旺，所以，过去每家都有字姓灯，悬挂在屋檐下和客厅中。迎神赛会上，神明的阵头前仍有两盏大灯笼，这也是一种习俗的延续。

相关小知识

剪纸：中国的剪纸艺术是一种用剪刀或者刻刀在一张纸上剪刻出某些具有吉祥意义的花纹，将它们用来装点生活或者配合其他一些传统民俗活动的民间艺术。在广袤的中国国土上，剪纸艺术几乎遍布各个地区，与各族人民的社会生活交融，是许多传统民俗活动中不可或缺的一部分。剪纸的技术和造型艺术蕴含了丰富的中华文化，是中国人民文化认同感的体现形式之一，也是中国历史的承载体之一。时至今日，剪纸已经成为中华文化的一种代名词，在世界各地享有盛誉。2006年5月20日，经国务院批准，正式将剪纸艺术列入第一批国家级的非物质文化遗产名录。更在2009年的联合国教科文组织保护非物质文化遗产的会议上，入选人类非物质文化遗产代表作名录。

百家衣：祛病免灾，健康平安

百家衣，又称"百衲衣"，它的名字来源与佛教祈福有关，是一种典型的汉族民俗服饰。在中国古代，父母为了让婴儿健康成长，长命百岁，特地向各家各户求取零碎的布帛拼凑缝制成衣服，或者故意做成补缀的衣服，专门给小孩子穿，或用来包裹襁褓中的婴儿，也可以当作被褥给婴儿铺盖。百家衣寄托父母长辈对孩子的美好祝愿。一方面，父母希望自己的孩子能得百家的福气，少病少灾，长命百岁，健康成长。另一方面，古代的人们认为以为贫贱者易活，小孩子穿碎布制成的贫贱衣服，不容易招惹邪魅，身体更健康壮实。

穿百家衣的习俗在陕西、山西、甘肃、河南、河北、山东等北方地区十分流行，南方某些地区也有这种习俗。这一习俗的由来有一个故事，相传与南北朝时宋朝开国皇帝刘裕有关。刘裕年幼时家境十分贫寒，母子俩靠邻居接济过日子。眼看这年的冬天就要到了，刘裕还没有厚衣服穿，冻得浑身发抖。他的母亲心疼儿子，便挨家挨户乞讨碎布片，给他拼凑缝制了一件衣服，旧布片层层叠叠缝在一起，既厚实又暖和，而且颜色鲜艳，十分好看。人们见了刘裕穿着碎布片缝成的衣服，都觉得他很有福气，称这件衣服为"百家衣"。

后来刘裕当了皇帝，整日穿尽绫罗绸缎，但他仍然不忘小时候的贫穷，于是他颁旨规定，凡是刘氏皇族的后代，生孩子过百日时，都要给婴儿穿百家衣，以示不忘贫贱之苦。后来这个家规流传到了民间，人们都开始模仿，认为穿了百家衣，也就增加了百家的福气，能使孩子健康成长、富贵长寿，还有当皇帝的命。由于有这层吉祥的含义，小孩穿百家衣的风俗也就流传下来，一直到了明朝时期，穿百家衣的风俗发展到顶峰，无论是普通百姓，还是达官贵人，孩子出生后都要穿百家衣，寄托了长辈的期望和祝福。

百家衣是婴儿服中极具特色的一种，当婴儿出生之后，全家人为之欣喜。这时由孩子的爷爷奶奶向左邻右舍报告喜讯，并向百家近亲好友求乞布块，如果能得到老年人做寿衣的边角布料最好。由百个家庭贡献出的布片做成一件小衣服给孩子穿，是非常吉利幸运的，特别是那些姓"刘"和"程"的人家，献出的布块尤为珍贵，因为"刘""程"的谐音是"留"和"成"，在老人们看来，这些谐音都是吉利祝愿之语，对保佑孩子茁壮成长有举足轻重的作用。

一般来说，在孩子出生后集齐百家布料很不容易，所以长辈们平时就搜集各家的碎布料，尤其是姓氏谐音吉祥的人家，老人们会把一小块布头或旧布片都珍重地收留下来，然后精心缝制起来，把对孩子的美好祝愿和寄托都放进一块块布料中，做成一件五彩斑斓、色泽鲜艳的衣服。等孩子出生之后，长辈将百家衣穿在小孩子身上，不仅显得朝气活泼，而且还充满了祝福之情。

百家衣还有另外一个富有深意的名字，叫"水田衣"，因为百家衣用一块块布料拼成，花形纹路看起来很像"田"字。同时，"水田衣"的称呼也与农耕、田地有关。中国古代以农耕为主，水田对于百姓来说象征着身家性命，丰收富裕，给孩子从小穿水田衣，寓意孩子一生不缺衣食，永远都有饭吃。

百家衣的式样较为单一，多为无领大襟，在缝制衣服的基础上，又发展出了许多百家款形式，比如肚兜样式的百家衣，坎肩样式的百家衣，还有百家被、百家毯等。由于百家衣是一种带有祝福的民俗吉祥物，因此从缝百家衣到穿百家衣，都有一些严格的讲究，像布纹的走向、拼图等，也都有约定俗成的规矩，不能随意缝制。

一般来说，百家衣不能在胸前开口，而是要做成偏开口的大襟衫，古代也叫道袍衫。长辈在做衣服的时候，一定不能做完，要故意在底襟处留一个口子，称为藏魂处。古人认为，小孩子刚出生时，魂魄不全不稳，会四处乱飘，很容易被妖魔邪魅勾走，所以要在百家衣上留一个口子，让不全的魂魄藏在百家衣里，防止邪魅鬼怪勾走孩子魂魄。待孩子满月之后，魂魄已经长成，由孩子的母亲将衣襟底下的口子缝住，这就说明母亲保护孩子的魂魄留下来，再也不必为孩子的安危操心了。因为这个缘故，在制作百家衣时，多选择鲜艳的色彩做衣襟底。比如红色是辟邪的颜色，可以驱鬼消灾，所以最为常用。"蓝"谐音"拦"，有"阻拦"的意思，用蓝色做衣襟底的口子，妖魔鬼怪就勾不走孩子的魂魄。古代的"绿"色谐音同"留"，有留下之意，也是要留住孩子，防止夭折。此外，蓝色与紫色布缝在一起，有"拦子"的吉祥寓意，绿色与紫色在一起使用，则有"留子"的寓意，在长辈们眼里，这些都是吉祥的颜色，对孩子成长是一种保佑和美好的祝福。

总而言之，百家衣一直从古代流传至今，是汉民族具有代表性的吉祥服饰之一，它所代表的吉祥文化包含了人们对后代子孙的殷切祝愿，希望孩子能够祛病免灾，健康平安。

相关小知识

对襟与大襟：《现代汉语词典》对"对襟""大襟"的解释分别是：对襟，中装上衣的一种式样，两襟相对，纽扣在胸前正中；大襟，纽扣在一侧的中装的前面部分，通常从左侧到右侧，盖住底襟。

对襟和大襟是中国最为传统的一种服饰，最初是不分男女的。清朝以后，开始有了男女之分。对襟开始变成乡村男子的服装，而大襟则主要是乡村妇女的服装，尤其是上年纪的妇女的穿着。而在鲁迅的小说《阿Q正传》中有这样的描写："假洋鬼子回来时，向秀才讨还了四块洋钱，秀才便有一块银桃子挂在大襟上了。"

大襟的斜开襟也是有讲究的。古代上衣多为交领斜襟，不过有右衽与左衽的区别。中原人崇尚右，习惯上衣襟右掩，称为右衽。而左衽一般为死者的衣着。而在北方诸族崇尚左，衣襟左掩，是为左衽。尤其是在北方的少数民族服饰中，基本上都是衣襟左掩。对于"右衽"来说，布扣应当从右胸经过，弯到右边的胳肢窝，然后系到右边的腰际。"左衽"则正好相反。

虎头鞋：虎虎生威，避邪壮胆

虎头鞋是中国古代儿童常穿的一种鞋，也是中国传统的工艺品之一，因为鞋头的造型用虎头的形状，所以被称为虎头鞋，在中国北方的很多地区也称为猫头鞋。虎头鞋一般用布料做成，属于布鞋的一种，在制作虎头鞋的时候，用碎布和旧布料加上衬纸进行装裱，然后用刺绣等方法，缝制虎眼、虎眉、虎口和虎鼻等。再用兔毛等材料进行装饰，整个过程是纯手工制作，所以虎头鞋是古代标准的手工制品。

关于虎头鞋的来历，有很多民间传说，在远古时代，扬州古城里住着一个船夫，他的名字叫大洋，为人非常慷慨善良，而且性情朴实，乐意帮助别人。有一天，城里来了一个外乡人，大洋热情地招待这位客人，外乡人对大洋的善良品质十分欣赏，临走的时候，将一幅古画送给大洋。画里是一个标致的美人，用针线缝制一双虎头鞋，大洋非常喜欢这幅画，就把画挂在家中的墙上。每天晚上，回到家都会跟画里的美人谈天说地。

有一天晚上，画里的美人突然走下来。大洋欣喜若狂，于是娶这位美人为妻，两人度过了一段美好的时光。一年以后，他们生了一个男孩儿，没想到不幸的事情发生了。当地的长官听说大洋家有一幅神奇的画像，于是就把画像抢走，大洋眼看他的妻子就在画像里，却没办法将她救回来，只有妻子缝制的一双虎头鞋留在家中。那长官把画像挂在家里，期待着画里的美人能够走出来，但是过了很久，什么事情也没发生。

大洋的孩子渐渐长大，他总是想念自己的母亲，大洋只得哄骗他说，母亲已经去了很远的地方，再也不能回来。但是孩子坚决要找母亲，有一天晚上孩子做梦，在一片到了森林中看见母亲。母亲告诉孩子，只要他穿上母亲为他缝的虎头鞋，走进邪恶长官的屋子里，看到那幅画，母子俩就能真正团圆。

孩子醒来之后，就穿上虎头鞋，去找城中的长官，说自己可以把画中的美人召唤下来，于是这长官迫不及待地把孩子带进自己的屋内，孩子看见画中的母亲就召唤道："母亲，我们走吧。"画里的美人从画中走下来，抱起孩子就往外走，但是长官派人拦住他们的去路。这时虎头鞋从孩子的脚上掉下来，立刻变成一只斑斓的老虎，咬死了邪恶的长官和他的手下。虎头鞋拯救了母子俩和大洋的家庭，从那以后，人们就开始为孩子制作虎头鞋，据说可以保佑孩子和家庭的安全。

早在东汉时期，应劭著《风俗通义·祀典》中就有了这样的描写："虎者，阳物，百兽之长也。能执搏挫锐，噬食鬼魅。"古人认为老虎是祥瑞之兽，不仅能吞食鬼魅，而且可以保佑百姓平安吉祥，老虎因为具备这些特征，符合人们借物祈福的美好愿望，所以很自然就成为民间百姓崇拜的对象，也成为有名的吉祥物。因此按照古人拜神祭祀的习惯，民间经常给孩子带虎头帽、穿上虎头肚兜、用虎头的围嘴、睡虎头枕等。

虎头鞋至少在东汉时期就已经出现，在中国古代，凡是以虎命名的风俗习惯，都带有吉祥特征，在全国各地都十分盛行，制作虎头鞋给儿童穿，为儿童祈福的习俗，也从古代一直流传到今天。虎头鞋在我国南北各地区都十分流行，其中以中原地区和西北地区最为兴盛，比如河南、河北、陕西、山西、山东等地，孩子小的时候，都流行穿虎头鞋。各地民间的虎头鞋样式繁多，花样不一，但颜色都十分鲜艳，造型大多数夸张粗犷。同时，虎头鞋的装饰物也比较复杂多变，使用很多彩线、花边、毛线、皮毛、金属、布料、珠子、扣子等物品。

虎头鞋造型逼真可爱，带有浓郁的民间风俗特色，这种手工布鞋在中国民间流传了一千多年，之所以受到广大百姓的欢迎，不仅因为虎头鞋的做工精美，造型生动，也与其中蕴含的吉祥文化息息相关。

首先，虎头鞋代表了中国虎文化，是虎文化的象征物之一。老虎的外形十分威猛，额头上带有王字的花纹，自古以来就受到中国百姓的喜爱和崇拜，被称为"森林之王""兽中之王"等。老虎在古代是祥瑞之兽，很容易成为人们的崇拜对象，民间百姓把老虎这样的形象，巧妙地添加在鞋子上，把祥瑞和福气带给儿童，表现人们对儿童未来发展的期望以及美好的祝愿。

其次，虎头鞋的颜色十分讲究，一般的人家会给孩子做三双不同颜色的虎头鞋，分别是蓝色、红色和紫色。古代有俗语说，"头双蓝，二双红，三双紫落成"，因为蓝色的"蓝"谐音是"拦"，寓意是将孩子的灾祸全都拦住，孩子生下来不会夭折，而红色自古以来就可以驱邪避祸，紫色象征着富贵，寓意孩子长大成人之后，飞黄腾达，富贵吉祥。这种文化也迎合了古代百姓对吉祥祝福的渴望，因此虎头鞋不仅是一件民间的手工艺品，同时也是民俗文化吉祥物的象征。

此外，虎头鞋因为具有特殊的文化特征，所以在制作完虎头鞋之后，穿虎头鞋也有一些讲究和禁忌。比如说，穿虎头鞋的时间，应该在孩子百天之后，由孩子的母亲、外婆、姑母、姨母等女性亲属给孩子做虎头鞋。要根据孩子的成长阶段，按照蓝红紫的顺序，依次送出三双虎头鞋。一般来说，送的鞋子越多，代表孩子以后更加富贵，少病少灾。此外，送鞋的时候也不能随意，要求送双不送单。可以送六双、八双、十二双，双数越多越好，但不能送三双五双这样的单数。外婆做的虎头鞋不能缝带子，而鞋带应该让孩子的奶奶缝上，据说这样会使孩子富贵双全。

这些虎头鞋文化中的寓意和禁忌，都与我国古代的吉祥文化相关。因此，虎头鞋是虎文化演变转化的艺术品，也是中国古代吉祥文化的结晶，是吉祥物和手工艺品结合的代表之一。

相关小知识

老虎：在古代，老虎是一种充满矛盾性的生物：一方面，它凶狠、嗜血的形象让人心生恐惧；另一方面，它威严、勇敢，不可侵犯的样子又令人心生崇拜。因此，纵观中国整个封建社会甚至奴隶社会，人们对虎的喜爱和恐惧总是交织在一起，不曾停止。喜爱时，人们将老虎作为服饰上的花纹来显示威严，比如清朝的二品武官官服上便是老虎图案；在身上文上老虎刺青以表示自己的勇武或对老虎的崇拜，比如《水浒传》中描写的一干好汉们；将服饰做成老虎的样子驱邪壮胆，比如虎头鞋、虎皮裙、布老虎等。恐惧憎恶时，人们便对老虎表示诸多不满，家喻户晓的成语狐假虎威、为虎作伥、养虎为患等都表示令人憎恨的虎的凶狠、狡诈的性格。因此可以说，古人对老虎还真是爱恨参半啊！

翡翠寿星：福如东海，健康长寿

寿星是我国神话中掌管着天下人寿命的一位老神仙，寿星的寿命极长，据说与天地同寿、日月同辉；寿星的长相慈眉善目，额头隆起，双耳触肩，白须浓密，眉宇间散发着温和的笑容，手拄一个龙头拐杖，杖上悬挂宝葫芦。中国古代民间百姓认为，家中供奉这位寿星神仙，就可以使人健康长寿，无病无灾。

寿星是中国民间信仰的长寿之神，中国人对寿星的崇拜历史悠久。在古代神话传说中，寿星是福、禄、寿三位神仙之一，又称南极仙翁。传说寿星早先是黄岭鏊人。他接了玉皇大帝的圣旨，下凡来到黄岭村，要把这里的风口子填平，使人们不再受冷风寒气的侵袭，从此过上幸福的生活。寿星来到人间，托生在一位母亲的肚子里，这位母亲怀孕整整有九九八十一年，已经一百多岁，孩子还没生下来。有一天，母亲终于把孩子生出来，没想到生出来一个白头背驼的老翁，而且白胡子一大把。这孩子的寿命非常长，不知活了多少年，同乡的人一代又一代过去，他却还活着。因此，人们就给他起了一个绰号，叫"老寿星"。"老寿星"在人间做了很多善事，让民间百姓过上了幸福生活，玉皇大帝对他的表现很满意，当即下诏召他回宫，并赏赐蟠桃一颗、仙鹤一只、金手杖一个，将他封为南极仙翁，专门负责掌管人间寿命。

在中国文化传承的过程中，寿星也指天上的一颗星，称为老人星。先秦时期，因为老人星在仲旦时出现在正南方，此时民间正在举办古代仲秋养老仪式活动，古人便将这颗星命名为寿星，纪念仲秋养老的习俗。从此以后，人们每年在仲秋养老仪式上祭祀寿星，将长寿的愿望寄托在这颗星辰上。秦汉以后，养老习俗失传，但祭祀寿星的活动一直延续下来，成为一种吉祥仪式。唐朝时期，唐玄宗将祭祀寿星改在自己的寿诞日举行，朝中大臣们挖空心思奉送贺礼，有人用翡翠雕成寿星的形象献给皇帝，博得了皇帝的欢心。从此以后，在寿诞时送翡翠寿星做贺礼，成为一种风靡大江南北的习俗风尚，从古代一直流传到今天。

明朝初期，国家废除了寿星祭祀，但民间对寿星的崇拜已经十分盛行，与寿星有关的器物也越来越多，翡翠寿星的图案和造型更加多样化。到了明中期，在翡翠寿星上除了"寿"字以外，还会雕刻一些蝙蝠、鹿、仙童、松、灵芝等作为衬托，或者加上禄星和福星，以求达到"三星高照"的红运。给老人或寿诞主人送翡翠寿星，带有吉祥的寄托和美好的祝愿，自古以来，健康长寿一直以来是人们的殷切期盼，古人认为长寿、富贵、康宁、好德、善终这五福中，"以长寿为先"，因此寿星为第一福，人如果没有长寿，又何来的福气，即便官路通达、财源广进也是无用的。因此翡翠寿星在吉祥物中极受欢迎，不仅象征长寿的寓意，而且翡翠寿星的形象结合掌管寿命的权势，再添加其他吉祥如意的元素，更是寓意深远。

如今翡翠寿星作为一种贵重的吉祥物，也受到人们的追捧，翡翠寿星有摆件和挂件两种，摆件通常是摆放在家中，尤其是老年人的卧室中，带有祝福长寿、健康平安之意。而挂件的用途更为广泛，不仅老年人可以随身佩戴，小孩子也可以戴翡翠寿星，同时翡翠挂件常将福、禄、寿三星融合在一起雕刻出来，寓意健康长寿、官运亨通、福运当头，凡是佩戴翡翠寿星的人，能够获得吉祥的兆头，在生活、事业、爱情、家庭、健康方面都吉祥如意、事事顺心、样样得意。

相关小知识

福禄寿：福禄寿三星是中国民间最广为人知的三个神仙，它们起源于中国古人对远古星辰的自然崇拜。古人按照自己的理解与感受，将天上的三颗星命名为福星、禄星、寿星，并赋予它们超凡脱俗的神性、广大无边的法力和各具特色的人格魅力。福禄寿三星属于道教神仙，而道教是在中国土生土长的宗教，因此对于三神的崇拜，是中国人自己的信仰。也正是因为如此，无论是在南方的寻常巷陌，还是在北方的独门小院，都能够看到福禄寿三星的形象。福禄寿三个神仙已经成为民间百姓对世俗生活理想的真实反映。在寻常百姓的家中，经常能够看到厅堂上挂的两幅大字：福如东海，寿比南山。这一般是晚辈们对长辈的祝福。

玉佩：养生修德，君子如玉

古人重视玉石，有很多生活器具都是用玉石雕刻而成，但是能经常佩戴在身上的玉器只有玉佩。古代的诗句中所用"美玉"，经常是指由玉石打磨雕刻而成的玉佩，或写作"珮"，又有"组玉佩"和"玉杂佩"的称呼，即是由多件不同种类的玉佩饰品穿缀在一起，成为一串玉器组合。在《诗经·郑风》中有："知子之来之，杂佩以赠之"，其中的"杂佩"指的就是组玉佩。

古人对玉佩十分热爱，并不仅仅因为玉是贵重物品，更源于玉具有圣洁超凡的灵气，代表着君子的珍贵品格，因此古语有"君子无故，玉不去身"的说法。在《周礼·玉藻》记载："古之君子必佩玉……凡带，必有佩玉，唯丧否……子佩白玉而玄组授，诸侯佩山玄玉而朱组授，大夫佩水苍玉而纯组授，世子佩瑜玉而綦组授，士佩瓀玫玉而缊组授。"古人佩戴玉佩有很多讲究，不同身份等级的人戴不同的玉佩，因此把玉佩的意义上升到礼法的层面，象征意义不言而喻。

玉佩在古代是君子养生修德的吉祥物品，具有独特的文化寓意和等级含义。玉佩的发展源远流长，最早可以追溯到新石器时代，有迹象表明，玉佩最初的功能是用于宗教和礼仪，部落中身份地位高的人，将玉石作为项饰佩戴，以此强化社会等级秩序。由此可见，在早期的社会生活中，玉佩是贵族身份在服饰上的体现。玉佩使用多少玉石、雕刻的复杂程度、佩饰的长短等，都成为区别身份、地位的重要标志。

到了西周时期，我国已经出现了一些组玉佩的形式，人们不仅在身上佩戴一块玉石，还经常将各种形状的玉石连缀起来，佩戴身上作为装饰品。西周时期至春秋早期，是玉佩发展的鼎盛时期，标准的组玉佩开始出现，而且数量繁多，形制复杂。地位高的贵族男子在腰间系戴组玉佩，行走时玉器部件互相碰撞，发出叮当叮当的悦耳声响，而声音的轻重节奏能够反映出一个人的品性和德行。这种组玉佩逐渐发展为一种重要的饰品，称为"禁步"。

禁步是组玉佩的一种形式，人们将各种不同形状的玉佩，用彩线穿孔组合成一串系在腰间，最初的用途是男子用来压住长袍衣襟的下摆，后来发展成为一种礼节佩饰。佩戴禁步的人行步之时，发出的声音要缓急有度、轻重得当，如果声音浑浊、节奏杂乱，就会被认为失礼，有损君子的德行。贾谊在《新书·容经》记载："古者圣王居有法则，动有文章，位执戒辅，鸣玉以行。"说的就是禁步的功用。

魏晋南北朝以后，玉佩的君子德行之寓意逐渐减弱，作为礼仪制度重要组成部分的佩玉体制消失殆尽。玉佩的寓意中增加了辟邪祝愿等内容，人们佩戴玉佩也不在乎等级高低，只是作为吉祥的佩饰随身携带，但这时的玉佩主要由贵族男子佩戴。一直到了朱元璋建立明朝，推崇复古治国，组玉佩重新大量出现，从朝廷到民间都很流行戴玉佩，已经不限制贵族或是平民的身份。

玉佩在中国古代文化中享有极高的吉祥寓意。孔子曾说："君子于玉比德。"也就是说，孔子认为玉具有仁、义、礼、知、信、乐、忠、天、地、德等君子之风。中国流传的千古名言"宁为玉碎，不为瓦全"，更是把玉质的完美与人格的尊严联系在一起。正因为如此,君子随身戴的玉佩便成为极为重要的装饰物品。

玉佩在古代是较为时尚的佩戴饰品,多为男子塑身佩戴,玉佩的图案内容丰富,多是吉祥如意、长寿多福、安宁平和、飞黄腾达、辟邪消灾等内容,其中玉佩的吉祥如意类图案最多,通常在玉佩中使用龙、凤、祥云、蝙蝠、喜鹊、灵芝、如意等图案,反映人们对幸福吉祥的追求与祝愿。而长寿图案的玉佩花纹则是雕刻寿星、寿桃、龟、松、鹤、葫芦等,也有三星高照的玉佩,图案中往往由手持蟠桃的寿星、鹿和蝙蝠组成,象征幸福、富有、长寿,多由中、老年男子随身佩戴。夫妻双方佩戴的成对玉佩,象征着夫妻和睦、家庭兴旺,图案主要用鸳鸯、并蒂莲、白头鸟、鱼、荷叶、百合、牡丹、万年青等表示,寓意夫妻共白头,家和万事兴。除此之外,由于古人认为玉石有辟邪的功能,因此玉佩也多用作辟邪挡灾的吉祥配饰物品,玉佩上雕刻观音、佛、钟馗、关公、张飞等图案,用来辟邪驱鬼。

从古至今,玉佩文化的内涵极为丰富,人们往往运用走兽、花鸟、器物、人物等形象和吉祥文字构成图案造型,用民间吉语和神话故事为题材,通过各种比喻和谐音的表现手法,构成玉佩"一句吉语一幅图"的吉祥艺术形式,不仅体现出玉佩文化的精髓,更反映出人们对美好生活的追求和向往。

相关小知识

"男戴观音女戴佛":民间有"男戴观音女戴佛"的说法,作为一种民间习俗,这种说法更多的是一种祈愿。为什么会有这样的说法呢?

"男戴观音",是因为过去经商的、赶考的基本上都是男子,他们常年出门在外,需要面对很多困难,而男子的性格往往较为急躁。当佛教传入我国时,观音菩萨的形象是一个女身,慈悲柔和。"男戴观音"是表达一种希望男子柔和的意愿。而"女戴佛"的"佛"则指的是弥勒佛,而不是佛陀释迦牟尼。因为古人认为女人心胸往往有些欠缺，喜欢生闷气。而大肚弥勒佛的形象是笑脸大肚，寓意快乐有度量，因此"女戴佛"则是希望女人能够心胸豁达、平心静气。

玉瓶：普度众生，永遇平安

若提及羊脂玉净瓶，可能有很多人感觉比较陌生，但如果说到《西游记》中观音菩萨左手拿着的插着柳枝的玉瓶，大家一般都会有深刻的印象。

在印象中，观音菩萨手中的玉瓶充满了神秘之感。瓶中装有五湖四海之水，且此水能使令世间万物起死回生，具有"枯木回春，普度众生"的能量。观音菩萨还曾拿玉净瓶中的甘露水救活过地仙之祖镇元子的人参果树！

可这玉瓶到底是什么来历，能有如此之大的威力？

其实，一个玉瓶就包含了"金""木""水""火""土"，有调和五行，平衡环境的作用。其缘由是大多数玉瓶的底色都为白色，五行中的白即为"金"；瓶内常常插有属"木"的花卉或常绿植物；养花卉或常绿植物当然少不了用"水"；多数花卉为红色或玉瓶本身上就有红色纹路，乃称为"火"；玉瓶的制作材料是为玉，从"土"中开采而来，若为瓷瓶，而瓷就是"土"烧制而成。故一个玉瓶使五行齐备，方可营造平稳和谐的环境，寓意平安绵长，生生不息。所以玉瓶在人们心目中有"拯救众生"的巨大威力也不稀奇了。

而且"瓶"字的发音与平安的"平"字相同，因此"瓶"在中国就有了平安辟邪、无灾无病的象征，深受到百姓的喜爱与推崇，成了民间有名的吉祥物。人们相信将玉瓶摆放于家中，能营造平和吉祥的氛围，能够使家运兴旺，保家庭和谐，家人平安。这样寓意吉祥美好的宝瓶也顺利成为佛家"八吉祥"之一，《雍和宫法物说明册》中说："宝瓶，佛说智慧圆满具足完无漏之谓。"

除了明代《西游记》中大名鼎鼎的羊脂玉净瓶，其实在我国，玉瓶类器皿早就存在了。主要是借鉴了夏、商、周时期青铜器中的炉、薰、鼎的造型。大体可分三中器具，一是汲器，一作炊具，一为酒器，多数为铜铸。

但若只是用于陈设的瓷制瓶器，到宋代才开始流行。明代陈继儒在《群碎录》记载："古无磁瓶，皆以铜为主，至唐始尚窑器。"不过唐时瓷窑尚少，至宋代，南北各地瓷窑才开始大量烧制各种品种的瓶。造型也开始多变起来，有玉壶春瓶、橄榄瓶、胆式瓶、葫芦瓶、双鱼瓶等。此后，元代有八方瓶，明代有天球瓶、象耳折方瓶，清代还有棒槌瓶等，可谓形态各异，名目繁多。

除了瓶本身寓意美好，其造型、命名取意也十分吉祥。例如九桃瓶，是宫廷专用陈设瓷器，直颈、圆腹、圈足。瓶体上绘枝叶繁茂的树干，干上结缀九颗硕大的桃子，寓意"福寿长久"。若宝瓶上绘麦穗，则取"岁岁平安，事事顺心"之意；宝瓶上加万字，寓意"万象生平、国泰民安"……

此外，古代也不乏宝瓶神异一类的传说仙话。在《河东记》中就记载了这样一个故事：唐代贞元年间，在扬州地区突然来了一个乞丐。此乞丐自称姓胡名媚儿，形貌颇为怪异。一天清晨，他从怀里拿出一只琉璃瓶子，可装半升大小，表里通明剔透甚是好看，说："施此瓶满，足矣。"这只琉璃瓶子的瓶口只有芦苇管那么粗，于是就有人给了这乞丐一百钱。谁知这一百钱装进那琉璃瓶中，却只有米粒般大小。给他千钱、万钱、十万钱、二十万钱，也都这样。还有人给他骡马之类的，装在那琉璃瓶里，那些骡马也只不过是苍蝇大小，却能行动……

人生幸福生活美好以平安为前提，平平安安本身就被人们视为福气。因此，象征平安的瓶器就被百姓当作吉祥物，常常出现在人们的日常生活中。例如在家中挑一个风水好的地方摆个玉瓶的摆件，或胸前挂一件宝瓶造型的吊坠用以祈祷平安和护佑。讲究的人家还在木雕家具上刻瓶器与其他寓意吉祥的物件，例如木家具上雕花瓶中插入三支戟，旁边配上芦笙的纹图，取"平升三级"之意，若花瓶旁数个爆竹，则寓意"岁岁平安"。

在中国传统婚俗中，还都有陪嫁花瓶的传统，以前都是用瓷质花瓶，直到"文革"时期才渐渐转变为玻璃质花瓶，用它陪嫁，以寓意平平安安、圆圆满满（圆形瓶）、荣华富贵（瓶体雕富贵牡丹花）、平安如意（瓶体绘如意纹）。

相关小知识

柳枝净瓶：我们如果观察一下，就会发现常见的观音菩萨形象是一手拿柳枝，一手持净瓶。为什么是这个形象呢？其实这种造型大有讲究，它是早期佛教徒生活的真实写照。

据考证，观音手中的柳枝也可叫杨枝。因为在古代没有牙刷，当时的佛教徒就用杨枝刷牙。古印度的佛教徒们很讲究个人卫生，他们那个时候就有了刷牙的习惯，观音菩萨这样的造像便是这种生活习惯的写照。

而在中国古代，也有这样的记录。晚唐时期，将杨柳枝泡在清水里，要用的时候，用牙齿咬开杨柳枝，里的杨柳纤维就会支出来，好像细小的木梳齿，很方便的"牙刷"。

而将杨柳枝嚼成纤维状，蘸着盐擦牙，这一保护牙齿的方法在唐宋以来的多种医书都有所记录，在这些医书中强调杨枝祛风消肿止痛的功能。明代的李时珍也说嫩柳枝"削为牙枝，涤齿甚妙"。而最早的"牙膏"出现在宋代，方法是以杨柳枝为主，辅以槐枝、桑枝、姜、细辛、芍药，煎制成膏，每天刷牙时用。

施耐庵在《水浒传序》中说："朝日初出，苍苍凉凉，澡头面，裹巾帻，进盘飧，嚼杨木。诸事甫毕，起问可中？"这是明代人清晨生活的写照，其中"嚼杨木"，指的也是用杨枝刷牙。

第四章 吉祥文化之节庆篇

节庆文化是不同国家、民族、地区长期生产和实践活动中产生的特定社会现象。在中国文化中，有许多与吉祥相关的特定节庆活动，具有鲜明的民俗特色和文化基础。这些吉祥的节庆和仪式多是中华民族历史、风俗以及文化传承的综合体现，也是人们长久以来盼望美好吉祥的生活，并在节庆和典礼仪式中体现出来。

"破五"接财神：招财纳宝，财源广进

"破五"是正月初五在民间的俗称。正月初五在我国民间是一个很重要的节日，但在这一天人们既不走亲访友，又忌讳出门。因为这一天是财神的生日，财神在我国的地位是非常高的，尤其是在民间。寻常人家也好，生意人也好，在过年的时候都是要拜财神的。民间流传，财神又称五路神，即东西南北中五路，意为出门五路，皆能发财。清代顾禄《清嘉录》中记载：正月初五日，为路头神诞辰。金锣爆竹，牲醴毕陈，以争先为利市，必早起迎之，谓之接路头。还有"今之路头，是五祀中之行神。所谓五路，当是东西南北中耳"。在有些地方接财神又称抢路头。在正月初四的子夜，准备好祭牲、香烛、糕点等物品，并且击鼓鸣锣焚香礼拜，虔诚恭敬的迎接财神。

关于财神，民间流传的有许多传说。说法一：宋朝蔡京特别富有，再加上他出生在正月初五，民间就把他当成财神来看待，后来因为蔡京被贬，人们就另换财神，因为当时宋代国姓为赵，就给财神起了一个"赵玄坛"的名字。道教中流传赵玄坛本名为赵公明，自秦时隐居深山，修炼道法，升仙之后，玉皇大帝封他为"正一玄坛元帅"，原本他的职责是祛病禳灾的，但因为他大公无私，有求必应，能满足人们求财的想法，所以在民间被人们当作财神来看待。说法二：根据《封神榜》记载，财神名为赵公明。原在峨眉山罗浮洞修道，后因帮助纣王攻打武王，死后被封为"金龙如意正一龙虎玄坛真君之神"，并且统率纳珍天尊、招财使者、利市仙官、招宝天尊四个人。这四个人的职责都与财有关。说法三：文财神财帛星君。在寻常百姓家中或者文人家中见到的一般就是文财神。他的形象常常和

"寿""福""禄"三星和喜神在一起出现，合起来就是福、禄、寿、财、喜。文财神脸白发长，手捧一个宝盆，为招财进宝之意。一般情况下家中必定悬挂此图在正厅中，以祈求财运和福运。说法四：武财神关云长。关羽是三国时期蜀国大将，后世称之为武圣人。与文圣人孔子并驾齐驱。俗传关羽曾为兵马驿站长，并且发明了日清簿，再加上他重义守信，就被生意人尊崇，奉为守护神。进而成了招财进宝的财神爷。后传他被曹操赏识之后赐予了荣华富贵，但关羽把钱财分发给了那些善良贫困的人。所以就被人们尊为财神。

在破五这一天，春节期间关门的商店就要正式开张营业了。《清嘉录》中记载："正月初五日，为路头神诞辰。金锣爆竹，牲醴毕陈，以争先为利市，必早起迎之，谓之接路头。"又说："今之路头是五祀中之行神。所谓五路，当是东西南北中耳。"把店里店外打扫干净，然后放鞭炮，隆重地把财神迎进门，旧的一年的财神像要烧掉，请来的新神像要贴在正对门的墙上，还要准备好贡品给财神。

春节作为我国传统的文化节日，其中包括种种传统习俗，破五接财神只是其中的一个重要节日，北方有些地方还在初五那一天吃饺子，并称之为"食元宝"。这些习俗和接财神的寓意是一样的，都反映了广大人民希望远离贫困、招财进宝的美好愿望。但无论是哪一种财神，拜财神只是表达了一种美好愿望，古语说得好：君子爱财，取之有道。不能走歪门邪道去取不义之财。

相关小知识

喜神：喜神是古代中国民间时常占卜的神仙之一，又叫吉神。喜神，顾名思义，就是人们用来趋吉避凶、追求喜乐的神，古代占卜喜神最多的事情就是人生大喜——结婚了。关于喜神的来历，民间还流传着一则小故事。明末清初年间，苏州城内有位大贤名叫葛成，他整日一副嘻嘻哈哈的表情，却喜欢打抱不平，又兼他懂易经，能掐会算，因此城中有难的人都去求他帮忙，把他称作是天上下凡的"驱魔将军"。百姓们发现只要将他的画像挂在家中，就会驱灾辟邪，喜事连连，于是纷纷购买。一个大商人赠送给了葛成一个名叫艾姬的美女，葛成却对她秋毫无犯，直到打听清楚艾姬的家乡，将她送回家。后来艾姬结婚，葛成送了她两只灯笼，一段时间后，艾姬竟生了对龙凤胎。从此，葛成的名声愈加响亮了。民间将他尊为喜神，生前拜其人，死后拜其坟。

狮子滚绣球：祛灾祈福，万福安康

狮子，自古以来就有百兽之王的美称，在百兽之中具有崇高的地位，后来被世人作为权势和富贵的象征，是一种吉祥的动物。在中国古代，官府衙署的建筑门外，两旁大多都摆放着石狮子，这些狮子的形象异常威武，常常是卷发巨眼，张口伸爪，在皇家的宫殿之前也要摆放铜狮，比如故宫的太和殿，门前就有两个铜狮子，乾清宫的门前也有鎏金铜狮。按照传统习俗，门前摆放的狮子一般都是一对儿，左边的为雌狮子，脚底下踏着一只小狮，右边为雄狮，脚底下踏着一个绣球。这类狮子形象最早的时候都是用来镇宅的，具有驱除邪气，镇压凶煞的功用，后来成为皇家官府的一种象征，代表着威严和权势，在明清官员的补服上也绣有狮子，一般作为二品武官的标志，品级高于虎豹的补服。

由于狮子是一种非常凶悍威猛的动物，比老虎更具有威慑力量，所以，古代民间百姓认为狮子可以驱邪避祸。在古时候，除了宫殿和衙门外面摆放石狮子，陵墓中也有一些狮子形象，作为镇墓兽，同时也标志着陵墓主人的身份地位的高贵。狮子有威严的外貌，在古代被视为国法的拥护者，不仅大户人家常雕巨型狮子镇宅辟邪，在佛教中它也是寺院等建筑的守护者，又是释迦左臂侍文殊菩萨乘坐的神兽。

此外，在中国古代，狮子的"狮"，也会写成"师"字，所以老百姓常常用"师"作为"狮"的谐音，表达出一些吉祥的祝愿。在古代官制中，有太师和少师，太师被誉为三公之一，而少师则是三孤之一，他们负责指导辅佐天子，地位极其尊贵显赫。所以人们常用"太师少师图"（太狮少狮图）来祝愿官运恒通，飞黄腾达，而"太师少师图"其实是大小两只狮子。同时又有双狮戏绣球图，表示喜庆吉祥欢乐之意。民间的风俗是，雌雄二狮相戏时，它们的毛纠缠在一起，滚而成球，小狮子便从中产出，象征着吉祥祛灾，祝福连绵，民间的狮子舞绣球，是逢年过节的重要节目之一。

狮子滚绣球是中华民族传统的活动，在节日中表达吉祥喜庆，富贵如意的愿望和祝福。根据《汉书·礼乐志》的相关记载，汉代民间就开始流行"狮舞"，由两名舞狮者合作，穿上戏服，一前一后，共同扮演成一只狮子，前面一人手持彩球逗弄狮子，上下跳跃，舞起来非常生动活泼。后来人们把这项活动画下来，"狮子滚绣球图"，就慢慢流传到后世。

传统的狮子滚绣球是一种民俗喜庆活动，一般都在一些传统节日中演出，寓意祛灾祈福，民间百姓希望狮子能够赶走厄运，绣球则带来好运。相传，"狮子滚绣球"有一个起源故事：南北朝时有一位名将叫宗悫，元嘉二十二年与南方林邑国发生一场战争。宗悫为先锋，接连受挫后想出了一条妙计，命部下雕刻木块，制成狮子头套和面具戴上，复披黄衣，敌方以为是狮子冲过来了，均败阵而逃，宗悫获得全胜。这种作战方法，逐渐流传民间，并在狮子身上慢慢增加舐毛、搔痒、打滚等动作，将凶猛变为可爱的形象，逐渐演绎为狮子送祥瑞的习俗。

为什么狮子和绣球这两种事物结合在一起，代表吉祥如意呢？这是因为狮子是古代汉族人民心目中的瑞兽，被称为兽中之王，狮子外形宏伟，体态生动有力，有极大威慑力，透露着神圣、尊严、神秘的气息，久而久之就成为象征着王者富贵的吉祥物。而绣球是用丝绸、花布等纺织用品制作成的球状物，因为颜色鲜艳多姿，常常用在传统婚礼中，有吉祥喜庆、好事连连的寓意。古代视绣球的为吉祥喜庆之品，而舞狮子是为民俗喜庆活动，且寓意祛灾祈福。因此，狮子滚绣球就寓意着消灾驱邪，赶走一切灾难，好事马上就要降临。

常言道："狮子滚绣球，好事在后头。"古人相信狮子的震慑力十分强大，有狮子在的地方，一切妖魔鬼怪都不敢近身，所以每到节日，或者红白喜事，都会有狮子滚绣球的活动。每当活动开始，总会引得附近的居民一起观赏，喝彩，大家齐聚一处，一边看舞狮，一边企盼厄运消散、好运降临。

狮子滚绣球的寓意就这样流传至今。

相关小知识

镇宅石狮：狮子不是中国本土的生物，是"舶来品"，它在中国出现的时间最早是在汉朝，据资料记载，东汉汉章帝年间，西域的大月氏王国将一头金毛狮子作为贡品进献给中国皇帝，这是狮子第一次在中原地区出现。后来佛教传入中国，狮子逐渐被神话成一种具有神力的灵兽，有着吉祥的寓意。随着佛教文化与中国传统文化的融合，狮子开始成为看守门户的形象，镇宅石狮渐渐在中原大陆上盛行。在每个朝代，镇宅石狮都有自己的时代特色：汉唐时期，镇宅石狮一般高大威猛，强悍狰狞；元朝时期，镇宅石狮则是身躯瘦长，挺拔有力；明清时期，它的形象相比于前面的朝代显得有些温顺；清末时期，镇宅石狮已经基本定型，大致就是我们今天看到的寻常百姓家门前的镇宅石狮了。

春社：万物繁衍，六畜兴旺

春社是我国古老的传统民俗节日之一。"社"在古代指管理土地之神，《说文》中记载："社，地主也。"上古时期，中国氏族部落从渔猎、畜牧的生活方式逐渐转为农耕，人们意识到土地的重要性，便开始崇拜土地，产生了"社神"。当时的国家统治者和百姓举行活动，祭祀社神，这些活动也称为祭社、社祭或者社祀，后来逐渐演变发展为春社。因此，自社神诞生以来，春社就开始存在，大约可以追溯到父系氏族社会晚期。

据甲骨文中的相关记载，春社在商朝时代已经十分普遍，其中的祭礼欢庆活动距今已有两千年以上的悠久历史。从商朝到西周时期，春社发展较为迅速，不仅是祭祀土地神的重大节日，也是青年男女相会的狂欢日。早期春社日期一般不固定，到了宋代以后，春社时间才定为立春后的第五个戊日，时令大约在春分的前后。但按照民间的说法，也有二月初二、二月初八、二月十五、三月三之说。

春社是中国传统祈福求祝吉祥的重要日子，《礼记·明堂位》中记载："是故夏礿、秋尝、冬烝、春社、秋省，而遂在蜡，天子之祭也。"作为一种祭祀日，春社又分为官社和民社。明朝以后，民社的节庆日期为二月二日，俗称"土地公公的生日"，也称"土地诞""福德诞"，百姓在春社日为土地公献上祭品，祈求吉祥。官社的日期并不固定，主要是祭祀土地、祖先，整个过程庄重肃穆，礼仪繁缛，是一种国家祀典，通常在社稷坛举行。在古代的春社日，传统的民社和官社都祭祀社神，以祈求风调雨顺，土地收获丰厚，在春社的庆典中，有敲社鼓、食社饭、饮社酒、观社、分肉、赛会、妇女停针线等习俗。由于春社是民间不可多得的热闹节日，民社有大量的聚会活动，因此就产生了"社会"一词，形容很多人聚集在一起，参与各项活动和事务。

元朝时期，蒙古人统治中原，传统春社的节庆祭祀典礼逐渐消亡。到了明朝时期，民间重新出现春社祭礼活动，但已经跟古代传统春社大有不同。比如二月二拜祭土地公的习俗，是结合了北方部分地区的二月二龙抬头节庆，只在部分民俗活动中沿袭了春社祭礼，而真正意义上的传统春社精髓和内涵已不复存在。因此有学者称，春社的发展演变"起源三代，初兴于秦汉，传承于魏晋南北朝，兴盛于唐宋，衰微于元明及清"。

早期的春社分类比较复杂，可以分为"大社"，即天子为群姓立社；"国社"，即诸侯王为百姓立社；"侯社"，即诸侯王为自家本族立社；"置设"，大夫身份以下的人成群立社。春社有两大重要组成部分，一是祭祀土地和祖先，祈求吉祥丰收。二是男女相会的春嬉狂欢日，也称春台日，象征着阴阳相合，繁衍旺盛，生生不息。春社日的时候，男女民众聚集在一起，弹琴擂鼓，食牛羊肉，场面十分热闹。老子在《道德经》曾用春社场景描述人多，"众人熙熙，如享太牢，如登春台"。足见春社的热闹场面。

春社日男女相会的习俗产生，与上古时期人口不足有关。统治者为了鼓励百姓繁衍后代，因此在春耕之前设立春社日，举办"桑林（或春台）大会"，允许成年男女聚集在一起，唱歌跳舞，互相嬉戏。《周礼·地官·媒氏》中记载："中春之月，令会男女：于是时也，奔者不禁，若无故而不用令者，罚之。司男妇之无夫家者而会之。"表明在当时，统治者命成年男女参加在仲春举行的桑林大会，已经形成一种固定的习俗活动。

秦汉以后，人口繁衍已经不再是紧迫问题，春社日男女嬉戏的部分被严令禁止，只保留一些游宴聚饮的娱乐活动。从此以后，春社的意义发生改变，更多体现在促进乡里家庭之间的和睦，颁布宣讲教化乡约，指导百姓农时，巩固国家的凝聚力等方面。

相关小知识

社神：社神就是中国民间百姓口中的土地神。关于社神的来历，民间历来有三种说法：第一种说法是社神即为后土娘娘。后土是大神共工之女，共工怒触不周山之后，其女被封为社神；第二种说法是土地神为共工之子，名叫句龙；第三种说法认为社神就是大禹，他治理人间水患，功劳甚大，被封为社神。无论这三种说法哪一种赞成人数更多，都证明了一点：在古代人民心目中，社神的地位很高。在奴隶社会乃至封建社会前期，土地的多寡是用来衡量一个人贫富的重要标准，也是国家最重视的东西。因此上至王公贵族，下至黎民百姓，祭祀社神成为一年中最要紧的事。随着社会的发展，耕地被不断扩大，商业手工业等也逐渐发展，社神地位不断下降。到了明清，曾经显赫一时的社神就变成遍地都是的土地老儿了。

咬春：咬得草根断，则可做百事

在我国民间，每年的立春这一天，家家户户基本上会买个萝卜吃。因为萝卜味辣，吃萝卜代表着"咬得草根断，则百事可做"。清朝有人特意作的《咬春诗》："暖律潜催腊底春，登筵生菜记芳辰；灵根属土含冰脆，细缕堆盘切玉匀。佐酒暗香生匕筴，加餐清响动牙唇；帝城节物乡园味，取次关心白发新。"可见前人对"咬春"还是很重视的。

"咬春"源自二十四节气中的第一个节气——立春。又被称为打春。这个风俗据记载，最早源自皇宫。相传每年的立春这一天，宫内外都要隆重庆祝。史书上记载"周公始制立春土牛",在这一天要把皇宫门前的泥塑春牛打碎。众人打焚,故谓之"打春"。据典籍《京都风俗志》记载:宫前东设芒种,西设春牛。在"打春"过后,春牛的碎片会被人们抢回家,把碎片放在粮仓上,寓意着粮食丰足。在他们看来,春牛的碎片是吉祥的象征。后来经过发展,打春的地方发生了变化,从宫门前移到了郊外。这一变化在《帝京景物略》中有详细记载:"东直门外五里,为春场,场内春亭,万历癸巳,府尹谢杰建也。故事,先春一日,大京兆迎春,旗帜先导,次田家乐,次勾芒神亭,次春牛台,次县正左、耆老、京师儒。府上下衙役皆骑,丞尹舆。官皆衣朱簪花迎春,自场入于府。是日,塑小牛芒神,以京兆生舁(抬之意)入朝,进皇上春,进中宫春,进皇子春。毕,百官朝服贺。立春候,府县官吏公服,礼勾芒,各以彩仗鞭牛者三,劝耕也。"那时的打春场景更加壮观,人们参与的积极性也特别高。

　　在老北京,讲究时令吃食,在立春这一天要吃春饼,意为"咬春"。在立春的大清早,老北京的胡同里就传出"萝卜赛梨"的吆喝声。在那个时期人们不管家中有多穷,都要给孩子买个萝卜咬春。不仅这样,有条件的还要买些应时令的蔬菜,目的是一为防病,二为迎接新春。在唐代的著作《四时宝镜》中记载:立春、食芦、春饼、生菜,号菜盘。吃一些新鲜的蔬菜,据说咬春以后,整个春天都会精神抖擞,不会犯困。中国人是很讲究食补的,在立春之后,人的阳气逐渐上升,在这个时候人们就会选择具有辛甘发散性质的食物,让身体顺应天时。咬春的食物主要是白萝卜,但最好的是荠菜。把荠菜做成春卷,或者是剁碎和着肉包饺子,简直是人间美味。民间还流传着这样一句话"宁吃荠菜鲜,不吃白菜馅",正面反映了荠菜广为人们喜爱!

　　咬春还要吃春饼,又称"荷叶饼",因形状似荷叶而得名。荷叶饼是用来卷菜的,包括苏盘、酱肘子、酱鸡、酱鸭等。咬上一口,滋得流油。根据明朝刘若愚所著的《酌中志》中说道:"立春前一日,顺天府于东直门外迎春,凡勋戚内臣,达官武士,赴春场跑马,比较优劣。至次日立春,无论贵贱，皆嚼萝卜，曰'咬春'。"关于咬春起于什么时候，还暂无定论，但可以肯定的是在明清时期，咬春这个习俗上至王公贵族，下至平民百姓，都非常重视。但是咬春这个传统习俗到现在逐渐没落了，现在年青一代基本上没有多少人记得这个习俗了，一是因为人们生活节奏的加快，没有了之前那种时间和精力；二是因为工业化造成的污染导致野荠菜无法食用，甚是可惜。虽然如此，但咬春作为我国传统习俗的一分子，我们还是要给予继承和发扬，不能让咬春流逝。

相关小知识

打春：句芒是神话传说中的春神，掌管和安排一年的农事。传说有一年立春，当人们准备让耕牛去田间翻土准备春耕时，却发现耕牛一直赖在牛棚里不出来。因为耕牛在当时是重要的生产资料，人们舍不得用强，就去向句芒请示该怎么办。句芒听说后就让人们用泥土捏了一头牛，放在牛棚外面用鞭子抽打这土牛。耕牛被抽打泥牛的鞭子声吓坏了，老老实实地从牛棚里出来去田里边干活了。

为了纪念这件事，后来每年立春这天都要举行"鞭春牛"活动。这个活动是由官府举办的，官府提前准备好土牛，在立春这天带着浩浩荡荡的迎春队伍把土牛送到土牛台，然后用鞭子把土牛打碎。当土牛被打碎后参加仪式的人们会一拥而上，疯狂地争抢春牛土，谓之抢春，如果谁能够抢得牛头那么就预示着他这一年会获得大丰收。

打春牛后来简化为"打春"，现在北方还有一些地方把"立春"叫"打春"就是这个原因。

划龙舟：纪念先祖，祈求平安

划龙舟是我国端午节民俗活动的重要组成部分。因为对自然环境有要求，所以在不同的地区形成了不同的纪念习惯。在我国南方地区，因为多江河，划龙舟非常普遍。在北方地区，一些临近河湖的地方也存在这种习俗，但北方大部分都是划旱龙舟和舞龙船，以这种形式来纪念先祖，祈求平安。

关于赛龙舟的起源，说法不一，在不同的地区有着不同的起源。按时间说的话，西南地区流传下来的是最早的。龙舟发源于远古时期沅陵这个地方，沅陵龙舟是为了祭祀西南五溪各族的祖先盘瓠。相传盘瓠曾经在沅陵半溪石穴落户，后来生了六儿六女，儿女互相婚配，人数逐渐增多，慢慢演变成了苗族、瑶族、侗族、土族、畲族、黎族六个民族。后来盘瓠去世之后，六族人民为它招魂，但因为沅陵山多水多，巫师不知道他的魂魄去向何处，就让六个族的族人分别打造了六只龙舟，沿着溪流河流依次寻找，后来就演变成了划船招魂的祭祀活动。第二种说法就是为了纪念屈原，屈原是春秋时期楚国大臣，他所提出来的富国强兵的一系列主张触犯了楚国贵族的既得利益，因此楚国贵族对此怀恨在心，在楚怀王面前进谗言，楚怀王听信谗言，革去了屈原的职位并且把屈原流放到了沅湘流域。也正是在流放期间，屈原写下了许多传世名篇。不久之后，楚国被秦国所破，屈原悲痛欲绝，在五月初五这一天写下《怀沙》之后。抱石投汨罗江而死。相传屈原死后，楚国人民纷纷跑到汨罗江边吊唁屈原。为了找到屈原的尸身，渔夫们在江上划船打捞，为了不让尸身受到江中鱼虾的吃食，特意做粽子投于江中。并且定于每年的五月初五划龙舟、吃粽子、喝雄黄酒等习俗，以此纪念屈原。现在关于划龙舟的习俗来源，大多数人们都是这样认为的。祭祀屈原的习俗在史书典籍中也有所记载，《隋书·地理志》中写道：其迅楫齐驰，棹歌乱响，喧振水陆，观者如云。不仅如此，还有诗人描写赛龙舟时的场景，比如唐代诗人刘禹锡《竞渡曲》中注释：竞渡始于武陵，及今举楫而相和之，其音咸呼云："何在"，斯沼屈之义。在浙江地区，划龙舟的起源是这样说的，以龙舟竞渡纪念曹娥。《后汉书·列女传》中记载曹娥是投江死去的，民间则流传着曹娥用魂舟送她父亲归葬的说法。在江苏一带，在古时称为吴地，据《清嘉录》中记载，赛龙舟是为了纪念伍子胥。还有一种起源，从宋朝开始，每年的农历四月初八到五月三十，东莞人民会举行长达三十日的龙舟月。龙舟月的主要活动就是赛龙舟。这个传统保持至今，并且被定为传统日。

　　古时候的赛龙舟是为了祭祀，具有宗教性和娱乐性。赛龙舟之前，还要请龙、祭神。举行各种祭祀、纪念的仪式。一般都是点香烛、烧纸钱，再摆上贡品，比如米、肉、鸡、粽子、酒等。现在这些具有一些迷信色彩的仪式，已经不多见了。在古时祭祀的时候，整个氛围是非常严肃的，人们祭祀祖先的同时也希望祖先在天之灵可以保佑五谷丰登，风调雨顺，驱邪避害，事事如意。同时希望不管是祭祀时的赛龙舟还是以后的生活，都平平安安，顺顺利利。赛龙舟这一传统民俗活动在2010年5月成功申报非物质文化遗产，意味着这一传统受到了国家和人民的重视，而且随着我国文化实力的增长，在其他国家也逐渐兴起了端午节，举办端午庆典，举行赛龙舟比赛，从而进一步提升了我国在世界的影响力。

相关小知识

　　雄黄酒：《白蛇传》中有一个情节，许仙听了法海的挑拨，在端午节这天逼白素贞喝了雄黄酒，结果白素贞现了原形，变回一条白色的巨蛇。

　　这个故事当然是小说家言。雄黄是一种药材，可以用作解毒剂、杀虫药，雄黄酒就是用研磨成粉末的雄黄泡制的白酒或黄酒。在中国传统医学里，雄黄酒有驱妖避邪、杀虫解毒的功效。主要外用于皮肤痈疮、虫蛇咬伤；内服可以治疗癫痫抽风、镇静解痉。

　　古时的中国人认为五月初五是恶月恶日，午时又是毒时，这天的午时可谓是"三毒"齐聚；这天又是全年大热天的开始，五毒蛇虫也开始活跃，人们会把雄黄酒洒在墙角、床底等处，来防毒、消暑、避灾。

挂菖蒲：辟邪祛病，庇佑家宅

　　挂菖蒲是我国五月初五端午节习俗中的一个重要组成部分，在端午节这天，人们把菖蒲或者艾草扎成一束悬挂在门上，也有把菖蒲和艾草插在门口或者斜靠在旁边。因为菖蒲的叶子形状像剑，民间的术士把菖蒲称为"水剑"，认为它可以斩千邪，驱邪避害，也正是因为这层文化含义，使菖蒲成了人们在过端午节时不可或缺的一件物品。

　　关于挂菖蒲的来源，说法不一。据民间流传，在远古时期，在钱塘江的潮水中生活着一只怪物，名叫癞头鼋，修炼了五百年成精。在每年的春秋两季就作法使钱塘江的浪潮冲垮海塘堤岸，从而扩大自己的领地。内地的老百姓深受灾难，后来有一天八仙中的吕纯阳路过此地看见妖怪作孽，想要除去妖怪，为百姓造福。他在天庭的典籍中看到凡间有种名为菖蒲草的植物原是天上神仙的宝剑，后不知因触犯何事被罚下凡间。于是吕纯阳就砍了一根菖蒲草祭成了一把宝剑去找癞头鼋。经过几天几夜的大战，二人不分胜负，癞头鼋就说道：吕仙人，咱们往日无怨近日无仇，你却来与我决斗，该给个说法吧。吕纯阳道：老百姓是我们的子民，你在此地祸害苍生，我难道不该找你吗？癞头鼋听到便说：只要是你的子民，我便不去侵犯。如果不是你的子民，那我就不客气了。于是两人相约：只要是在五月五端午节这日门上挂菖蒲的人家，就是吕神仙的子民，没有挂的就归癞头鼋所有。吕纯阳走后，便把手中的宝剑也就是菖蒲撒到了人们的房檐下面。在五月端午这天，癞头鼋带着潮水席卷而来，却发现家家户户的屋檐下都挂着一束束像宝剑一样的菖蒲。奈何之前和吕纯阳的约定，不敢造次，一天下来就冲垮了一些没人住的房子。人们在这天发现这一年因为自己家屋檐下挂的菖蒲，端午节没有潮水冲垮房屋和田地，妖怪也没有出来造次。以至于后来每年的端午节这天，人们都在屋檐下，门口旁放置菖蒲来吓退癞头鼋，保护自己的房屋和田地。从此以后，这个习俗一直保留至今。在宁波，挂菖蒲的来源是因为一位名叫青英的女子。相传，因家中贫寒，在端午节这天，恰巧是自己生日，奈何家中贫寒，就挖了菖蒲挂在门前冲喜，并且题了一首诗：自嫌薄命嫁穷夫，明日端阳祭礼无。莫叫良辰错过去，聊将清水洗菖蒲。丈夫在这天却因犯了事被送到了知县那里。知县也听说过此女的名气，便说你再现场作一首诗，我不仅可以放了你丈夫，还可以送你五十两银子度日。于是青英便现场写道：滔滔黄水向东流，难洗今朝满面羞。自笑妾身非织女，郎君何事效牵牛？知县看罢大声说好，一一兑现了自己说的话。家中贫寒，只因端午节挂菖蒲，有了大气运。此事流传开后，每年端午节这天，越来越多的人家在门上挂菖蒲以求好运。逐渐形成了一种风俗，流传至今。有关挂菖蒲的起源，不同的地方有着不同的流传的故事，但所蕴含的意义都是为了保平安，求气运。

　　菖蒲和艾草有着香气，悬挂于屋檐下可以驱蚊赶虫。端午节挂菖蒲的目的之一就是驱赶蛇、蝎、蚰蜒、蛤蟆、蜈蚣五毒，因此有着驱虫避害，庇佑家宅之说。还有人用菖蒲泡酒，说喝了可以延年益寿。菖蒲确实有着一定的药用价值。《本草从新》中对菖蒲这样叙述：辛苦丽温，芳香而散，开心孔，利九窍。端午节挂菖蒲是从古时已有的习俗，在端午节这天，赛龙舟、挂菖蒲艾草、喝雄黄酒，纪念先人的同时寄托着自己对美好生活的期盼，将自己的愿望通过这些传统习俗表达出来。

> 相关小知识

八仙之首吕纯阳：八仙是中国鼎鼎大名的神仙，八仙过海的故事和成语更是家喻户晓，八仙分别是：吕洞宾、铁拐李、汉钟离、蓝采和、张果老、何仙姑、韩湘子、曹国舅，吕纯阳正是八仙之首吕洞宾。他名叫纯阳，字洞宾，别号纯阳子，是道教的仙人，也是如今最显赫的道教支派——全真教的祖师爷。民间关于吕洞宾的传说是八仙之中最多的。吕洞宾的地位在民间百姓心目中也非比寻常。据传，吕洞宾未出家之前是一位意气风发的书生，他非常眷恋功名，一直想封侯拜相、流芳百世，又非常喜欢他的妻子与子女。因此当天仙使钟离权来度他出家时，他坚决不肯。最终，钟离权让他做了一个出将入相、封妻荫子的梦，他醒来方才大悟功名利禄皆为虚幻，遂出家。

熏苍术：祛污除秽，趋利避害

苍术，是一种中药材的名字。严格来说，苍术是一种菊科植物，平常人们说起的和在中药里提及的苍术是特指茅苍术或者北苍术的根茎，而且是经过除泥去沙，晒干清须等过程。据有效古籍记载，苍术最早记载于《神农本草经》，在那时，对苍术还没有明确的区分，所有种类的都称为术。对术的分类是从张仲景开始的，仲景在《伤寒杂病论》中所开的药方中用的都是白术。北宋药物学家苏颂对苍术这样描述：术今处处有之，以茅山、嵩山者为佳。春生苗，青色无桠。茎作蒿秆状，青赤色，长三二尺以来。

夏开花，紫碧色，亦似刺蓟花，或有黄白色者。入伏后结子，至秋而苗枯。根似姜而旁有细根，皮黑，心黄白色，中有膏液紫色。可见当时的人们对术的了解程度已经非常深刻了。

熏苍术是我国传统节日端午节中的一个重要民俗活动。在端午节这天，人们把晒干的天然苍术捆起来点燃，苍术燃烧所产生的烟雾对屋内的蚊虫有着很大的驱逐作用，不仅如此，苍术燃烧还会散发出清香，提神醒脑。关于薰苍术的作用《本草纲目》这样写道：辟一切恶气，用赤术同猪蹄甲烧烟，陶隐居亦言术能除恶气，弭灾诊，故今病疫及岁旦，人们往往烧苍术以辟邪气。这是人们在端午节时熏苍术的根据，对此还有更为细致的叙述，在近代著作《本草正义》记录如下：苍术，气味雄厚，较白术愈猛，能彻上彻下，燥湿而宣化痰饮，芳香辟秽，胜四时不正之气；故时疫之病多用之。最能驱除秽浊恶气，阴霾之域，久旷之屋，宜焚此物而后居人，亦此意也。

苍术中最有名的当数茅山苍术。对此流传的还有一则故事。相传，李时珍在茅山游历期间，在茅山悬崖处发现了一只特别高大的苍术，长在一块鹤嘴石上，形状恰似一只仙鹤，白颈会羽丹顶，而且还有丝丝芳香溢出。李氏欣喜异常，异常小心地走进那块鹤嘴石旁，轻轻地挖下这株草药时，旁边不知为何溅起一块小石头，正好落在鹤嘴石的丹顶冠上，令人惊奇的是，那丹顶冠上竟落下了一滴一滴的血珠，李氏还没缓过神来，只见石头嘭的一声响，从中飞出一只仙鹤，长鸣三声，飞向了九重天。李氏拿起那块苍术切开一瞧，术中有着七颗鲜红的朱砂点。至此，茅山苍术朱砂点永不褪色，而且茅山苍术的药效要超出其他苍术很多，颇受人们喜爱。对此宋代诗人范成大作诗颂曰：山精媒长生，仙理信可诘。梨枣本寓言，杞菊亦凡质。幽人爱雁儒，药鼎荐珍物。艳粒谢烟火，耘苗换肌骨。摩挲莱芜甑，尘生不须拂。

随着现代医疗技术的发展，目前苍术被广泛应用于门诊室、病房等医院场地，作用是对空气消毒。

相关小知识

《神农本草经》：又称《本草经》或《本经》，中医四大经典著作之一，作为现存最早的中药学著作，约起源于神农氏，代代口耳相传，于东汉时期集结整理成书，成书非一时，作者亦非一人，秦汉时期众多医学家搜集、总结、整理当时药物学经验成果的专著，是对中国中医药的第一次系统总结。其中规定的大部分中药学理论和配伍规则以及提出的"七情和合"原则在几千年的用药实践中发挥了巨大作用，是中医药药物学理论发展的源头。

插茱萸：驱邪治病，祈求安康

插茱萸是中国古代民间的节日风俗。在每年农历九月初九重阳节时，民间百姓就上山采茱萸，插戴在头上，也有人把茱萸制成香囊，佩戴在身上，或者将茱萸插在房檐门框上。百姓认为茱萸可以驱邪治病，是一种吉祥的药草。

在九月九重阳节这一天，人们结伴出行，登高远望，插戴茱萸，在古代俗称为茱萸会。插茱萸的民俗据说起源于东汉，到了近代时期，成为家喻户晓的民俗，然而重阳节和茱萸之间的关系，最早见于《续齐谐记》，其中有这样一个故事：汝南人桓景跟着费长房修道，有一天，费长房对桓景说，在九月九日那一天，你家将会有大灾祸，破解方法就是让你的家人做一个彩色袋子，里边装满了茱萸，然后缠在胳膊上，登到高山上去饮菊花酒。到了九月初九这一天，桓景一家人按照费长房所说的去办，佩戴茱萸外出登高，结果傍晚回家一看，果然家中的鸡鸭鹅狗牛羊全都已经死亡，但全家人因为外出登高，安然无恙。从这以后，九月九重阳节登高戴茱萸的习俗就流传下来，人们认为茱萸有避邪驱祸的功用。

到了唐代时期，重阳节插茱萸的活动已经十分盛行，人们不仅登高插戴茱萸，用来消灾避邪，而且把茱萸做成香袋佩戴身上，用来装饰美容。诗人王维在《九月九忆山东兄弟》中写道："独在异乡为异客，每逢佳节倍思亲，遥知兄弟登高处，遍插茱萸少一人。"李白《九日登巴陵望洞庭水军》诗中说："九日天气晴，登高无秋云。"杜甫《九日》诗中也写道："去年登高郪县北，今日重在涪江滨。"等。由此可以得知，历史上重阳节登高插茱萸的习俗，在唐代已经开始盛行。到了宋元时期以后，插茱萸的风俗遍及大江南北，已经极为常见，《东京梦华录》载："都人多出郊外登高，如仓王庙、四里桥、愁台、梁王城、砚台、毛驼冈、独乐冈等处宴聚。"在南宋，据《武林旧事》载，宫廷于八日作重阳排当，以待第二天九月九隆重游乐一番。明代的皇帝亲自到万岁山登高，清代的皇宫御花园内设有供皇帝重阳登高的假山。随着民间百姓生活状态的改善，人们对于九月九登高插茱萸的活动更加重视，而且对插茱萸有了更多的期盼，祈求消灾避祸，延年益寿。

九月九登高插戴的茱萸是一种药材，茱萸主要分为两类，一类是山茱萸科的山茱萸，另一类是芸香科植物吴茱萸，因为产于吴地的质量最好，因而得名，也被称作越椒或艾子。吴茱萸是一种常绿小乔木，几乎可以长到一丈多高，叶子为羽状复叶，初夏开绿白色的小花，秋后成熟，果实嫩时呈黄色，成熟后变成紫红色。

茱萸气味香烈，有温中止痛，暖胃燥湿、理气等功效。茱萸叶还可治霍乱，茱萸根可以杀虫，古代民间百姓认为它能够驱邪避灾。在《本草纲目》中说，茱萸气味辛辣芳香，性温热，可以治寒驱毒。在重阳插茱萸，就与端午的雄黄酒作用差不多，主要目的在于除虫防蛀。因为在重阳节之后是小阳春，天气有一段时间的回暖，而在重阳节以前的一段时间内，秋雨潮湿，秋热尚未退尽，衣服非常容易发霉，古人认为在重阳节这一天插茱萸，可以解除湿热，把茱萸佩戴在手臂上，或者做成香袋，放在衣服里佩戴，都可以避邪驱虫。

清代之后，重阳节插茱萸民俗流行于我国浙江、安徽、山西、甘肃、陕西、河南、江西等地，九九重阳，与"久久"重音，九在数字中为最大，在数中最尊贵，有长久长寿的含意；同时秋季也是一年收获的黄金季节，重阳佳节，佩戴茱萸，寓意吉祥深远，饱含着人们祈求祝福的特殊感情。汉代时期，《西京杂记》中西汉人贾佩兰称："九月九日，佩茱萸，食蓬饵，饮菊花酒，云令人长寿。"自那时起，民间就有了重阳节求寿的风俗。《荆楚岁时记》记载："九月九日，四民并籍野饮宴。"百姓在重阳节这一天登高、插茱萸、饮酒宴会，这构成了重阳节庆贺的主要活动。

重阳节登高插茱萸的活动流传到今天，仍然受到人们的喜爱，也成为老人和孩子团圆的重要节日。在这一天老人们登高远望，插戴茱萸，祈祷吉祥如意，回家后准备菊花酒，与家人团聚共饮，不仅健康开怀，更是其乐融融，幸福美满。

相关小知识

重阳节：重阳节是极具中国文化特色的传统节日，蕴藏着丰富的中华文化内涵。重阳节的时间是在农历的九月初九，所以又被称作重九节。古书经典《易经》中将"六"定为阴数，将"九"定为阳数，重阳节九月九日，两九相重，因此名叫重阳。早在战国时期，人们就有了过重阳节的习俗，魏晋时期，重阳节的影响越来越大，从王公贵族到贩夫走卒，都开始过起了重阳节。到了唐朝，重阳节被正式定为民间节日，从此以后，不管是宋、元还是明、清，都沿用了这一制度。在这一天里，人们出游赏秋，或登高远眺，或观赏菊花、遍插茱萸，或吃重阳糕、饮菊花酒等。由于这天的活动与农历三月初三的踏青相似，都是全家出游，因此这个节日也成了游子们思家的节日。王维便写道："遥知兄弟登高处，遍插茱萸少一人。"

大暑食仙草：纳凉除热，送暑迎秋

大暑是我国农历二十四节气之一。在《月令七十二候集解》解释道："大暑，六月中。暑，热也，就热之中分为大小，月初为小，月中为大，今则热气犹大也。"到了大暑，一年中的气温达到了最高点，古书中说道：大者，乃炎热之极也。

大暑时节天气炎热，水分蒸发特别快，所以对夏季大暑时的雨水形容尤为贴切：小暑雨如银，大暑雨如金。虽说大暑时节天气不惹人喜爱，但还是有其他的美丽景色来弥补的，大暑有三候，分别是：一候腐草为萤，二候土润溽暑，三候大雨实行。古人认为萤火虫是腐草生成的，夜晚天气凉爽，点点光亮忽闪忽闪，甚是惹人陶醉。二候就是大暑时期闷热异常，却又透露着潮湿，令人极为难受。而且频繁的雷雨天气，经常令人猝不及防。谚语中说道：东闪无半滴，西闪走不及。夏季的雷雨来得急，走得急，令人难以捉摸。

由大暑时期的天气的炎热程度可以预测出大暑之后的天气，比如民间谚语：大暑不热，冬天不冷。大暑有雨多雨，秋水足；大暑无雨少雨，吃水愁。大暑在南朝诗人徐勉的《晚夏》诗中描述道："夏景厌房栊，促席玩花丛。荷阴斜合翠，莲影对分红。此时避炎热，清樽独未空。"诗人认为夏天夜里纳凉，自房中走到了花丛中，一杯薄酒，随之映入眼帘的就是水中荷花莲叶，令人特别惬意。但还有其他的诗人在大暑想到的是炎炎夏日中，农夫在地里耕地播种的辛苦，比如宋代诗人戴复古所著的《大热》中写道："天地一大窑，阳炭烹六月。万物此陶熔，人何怨炎热。君看百谷秋，亦是暑中结。田水沸如汤，背汗湿如泼。农夫方夏耘，安坐吾敢食？"诗中极言夏季之炎热,从而衬托出下层劳动人民耕作的辛苦,充分表现出诗人对老百姓的无限同情。

大暑时的民间习俗活动主要是关于吃的,因为天气炎热,所以需要吃一些凉性的食物来降温消暑。但有些地方恰恰相反,比如说福建,福建人多吃荔枝、羊肉来度过大暑。湖南东南部还有大暑吃姜的习俗,俗语说:冬吃萝卜夏吃姜,不需医生开药方。在我国典籍《诗经》中记录的有相关大暑的句子:七月在野,八月在宇,九月在户,十月蟋蟀入我床下。大暑时节,蟋蟀在乡村田野中最为居多,于是就据此演化出了民间传统习俗——斗蟋蟀。在古时的城镇和集市,大多设置的都有斗蟋蟀的场地,至今官方已经废除了这项习俗,但在民间依旧存在这项民俗,这类娱乐活动丰富了底层劳动人民的娱乐生活,为人们在农闲时带来了乐趣。在广东的很多地方,大暑时有着一句民谚这样说道:六月大暑吃仙草,活如神仙不会老。仙草又称为仙人草、凉粉草,是药食两用的重要植物资源。因为仙草有着消暑的功效,被当地人们称为"仙草"。为了尽早送走大暑,台州人送大暑船就是人们为了尽早送走大暑,迎接初秋的到来。人们在大暑之前就会事前打造好一艘三米长、十五米宽的大暑船,在船上设置香案、神龛,然后再配上桌椅床被、刀毛枪炮,以供五圣享用。相传五圣分别是史文业、钟仕贵、张元伯、刘元达、赵公明五位,均是恶神。人们在大暑时将五圣请上宝船,然后击鼓鸣锣,著红送佛,顶礼膜拜,并且还会请僧人作五圣道场,将宝船送至江外海面。五圣送走之后,人们还会演上十天左右的戏,来庆祝"送暑"。如果送暑船飘得无影无踪,那么人们就皆大欢喜;但是如果遇到了潮水折返回来,人们就会认为是祭品不够诚意,五圣不接受贡品,人们就会诚惶诚恐,再多加祈祷祭拜,祈求五圣早日离去。人们向五圣祈愿目的就是为了表示自己的虔诚之心,希望可以减灾少病,无灾无害,身体健康,生活美满。人们的种种措施都是为了向神灵祈福,求得内心的安稳。人民总是把决定权交于上天大自然,把美好的愿望寄托于自然选择,给后世留下的就是各种各样的传统习俗活动,流传至今,经久不衰。

大暑过后就是立秋，温度慢慢下降，很少会出现高温的情况，一年之际莫过于大暑和大寒让人痛苦不堪，最是难熬。借助大暑时的种种习俗活动，让自己生活的方便简单一些。

相关小知识

斗蛐蛐：进入大暑后，蛐蛐开始长大为成虫，已经可以斗蛐蛐了。这个活动从大暑节气开始，直到秋末没有蛐蛐了才会结束。

斗蛐蛐就是斗蟋蟀，也叫"秋兴""斗促织"，即用蟋蟀相斗取乐的娱乐活动，比赛时讲究"四病"（仰头、卷须、练牙、踢腿）、"白不如黑，黑不如赤，赤不如黄"等。斗蟋蟀是具有浓厚东方色彩的中国特有的文化生活，也是中国的一种风俗。

斗蛐蛐起源于何时已经无法考证了，不过宋代时朝野上下都很喜欢斗蛐蛐，成了一种风气。南宋的宰相贾似道就很喜欢，有"蛐蛐宰相"之称。明朝的宣宗皇帝朱瞻基也有这个爱好，有"太平天子，促织皇帝"之名，蒲松龄的《聊斋志异》中的《促织》一篇描写的就是他的这个爱好给人民带来的痛苦。

到了明清时期，斗蛐蛐甚至发展成了一门学问，从选虫、喂养、训练、比赛都有了明确的规定。明清时还有人专门写书介绍如何养蛐蛐、斗蛐蛐，例如明朝著名文学家袁宏道就著有《促织志》、清朝的金文锦写有《蟋蟀秘要》、石莲著有《蟋蟀谱》等。

小暑食新：驱邪避灾，庇佑全家

暑，就是炎热的意思，小暑就是温度还没有特别高，预示着夏季步入正轨。在《月令七十二候集解》中对小暑这样解释："六月节……暑，热也，就热之中分为大小，月初为小，月中为大，今则热气犹小也。"虽然说小暑时期不是夏季最为炎热的时间，但在民间有着"小暑大暑，上蒸下煮"的说法。《诗经》中有关于时令的诗句：五月斯螽动股，六月莎鸡振羽，七月在野，八月在宇，九月在户，十月蟋蟀入我床下。通过蟋蟀的生活习性和生活地点表现出时令节气的变化。夏季身体排汗量比较大，再加上温度较高对人体的亢奋度有着不小的影响。所以在夏季对身体的养护就显得尤其重要。

小暑有三候：一候温风至，二候蟋蟀居宇，三候鹰始鸷。意思就是在小暑时节，陆地上很少有凉风，处处存在着热浪，而且蟋蟀因为气温的上升离开了田野，跑到了墙角下避暑；天气炎热，鹰不得不飞翔在高空中纳凉。对此，唐代著名诗人元稹也写了一首诗来描述小暑时节的情况，题为《小暑六月节》，内容是这样的：倏忽温风至，因循小暑来。竹喧先觉雨，山暗已闻雷。户牖深青霭，阶庭长绿苔。鹰鹯新习学，蟋蟀莫相催。

春夏养阳，小暑是人体阳气最为旺盛的时令。虽然说小暑不是一年中温度最高的时候，但正处于气温升高的过渡期。这时一定要注意减少身体对暑气的吸收。在我国民间避暑的办法就是吃一些清凉避暑的食物。采取这种措施的目的是为了促进身体的排汗系统，排除体内多余的毒素，保证身体健康。

到了小暑这一天，民间有着"食新"的习俗，就是在小暑过后吃新米，老百姓将新收的水稻脱壳成大米后，做好饭用来祭祀祖先。食新与"食辛"谐音，所以人们会买一些新鲜的蔬菜或者是新上市的水果等。民间对此说道："小暑吃黍，大暑吃谷。"民间俗语"头伏饺子二伏面，三伏烙饼摊鸡蛋"，传统习俗就是头伏吃饺子，一旦入伏，天气炎热，人们就会食欲不振，精神萎靡不振，称为"苦夏"，在人们看来饺子的作用就是开胃解馋。不同的地区也有着各自的应对方法，江苏人入伏就会吃羊肉，当地人称为吃伏羊，民间流传着"彭城伏羊一碗汤，不用神医开药方"的说法。还有些地方是吃热汤面，在《荆楚岁时记》中记载道："六月伏日食汤饼，名为辟恶。"文中提到的汤饼就是热汤面。在民间看来，五月是恶月、毒月，而六月和五月临近，故称为"辟恶"。

小暑食新在客家人的习俗中显得比较正式。客家人在南方生活安定下来之后，对祖先辛勤耕作、努力改善生活条件怀有着崇敬之心。在宋代末期以后，民间就已经开始出现在每年的小暑过后食用新米，那个时候的第一季的水稻已经成熟了。在吃新米饭之前，会把做好的米饭供给神灵，与之一起的还有新酿出来的酒，再备上肉蛋和刚上市的新鲜蔬菜，供奉给五谷大神。并且还要在烧香点烛之时念叨：请五谷大神食新，多谢五谷大神恩泽五谷丰登，保佑一家顺利，身体康健，紧做紧有来。等到烧完之后，把饭菜摆在自己的饭桌上，念道：请先祖尝尝新。与此同时双手拜上三拜。到中午饭点儿的时候，再与家人一同吃饭。

小暑还有其他的民俗活动，比如说吃炒面，炒面就是用铁锅把面粉炒干，炒熟，然后用热水加糖冲着吃。唐朝医学家苏恭解释道：炒面可以解烦热，止泻，实大肠。山东人在小暑这一天还会给牛改善伙食，其实就是给牛煮麦仁汤喝。民谣说道：春牛鞭，舐牛汗，麦仁汤，舐牛饭，舐牛喝了不淌汗，熬到六月再一遍。还有就是民间还有吃藕的习惯，藕具有养血、除烦、清热等作用，最适合夏天食用。

小暑时节，天气炎热，人们很容易产生烦躁的情绪，还会犯困、精神不振。所以根据季节和五脏的关系，在小暑应该保护好心脏。平心静气，可以缓解紧张的情绪，使得心情平和、气血舒缓。不仅有利于增强心脏机能，也符合"春夏养阳"的规则。增强人体内的阳气，可以驱邪避灾，增加人的运气，使得增强体魄，庇佑全家。

相关小知识

中华文化下的蟋蟀：为本无关联的事物附上文学的意义，使其成为一种文学情感的发声者，向来是中华文化乃至全世界文化的共同点。蟋蟀这种毫不起眼的小小昆虫，在中国传统文化的视野下来观察它，会令它变得意趣盎然。从中国文学的源头《诗经》中的一篇《七月》开始，蟋蟀便成了历朝历代文人骚客笔下的宠物。它有时是凄清忧伤的吟唱者，只因它鸣叫的时候，便代表了暑气渐退、凉意渐生，代表了秋季即将到来，而众所周知，秋天向来是中国文人们最容易感怀伤心的季节，于是"蟋蟀夜鸣断人肠"，于是"犹恐愁人暂得睡，声声移近卧床前"；它有时又是民间和谐恬静生活的代表——有许多墨客看到乡下孩子兴趣盎然的斗蟋蟀，忍不住提笔纵横，来表达自己对这种平静生活的向往。

立夏吃蛋：勤劳肯干，强身健体

立夏蛋，顾名思义就是在立夏时节吃的蛋。关于这个吃立夏蛋的来源还是在民间流传的。立夏在《月令七十二候集解》中被解释为："立夏，四月节。立字解见春。夏，假也。物至此时皆假大也。"立夏之后，天气才算是真正进入了夏天。夏天，气温增高，雷雨增多。相传从立夏这一天开始，天气就开始慢慢炎热起来，这种炎热天气对小孩子的影响比较大，在夏季小孩子会有食欲不振、四肢无力和身体疲劳等症状。这种天气在民间被人们称为"疰夏"。女娲娘娘心疼小孩子，便想出一个办法，告诉民间百姓，让他们在每年的立夏这一天，把煮熟的鸡鸭鹅蛋挂在小孩子的胸前，这样可以避免"疰夏"。

古谚语称：立夏胸挂蛋，孩子不疰夏。老百姓们就按照女娲说的那样做，果真孩子的情况比之前好了很多，人们在胸前挂蛋的时候难免煮的蛋会多，后来直接就在立夏这一天吃蛋，然后再在孩子的胸前挂上蛋。这种习俗就一直被延续下来直到现在。不仅如此，有些家中煮蛋有些会用茶叶末或者胡桃壳煮，这些原料所含有的成分会使鸡蛋壳在煮的过程中慢慢变红，而且会携带香味。这样就变成了茶叶蛋。这样做不仅可以避免浪费，经过加工之后的茶叶蛋保存的时间会长一些，味道也好好上许多，深受人们的喜爱。

古人认为鸡蛋圆滑，自身就寓意着生活美满，没有遗憾。立夏蛋一般是用鸡蛋做成的，把没有破损的鸡蛋带壳放入清水中煮熟为止。然后用各种颜色的网袋套起来，挂在孩子们的脖子上。彩色网袋寓意着鸡蛋在这混沌天地之中。孩子们在立夏这一天就着胸前挂的立夏蛋发明了斗蛋游戏。蛋分头尾，尖为头，圆为尾。斗蛋就是蛋头碰蛋头，蛋尾碰蛋尾。三五孩子成群，一个一个碰，碰破者输，最后分出胜者。蛋头胜者为第一，蛋尾胜者为第二。第一的蛋又称为大王，第二称为小王或者二王。立夏斗蛋给孩子带来了很多乐趣，在炎炎夏季给孩子带来了游戏的快乐。

我国不同的地区对立夏吃蛋有着不同的解释。民间流传立夏吃蛋主心。因为鸡蛋的形状跟心相似，人们就认为吃蛋可以补心气精神。立夏以后便是炎热夏季，人们在这种天气中会食欲不振导致身体亏损消瘦，所以在立夏需要进补。在我国南方，人们认为立夏不吃蛋，上坎跌下坎。吃蛋的用意在补夏强身，为了使自己在夏季劳动有力。民间称立夏吃蛋叫"补夏"，目的就是为了让人们在夏天保持劲头足，干活有力。南方一些地区，孩子们中午吃过立夏蛋之后，在胸前挂上彩色立夏蛋，然后去参加集会上"称人"

的活动。在称重的,掌称人口中还唱道:秤花一打二十三,小官人长大会出山。七品县官勿犯难,三公九卿也好攀。民间认为,小孩子在这一天称过体重之后,夏天就不怕夏季炎热,而且夏天可以保证自己不会消瘦。

立夏是我国二十四节气中的一个重要节气,又是我国传统的礼俗节日,早在周代,周朝天子在立夏这一天都会率领众大夫去往城郊外迎夏。与之同时还会举行声势浩大的祭祀先帝的仪式。汉代皇室依旧沿承着这个习俗,典籍《后汉书·祭祀志》中对此有所记载:立夏之日迎夏,于南郊,祭赤帝祝融,车旗服饰皆赤。歌《朱明》,舞《云翅之舞》。后来逐渐发展,到明代又增添了"尝新"的风俗。在清代著作《帝京岁时纪胜》记载:立夏取平时曝晒之米粉春芽,并用糖面煎作各色果叠,相互馈送。南方人家在每年的立夏之日,各家都会炒新茶,并且还有各种新鲜水果,用以邻里之间相互赠送。

立夏的习俗包括吃立夏蛋,称体重,还有要吃立夏饭。在立夏这一天,人们用黄豆、黑豆等五色豆和着白米煮成"五色饭"并且配有鱼和肉,称之为"立夏饭"。其中的寓意就是人们希望可以通过立夏时的种种习俗来表达自己"清净安乐、福寿双全"的美好愿望,以及人们祈求上苍可以看到这些做法从而给自己送来好运。

相关小知识

防疰夏:疰夏又叫作苦夏,是夏季的一种常见病,患者症状为倦怠、嗜睡、低热、消瘦、无力,一般过了夏季就会自行痊愈,有的患者每到夏季就会发作。疰夏也是中暑的先兆,如果持续下去就会导致中暑,所以一定要注意疰夏的预防工作。

浙江地区对疰夏的预防十分重视,认为在立夏这天吃了某些食物可以防止疰夏。在温州,当地人喜欢吃笋、青梅和蚕豆(因产自两淮,当地叫淮豆子),而乐清人则认为吃茶叶蛋、青梅、鲜笋、鲜蚕豆的效果更好。

舞龙灯：人寿年丰，风调雨顺

　　舞龙灯是中国古老的特色民俗，也是一项非常吉祥的传统民俗活动，寓意着人寿年丰，吉祥如意，风调雨顺。舞龙灯通常在盛大的节日里进行，不仅是汉族人，很多少数民族也都有舞龙灯的习俗。

　　龙灯的种类多样，常见的有烛龙、筐龙、段龙、滚地龙、竹叶龙、焰火龙等，经过千年的发展，龙灯足有近百种的数量。一般来说，龙灯的节数为七节、九节或十三节，都是单数。龙身用竹子扎成一个圆龙形状，每一节相连起来，在外面覆罩着一块画有龙鳞的巨幅红布，然后每隔五六尺，就有一人掌竿，龙身首尾相距有十几米长，舞起来十分威风。

　　做好的竹龙通常都要安放在当地的龙王庙里，到了舞龙灯的节日，百姓扛着旌旗，敲锣打鼓，吹响号角，浩浩荡荡的队伍去龙王庙，将龙灯从龙王庙中请出来，然后接上龙头和龙尾，并且举行点睛仪式，让德高望重的人画龙点睛。点睛仪式结束之后，龙灯之前由一人持竿领头，在竿顶上竖起一个圆球，作为舞龙灯的引导。当大家开始舞龙灯的时候，圆球前后左右摇摆，龙头抖动起来，作出抢球的样子，龙身在后面摇摆游走，上下飞动。

　　在喜庆的节日中，舞龙灯的场面非常宏伟盛大，有锣鼓的乐曲伴奏，一条巨龙追着红色的圆球宝珠腾飞跳跃，龙身腾空飞舞，忽上忽下，高低错落，精湛的表演让观众欢喜陶醉，完全沉浸在节日的喜庆吉祥气氛中。

　　关于舞龙灯的来历有一个传说。相传某一年天下大旱，江河湖海都缺水断流，民间百姓苦不堪言。这时有一位能卜算晴雨阴旱、风水祸福的神人出现，他是玉帝派到人间宣告降雨命令的，神人对民间百姓说："大家不要发愁,今天中午之后的未时,天上会出现厚云,到了戌时就会下雨,城内雨水三分,城外雨水七分。"负责布雨的老龙嫉妒神人,听到他的话,便赌气不理玉帝的命令,私自篡改了雨量,并且把城内城外的下雨量反过来。结果到了时辰落下倾盆大雨,大雨很快淹了城内,房屋倒塌,淹死了许多人。玉帝知道之后大怒,下令七天后把老龙斩首示众。这时观音菩萨前向玉皇大帝求情,要保救老龙的性命。但是玉帝坚决要杀老龙,还没等观音开口,就放出一把阴剑,把老龙斩成了九节。此后,那位神人对民间百姓说:"老龙是因为和我赌气而丧命的,但他给民间降雨,也确实做了不少好事,你们就为他烧点香纸吧。"于是,百姓就制作了九节的金龙,在村里建造龙王庙,然后敬拜金龙,抬到各村寨起舞,让人们前来敬奉,求老龙保佑民间风调雨顺,五谷丰登。

舞龙灯之所以被认为一项吉祥的传统民俗活动,是因为在古人的心里,"龙"代表着神圣的化身,也是掌控万物生长的生灵之一。古代人们把龙、凤、麒麟、龟称为"四灵",都是吉祥的动物,寄托了民间百姓美好吉祥的愿望。传说龙王可以兴云降雨,兴盛农耕,造福人间。龙作为一种神奇的灵物,自古以来就是中华民族崇拜的图腾象征,同时也是民俗艺术创造的产物,龙的形象集中了狮头、蛇身、鱼尾、凤爪于一身,性情勇猛、灵活、友善,而且身份高贵,融汇了民间百姓的理想、愿望、智慧和力量,更是象征吉祥与幸福。

在华夏民族几千年发展的历史过程中,"龙"这一形象作为民族神圣的标记和符号,地位非同寻常,而且意义重大。舞龙灯不仅是敬拜龙王的民俗,也有振奋民族精神的作用。同时,在古时候,人们的生活以农业耕种为主,希望风调雨顺,认为龙是主管降雨的神灵,因此百姓对龙有着更加特殊的感情。于是,从每年开始的元月,舞龙灯活动便在大江南北展开,其中包含了庄稼人对新年的祈福,也赋予美好的愿望,这一吉祥活动就长期流传下来。

舞龙灯是中国民间的吉祥活动之一,传说早在汉代时期,舞龙灯的活动已经非常普遍。当时的民间百姓常用舞龙灯活动祈求龙王保佑，新的一年里风调雨顺，五谷丰收，国泰民安。舞龙灯活动传到唐宋时期，形式和表演技巧更加完善。据宋代吴自牧《梦粱录》中记载："用青幕遮草上，密置灯烛万盏，望之蜿蜒如双龙之状。"说明在宋代时期，舞龙灯已经在大江南北十分盛行了。

从古到今，舞龙灯的活动经久不衰，一代一代流传下来。各族人民的舞龙表演各具特色，种类繁多，已经成为广泛流传的一种吉祥文化习俗，中华民族光辉文明的一部分。如今，许多地区仍然延续着舞龙灯的习俗，很多民族逢年过节都有舞龙灯的活动，场面宏大，热闹非凡。舞龙灯的寓意不再仅限于祈祷人寿年丰、风调雨顺，更增添了对美好未来的盼望和祝福。

相关小知识

龙袍：指的是皇帝的朝服，因上面绣着龙形图案，故名龙袍。其样式一般是盘领（清朝为圆领）、右衽，颜色多为黄色、朱色和紫色。龙袍还泛指古代帝王穿的龙章礼服。唐武德年间，高祖命令臣民不得僭服黄色，黄色衣物逐渐成为王室专用之服，自此历代沿袭为制度。

龙袍上的各种龙章图案，并非固定不变，历代有所变化。不过一直保持不变的是，皇帝的龙袍上都绣有九条龙，左右两肩各一，胸前、背后各一，前后膝盖处各二，另外一条绣在衣襟里。

为什么龙袍上要绣九条龙呢？在中国古代，帝王多受《周易》的影响，崇尚"九五至尊"。《易·乾》中说："九五，飞龙在天，利见大人。"意思是说这条龙已经达到了最高境界，已经飞上天了。也是因为这个缘由，在皇室的建筑、家具陈设依旧生活容器等方面，多用九或者五两个数字。

为什么要将一条龙绣在里襟呢？因为九是奇数，无法在布局上做到均衡对称。于是，将一条龙绣在里襟。

不过，也有例外的，并非所有皇帝的龙袍上都只有九条龙。1958年明神宗定陵出土的万历皇帝的"缂丝十二章衮服"，就有十二条龙，衣服正面有个圆形，在这个圆形的中间，绣了一条龙，俗称"团龙"。

压岁钱：压祟压惊，岁岁平安

压岁钱是汉族过年时的民俗，寓意有辟邪驱鬼、保佑平安。在春节期间，小孩子拜年时，长辈都要事先准备好压岁钱，然后分给孩子，据说压岁钱可以压住各种邪祟，因为"岁"与"祟"同音，小孩子得到长辈给的压岁钱，就可以平平安安度过一岁。

中国古代的压岁钱有两种，一种是用彩绳穿线编作龙形，放在床脚下；另外一种是比较常见的，即由长辈用红纸包裹小钱，分给孩子当压岁钱。这两种压岁钱都体现了中国传统的吉祥文化。

压岁钱的来历有一个传说，古时候有一种长相恐怖的小妖怪，它身黑手白，名字叫"祟"，每到过年的三十夜里，祟就偷偷地跑出来害人，它站在孩子的床边，用手在熟睡的孩子头顶摸三下，孩子就会吓得大哭起来，然后发烧呓语，并会得重病，等到几天后高烧退去，聪明机灵的孩子往往就会变成痴呆疯癫的傻子。由于人们怕"祟"来害孩子，就在三十晚上点亮灯火，一家人团坐着不睡觉，称为"守祟"（守岁）。在嘉兴府有一户人家，夫妻俩老年得了一个儿子，十分宠爱，视为掌上明珠。到了年三十的夜晚，他们担心祟来害儿子，于是就陪着孩子一起玩耍。他们给孩子用红纸包了八枚铜钱，孩子觉得好玩，把红纸包拆开又包上，包上又拆开，一直玩到后半夜，才困得睡着了，于是包着的八枚铜钱就放到枕头底下。夫妻俩仍然不敢合眼，紧挨着孩子长夜守祟。没过多久，一阵大风把房门吹开，并且吹灭了灯火，黑矮的妖怪祟偷偷跑进来，用它的白手摸孩子的头顶，没想到孩子的枕边发散出一道亮光，吓得祟急忙缩回手，尖叫着逃跑了。老夫妇大喜过望，第二天把这件事告诉周围的邻居，用红纸包八枚铜钱可以吓退祟。于是大家都学着在年夜饭后用红纸包八枚铜钱，然后交给孩子放在枕边，果然以后祟就再也不敢来了。原来，这八枚铜钱是八仙变成的，他们在暗中帮助孩子，把祟吓退。从此以后，人们把这钱叫"压祟钱"，又因"祟"与"岁"谐音，随着岁月的流逝，"压祟钱"就演变为"压岁钱"了。

　　根据历史的记载，最早的压岁钱出现于汉代，也称为厌胜钱，或者叫大压胜钱，这种钱并不是市面上流通的货币，不能用来购物、买东西，而是为了佩带和玩赏，专门铸成钱币形状的避邪物品。汉代时期，已经有很多人将这种钱币形式的佩带物随身携带，有的压岁钱正面铸有钱币文字和各种吉祥语，比如"千秋万岁""天下太平""辟邪除凶"等，背面则是铸有各种吉祥图案，比如龙凤、龟蛇、双鱼、八卦、星斗等。

　　压岁钱发展到唐代，演化出更多的形式和风俗。唐代宫廷里在立春日散钱，称为压岁钱，这种风气十分盛行。唐代的春节也称为"立春日"，宫内的人们相互朝拜，发散压岁钱，《资治通鉴》中记载贵妃生子，"玄宗亲往视之，喜赐贵妃洗儿金银钱"的事情。这里说的洗儿钱就是压岁钱的一种，除了贺喜外，更重要的意义是长辈赐给新生儿护身符，是用来避邪驱魔的吉祥物。

　　宋元以后，大年正月初一取代了立春日，很多原来属于立春日的风俗也移到了这一天。宫廷中春日散钱的风俗逐渐演变成给小孩压岁钱的习俗，并且在民间也很盛行。清富察敦崇《燕京岁时记》记载："以彩绳穿钱，编作龙形，置于床脚，谓之压岁钱。尊长之赐小儿者。亦谓压岁钱。"到了明清之后，压岁钱的风俗大多数演化为用红绳串着铜钱赐给孩子，所以一些地方把压岁钱叫"串钱"。

　　民国以后，压岁钱进一步发展，演变为用红纸包一百文铜元，送给未成年的孩子，寓意是"长命百岁"，如果是已经成年的晚辈，长辈给压岁钱时红纸里包一枚大洋，象征"财源茂盛""一本万利"。当货币改为钞票之后，长辈们更喜欢选用相连号码的新钞票赐给孩子当压岁钱，因为"联"与"连"谐音，预示着晚辈"连连发财""连连高升"等吉祥寓意。

压岁钱最初是从汉族的民俗中开始流行的，随着时间的推移和社会的进步，压岁钱不再是汉族独有的新年习俗，很多少数民族地区也盛行压岁钱。虽然不同地区的风俗内容各有差异，但是压岁钱代表的吉祥寓意都相同。

另外，压岁钱也有喜庆吉利的含义，民间认为分压岁钱给孩子，如果有恶鬼妖魔来伤害孩子，孩子就可以用这些钱贿赂它们，从而皆大欢喜，化凶为吉。同时，压岁钱也能给孩子带来欢乐，让孩子去买些自己喜欢的东西，清人吴曼云《压岁钱》的诗云："百十钱穿彩线长，分来再枕自收藏，商量爆竹谈箫价，添得娇儿一夜忙。"由此看来，压岁钱不仅有吉祥寓意，也牵系着一颗童心。孩子得到压岁钱之后，可以用来买鞭炮、玩具和糖果等节日物品。

压岁钱一般在新年倒计时开始，由长辈分给晚辈，表示压岁，让小孩欢欢喜喜，平安过年。后来，压岁钱不仅是长辈给晚辈的吉祥护身符，代表着长辈对晚辈的美好祝福，也可以是晚辈给老人的，一般来说，有收入的晚辈在过年时给年老者包压岁钱，这里的"岁"指的是年岁，意在期盼老人长寿，身体健康，平安如意。

相关小知识

春联和门神：春节的一个重要活动就是贴春联。春联起源于桃符（周代悬挂在大门两旁的长方形桃木板），据说桃木是仙木，所有的妖魔鬼怪都害怕这种木材，所以有些流派的道士就用桃木刻成剑作为降妖除魔的武器，如果在上面再写上"神荼""郁垒"这两个降鬼大神的名字，那效果就更加明显了。到五代时宫廷里开始有人在桃符上写字，据说后蜀主孟昶令学士辛寅逊写的"新年纳余庆，嘉节号长春"就是中国最早的对联。到了宋代开始把桃木板改成了纸，但还是称为"桃符"，一直到了明朝才改称"春联"的。

除了春联还要贴门神，它们的区别是春联是贴在门框上的，门神是贴在门板上的。门神是家中的"五神"之一，职责是防止妖魔鬼怪进入家中。最初人们在桃木板上刻上神荼、郁垒的画像，逐渐演化为用彩笔画画，最后发现在桃木板上写上神荼、郁垒的名字也有效果，于是就成了现代"门方"的鼻祖。门神分为文门神、武门神、祈福门神三类。文门神画的是一些身着朝服的文官，如天官、送子娘娘等，一般贴在院子里的房门；武门神画的是尉迟恭、秦琼等拿着兵刃的武将，一般贴在临街的大门上；祈福门神画的是福、禄、寿三星，一般贴在内室。

第五章 吉祥文化之婚嫁篇

婚姻自古以来就被认为是人生中的头等大事，在中国古代称为"将合二姓之好，上以事宗庙，而下以继后世"之事。中国的传统婚姻礼仪是吉祥文化的一个缩影，自周朝以来就受到人们的重视，成为中国民俗礼仪中最隆重和最热烈的礼仪之一。中国传统婚嫁礼仪最重视吉祥如意的寓意，每一个程序和场面的铺陈都是为了彰显"吉祥"二字，祝福新人婚姻美满，恩爱幸福，白头到老。

第五章 吉祥文化之婚嫁篇

撒谷豆：辟邪除灾，迎祥纳福

撒谷豆是中国的一项传统婚俗，在黄河、长江流域的广袤地区都很盛行。迎亲时，人们会进行抛撒谷豆的仪式活动。一般来说，婚礼中撒谷豆要分两次进行：第一次在女方家，女子要上轿时，有人拿着装满小米、豆子等的簸箕，在花轿的里里外外和新娘周围抛撒；第二次在男方家，当迎亲队伍来到男方家时，也要有人在新娘下轿和步入男方家门的时候抛撒各类谷物。

根据宋朝年间高承所著的《事物纪原》一书，早在汉代，撒谷豆的婚俗就已经出现：当时，翼奉的儿子与京房的女儿有了婚约，于是，翼奉挑选了一个良辰吉日，准备前去为儿子迎娶新娘。然而，京房觉得翼奉挑选的那个日子有三煞附在门上，并不吉利。按照当时的风俗习惯，但凡是三煞附门之时，新妇是不能入门的，一旦违背，一来婚后膝下无后，二来家中长辈会折寿。对此，翼奉不以为然，坚持要在当天迎娶新妇。最终，两家协商，决定采取一些措施：新妇来到翼奉家中，准备步入夫家家门时，在她周围撒上一些谷物，达到驱邪的目的。故事里的翼奉和京房是西汉年间有名的大儒，两家儿女缔结婚约，却对迎娶之日是否良辰吉日各执己见，最终，通过抛撒谷豆来驱邪避灾的方法解决了这个问题。从此之后，在婚嫁庆典时撒谷豆的习俗就流传了下来。

通过整理考察宋朝年间的相关记录，文明发现，到了两宋年间，撒谷豆之风已相习成风。到了明朝，撒谷豆之风俗有所变化，除了撒谷豆之外，人们还增添了撒干草或堆草堆的习俗。

按照明代燕京一带的习俗，娶新娘时要堆一堆干草堆在夫家门外，再在草堆里撒上各种谷豆，新妇入门时从草堆上迈过即可。就其根源，民间所谓的"三煞"其实就是青牛、青羊、乌鸡之神，而牛和羊主要的饲料就是谷豆和草，鸡也可以啄草觅食。可见，人们堆草堆是有道理的。

后来，撒谷豆不再是汉族独有的婚俗，在很多少数民族地区也颇为盛行。地区不同，风俗的实际内容也各有差异。有时候不一定用谷豆，也可能用其他粮食或植物的种子代替。在有的地区，撒谷豆的时候，还会用鸡血祭奠花轿，以强化驱邪避灾的效果，比如在四川云阳一带。

在古人眼中，谷物乃是吉祥之物，五谷丰登是天时地利人和的祥瑞之兆。在中国古体小说里，也经常看到"撒豆成兵"的传说。可见，谷豆在古人的心目中是很神圣的，有神器的威力，这也是为什么人们会选择在婚礼仪式上撒谷豆用来辟邪祈福。

此外，撒谷豆的习俗还隐含着祝福祈子的含义。在婚礼上撒谷豆是为了避三煞，因为三煞"犯之损尊长及无子"，也就是说，三煞不仅会危及尊长，还会导致新婚夫妇没有子女。而古时候，婚姻最重要的意义就是"传宗接代"。谷豆是粮食作物的种子，有着很强的繁殖能力，人们对这种强大的生殖力很崇拜，认为通过抛撒这些有着强大的生命力和繁殖力的种子，可以让新婚夫妇也具备这种强大的生殖力，可以传宗接代。

如今，许多地区仍延续着撒谷豆的婚俗，但是，这项婚俗的主要寓意正从驱灾辟邪想着祈福求子转变，这也反映了在婚礼仪式中的辟邪习俗正向着祈福求子的习俗转变的一种基本趋势。当然，在不同的地方，撒谷豆的传承与演变情况各不相同，也有一些地方撒谷豆这一婚俗的辟邪意义仍十分明显。

相关小知识

《郭璞撒豆成兵》：是由东晋干宝所编写的一篇志怪小说，出自《搜神记》。

郭璞是两晋时期著名文学家、训诂学家和风水学者。

据说一日，他游玩到庐江郡，观察了当地的地形地势，劝太守胡孟康尽快渡江回到南方去，不要在庐江停留。胡孟康不信这些风水堪舆之说，没理会郭璞。郭璞不再强求，便收拾行装准备离开。然而，他当时已经喜欢上了他所留宿的主人家的婢女，他不愿意看着这个婢女在这次灾难中死去，便使用了一个法术。他找来三斗小豆子，在主人的宅子周围依次撒下。主人早晨起来，便看见有几千个穿红衣服的人包围了他家。可走近一看，又不见了。心里又害怕又厌恶，便请来郭璞卜卦。

郭璞掐指一算，指指主人身边的婢女说："你家不宜收养这个婢女，你可以在你家东南方二十里的地方卖掉她，对方出多少钱，你就多少钱卖掉。不要去争论价格。那么这些妖怪就会除掉。"然后，郭璞就悄悄派人在主人家东南方二十里的地方，以很便宜的价格买下这个婢女。他又为主人家的井里投下一道符，这几千个红衣人就一个个跳到井里去了。郭璞带着这个婢女离开了，过了一个多月，庐江就沦陷了，死伤无数。

饮合欢酒：同甘共苦，患难与共

饮合欢酒是中国古代延续至今的一项结婚仪式，它象征着两人从此成为一体。古时候，新郎和新娘在结婚当天于婚房内一起饮合欢酒；现今，结婚时新郎和新娘多在结婚的喜宴上饮交杯酒。

合欢原叫合卺，卺原是一种植物，名叫匏瓜，形似葫芦，但比一般的葫芦要大，又因为食而觉苦，所以被称为苦葫芦。饮合欢酒产生于周代。诗人闻一多曾在《神话与诗》中论说过合欢酒的来历，他认为葫芦用作取水工具是古代人民的一代大发现，可与火的发明相媲美，先民们急于解决取水问题，又找不到合适的工具，经过长时间的尝试与实践，匏瓜成了他们最青睐的取水工具，将匏瓜劈成两半，取出果肉籽实，可当作瓢来使用，干净而且方便。先民们逐渐掌握制瓢技术，喝水的问题得到了解决，于是为了纪念这一事件，人们便将葫芦拟人化，伏羲便是葫芦的拟人化。由此后来的古人便把婚礼上饮合欢酒视为一种礼仪，以显示婚礼的重要性，合卺在后来也就成了结婚的意思。

文献中有很多关于合卺的记载，其中合欢大多带有吉祥的意味。清代的蒲松龄在《聊斋志异》中写道"母笑慰之，因谋涓吉合卺"，这里的合卺便是用来图吉利的。又有宋朝时期吴自牧在《梦粱录》中写道："礼官以金银盘盛金银钱、彩钱、杂果撒帐次，命妓女执双杯，以红绿同心结绾盏底，地交卺礼毕，以盏一仰一覆，安于床下，取大吉利意。"可见古人对合卺之礼颇为重视，用合欢酒来表达吉利的意思。再有宋朝时期孟元老所写的《东京梦华录》所记："互饮一盏，谓之交杯酒。饮讫，掷盏并花冠子于床下，盏一仰一合，俗云大吉，则众喜贺，然后掩帐讫。"显然饮合欢酒成了婚礼中必不可少的一个环节，其具有的大吉大利的含义是被古人所重视的。

饮合酒一般只在婚礼中可以见到，在《礼记》中有记载"夫妇同牢而食，合卺而酳"。唐朝时，在婚礼中，人们会用五彩的丝线将葫芦一半和另一半连在一起，然后让两个男童手里各捧一个瓢，瓢内需斟上酒，然后男童会一起说道："一盏奉上女婿，一盏奉上新妇。"新郎如果酒量大，还需连饮三瓢。现代中国的婚礼中，会用红色的丝线连住两个小酒杯，并斟上白酒，由娶亲一方的太太将酒递给新郎，送亲一方的太太将酒递给新娘，新郎和新娘各饮半杯之后再交换。

饮合欢酒，象征着婚姻将两人连为一体、永不分离的寓意。合欢酒承载着美好的寓意和父母的祝福。由于葫芦瓢是苦味的，而酒带有一丝丝的甜意，于是饮合欢酒还象征着夫妇两人从此以后同甘共苦、患难与共。在摩梭人和湖南宁乡那里，饮合欢酒还带有祈求多子的含义。从古至今，饮合欢酒在婚礼中必不可少，其含义也随着社会的变化而逐渐改变。

第五章 吉祥文化之婚嫁篇

相关小知识

合卺：是中国古代婚礼中必不可少的仪式之一。卺就是一种葫芦，将葫芦从中间一剖为二，就形成了两个瓢。合卺就是新婚的夫妇在新房中用这一个卺剖出来的两个瓢饮酒，即饮合欢酒。饮酒时，要把两个瓢的柄用红绳连起来，夫妇双方各执一个瓢，仰头饮酒，表示双方从此成为一体，又因为饮酒时瓢有红绳牵扯，双方同时饮酒时不免觉得不方便，以此来表示双方从此以后要互相谦让、互相包容。后来，杯盏逐渐盛行，合卺也就慢慢变成了交杯酒，但有些地方一直保留着合卺的习俗。宋朝时期，男女双方行过合卺的礼仪之后，要把杯盏或者"瓢"扔在床底下，尽量让它们一个仰一个覆，以此来表示男女阴阳和谐的意思。

龙凤呈祥：乾坤相通，天作之合

龙凤呈祥主要指吉祥、喜庆等事物，这一概念被运用在许多领域。生了孩子一男一女，便要叫作龙凤胎；某银行做了纪念币要刻上龙凤的图案；电影、京剧的名字也经常使用龙凤呈祥这个词；过年时，总要做一张龙凤的剪纸或是年画贴在窗户和门上。可见中国对龙凤的看重，而龙凤所代表的不外乎是吉祥、美好的寓意。

在仰韶遗址中，考古学家发现了一件彩陶瓶，其距今大约有6000多年的历史，在这样一件彩陶瓶上画有一只身体细长、圆眼的鱼类生物，在鱼的身后，有一只嘴很尖、尾巴很短、身体有些发胖的飞鸟。仰韶文化中的先民们以鸟和鱼为崇拜物,鸟飞于天,鱼游于水,这样便具有沟通天地的含义,乾坤相通,能够得到上天的旨意,上天才会保护先民们的安全,由此鸟衔鱼的图案被先民崇拜。到了商朝,鱼逐渐变成了龙的形象,鸟逐渐变成了凤的形象,龙衔凤尾依旧时兴。到了春秋战国时期,"龙凤呈祥"的图案形成,龙凤之间的关系不再是衔尾,而是互相交缠、慢舞,其所体现出来的是和谐、相通的氛围。龙喜水、灵异、善变、征祥瑞、预兆祸患,凤则喜火、尚洁、向阳、预兆祥瑞、示美。所以自从新石器时代到春秋战国时代,龙是以"阴物"的形象出现的,凤则是以"阳物"的形象出现的。汉代的孔鲋在《孔丛子·记问》中写道:"天子布德,将至太平,则麟凤龟龙先为之呈祥。"小民在《火树银花大年夜》中写道:"粉白新窗纸上,贴上大红剪纸'松柏常青''龙凤呈祥'等艺术图案。"可见从天子到老百姓,龙凤都是来显示吉祥的物件。

  历史上有许多关于龙凤呈祥的传说,话说春秋时期,秦穆公有个女儿,从小就喜欢玉制的物件,于是取名为弄玉。弄玉性格活泼可爱,深得秦穆公的喜爱,到了八岁的时候就喜欢倾听笛声,玩弄笙箫。秦穆公便把从西域进贡来的珍贵的玉拿出来,让工匠将玉雕成笙送给公主弄玉,公主得到了玉笙甚是欢喜,吹笙的技能也是得到了极大的提升。弄玉生得花容月貌,长大后更是惊艳众人。秦穆公为了促进与邻国之间的友好关系,于是想让邻国的王子作弄玉的夫婿,弄玉却不想嫁给不懂音律、不擅长奏乐的王子,秦穆公很疼爱弄玉,只好依从了。公主找不到会弹奏器乐、符合自己喜好的情人,只好在夜里一个独自吹笙,用玉笙来表达自己对爱情的向往。天上挂着明月,吹来清凉的微风,当公主吹响笙的时候,从远方飘来了一阵阵洞箫声,那洞箫声与公主吹笙的声音相和,这几天夜里,公主每天来吹笙都会有洞箫的声音与之相和,公主所吹笙声如龙之音,洞箫声如凤之鸣,两种声音混在一起如仙乐一般,秦宫以至几百里之内都能听见这美妙的乐声。一天,秦穆公问弄玉缘由,弄玉只说是从很远的地方飘过来的。秦穆公便命人去寻找吹洞箫之人,大将孟明一直找到华山,遇到一个樵夫,樵夫说吹洞箫之人叫作"箫史",箫史在华山的明星崖隐居,善于吹箫,箫声可传达到数百里之外,此后孟明找到了箫史,并将箫史带到了秦宫。箫史所吹之洞箫也是用玉所做,秦穆公见到箫史非常高兴,便将公主叫来,公主与箫史一见钟情,两人自觉地奏起歌曲来,这时宫殿内的金龙和彩凤都飞舞起来。两人完婚之后,箫史便教弄玉吹洞箫、学凤鸣,弄玉便教箫史吹笙、学龙音,十几年过去后,天上的凤和龙都被他们引了下来。箫史却怀念自己在华山明星崖的幽静的生活,弄玉理解箫史的心情,于是决定和箫史一起去华山。于是两人合奏开来,声音顿时遍布整个宫殿,天上的龙和凤都飞了下来,来到他们的面前,箫史坐上金龙,弄玉乘上凤凰,龙凤呈祥而去。后来人们为了纪念箫史与弄玉的爱情故事,便用龙凤呈祥来代指他们的爱情,后来词义扩大,龙凤呈祥被用来比作夫妻之间的忠贞爱情。

秦汉之后,龙凤的关系有转变。君主帝王都把自己喻为"真龙天子",如秦始皇嬴政。汉光武帝梦到赤龙,王莽想要成仙做龙。后宫的嫔妃们便把自己比作凤。于是龙开始趋于雄性,凤开始趋于雌性。晚清慈禧太后眷念皇权,于是对于传统的龙凤图案颇为不满,便想到折中的方式,将龙凤并举,于是清朝的宫殿里便多了许多龙凤呈祥的景物。

龙凤自起源就是一对,它们蕴含着深厚的中国文化。龙凤相配,流行于不同的地域和民族之间,其所代表的阴阳和谐,吉祥的寓意亘古不变。

相关小知识

仰韶文化:在新石器时代文化中,仰韶文化是其璀璨文明的代表之一。仰韶文化属于新石器时代的彩陶文化,1921年,考古学家们在河南省三门峡市的渑池县仰韶村发现了那个时代的文化遗址,根据考古学界的惯例,便将它命名为"仰韶文化"。据考古学家们推测和考证,仰韶文化的时间应是在距今七千多年的公元前5000年开始的,一直持续了两千年左右,直到公元前3000年才逐渐消亡。专家与学者认为,仰韶文化的发现开辟了考古学界的一块新领域，也填补了中华文化时间上的漏洞。他们认为仰韶文化是向世人展示了中国的母系氏族制度逐渐消亡，社会慢慢向父系氏族早期过渡这一时间段的文化，它不仅反映了当时的社会结构，还反映了当时的文化成就等，极具研究价值。

五子衣：五子登科，福禄富贵

　　五子衣是中华民族婚俗的一种礼服，也是中华民族向来重视的传宗接代文化的一个重要组成部分，五子衣有着非常鲜明的祈福特点，即祈求血脉存续、五子登科、福禄富贵。

　　自周代礼服的出现，婚礼服也应运而生。在三千多年前的周朝，作为华夏婚礼的源头，婚礼服的颜色是玄黑色和纁红色，并且这种主流的婚服色系一直持续到隋唐以前。发展到南北朝时还一度出现过白色的礼服，到了宋代，宫廷命妇们的六种礼服中，婚服是青色的。经过中国服饰几千年的变革，婚礼服也有其自身的变化，现阶段呈现多元化发展趋势。五子衣是淮北地区盛行的婚礼服，以紫色为主，紫色是一个神秘的富贵的色彩，与幸运和财富、贵族和华贵相关联，在中国传统里，紫色是尊贵的颜色，如北京故宫又称为"紫禁城"，亦有所谓"紫气东来"，这源于中国古代对北极星的崇拜。

　　五子衣是传统婚俗文化中的婚礼服之一，一般来说，五子衣具体有单、夹、棉衣三套，每套有上衣三件（衬褂、外褂、夹袄或棉袄），下衣两件（衬裤、夹裤或棉裤），衣服的质料因家庭的贫富而存在差异。古代男女结婚时，有女儿出嫁不穿母家一根纱的习俗，因而女孩出嫁，家境虽有贫富之别，但男方要送给女方一套"五子衣"作为聘礼，这是必不可少的。双方通喜信的时候，媒婆向女方索取裙、袄、衣、裤的式样和尺寸，然后开具清单，让男家置备五子衣。在裁制新婚夫妇的衣、被、帏、帐时，布料长度应该带出来半寸零头，因为"半"和"伴"同音，做一套周身的衣服，多出半寸，取作"终身相伴"的意思，以此来表达对新人的祝福。

此外，五子衣的每个口袋里都要放两个红包，还要在红包里放点茶叶、米、花生、糖果、烟等物品，另外还要单独包四个红包送给女方的全福奶奶，有些地方还要放两个小小的圆镜子，还有一把红色的雨伞。出嫁的姑娘还要穿"十子鞋"，即用红线在鞋上绣上十个小孩图样，一则代表心灵手巧，二则祝福多子多孙。这些物品跟五子衣搭配，在新人婚礼中寓意吉祥幸福。

古人的婚礼通常在晚上举行，在婚礼进行中，全福奶奶（就是帮助料理新娘上轿和新郎洞房前事宜的婆娘）需要打着红纸灯笼，照在五子衣上，对新人说一番祝愿的喜话：一照荣华，二照富贵，三照三荣吉地，四照事事如意，五照五子登科，六照六六大顺，七照七子团圆，八照八仙过海，九照九子十成，十照实实在在，养儿做元帅。婚礼时请来两位全福奶奶，都必须是"全全面面"的人，要上有公婆、父母，下有儿女，有孙子和重孙则更好，这样有福气的人，才能称得上十全十美的全福奶奶。因为中国古人普遍相信：福气是可以传递的，所以在婚礼这种重大喜庆典礼上，都要找一些幸福美满的人当全福奶奶，以此来获得好的兆头，得到吉祥祝福。所以在传统的婚礼上，全福奶奶照五子衣是一项必不可少的程序，只有全福奶奶照了五子衣，婚礼才可以顺利进行，寓意求得五子登科和福禄富贵。

五子登科典故出自《宋史·窦仪传》，其中记载：宋代窦禹钧的五个儿子仪、俨、侃、偁、僖相继及第，故称"五子登科"，窦禹钧本人也享受八十二岁高寿，无疾而终。当朝太师冯道还特地写了首诗："燕山窦十郎，教子有义方。灵椿一株老，丹桂五枝芳。"《三字经》也以"窦燕山，有义方，教五子，名俱扬"的句子，歌颂此事。"五子登科"体现了中国的父母望子成龙，登科及第，成为国之栋梁的美好愿望。这一典故又逐渐演化为"五子登科"的吉祥图案，十年寒窗，正是为了"一举成名天下知"，出将入相，平步青云。在"五子登科"的图画中，绘制着金玉满堂，五个嬉戏的天真幼童，或跨坐巨鲤，或执箫弄曲，或手擎荷叶……寄托了古代人家期望子弟都能像窦家五子那样，联袂获取功名。中国有句俗语：莫欺少年郎。五子登科恰如其分地喻示出，一家子孙都获得大富大贵的灿烂前程。中国人之所以把金榜题名看得那么重，是因为古时候中国人认为学而优则仕，读书的目的就是以科考作为途径，得到朝廷的赏识，来实现儒家治国平天下的伟大志向。古代中国大部分学子都是平民，都希望可以通过科举实现自己的理想抱负，获得名誉地位和荣华富贵，这些观念深深的烙印进了传统的婚俗文化，因此有了五子衣的吉祥服饰。

中华人民共和国成立后，"五子衣"和"十子鞋"逐渐被淘汰，取而代之的是新式礼服和其他"彩礼"。

相关小知识

周代礼服：周代是一个极其重视礼仪的朝代，它从建立之初，就制定了严密的阶级制度，也制定了一套非常详尽的礼仪，希望借此来巩固帝国的统治，安定天下。自进入奴隶社会起，服装便是每个人阶级的标志，因此对于服装的规范就显得极为重要。周代更是把服装制度列为立政治国的基础之一，规定非常严格。比如天子或者王公贵族们拜天地、敬鬼神的时候，有专门的祭礼服；上朝大典上有专为大臣们设计的朝会服；军队中有专门的从戎服；婚嫁礼仪上必须穿专门的婚礼服；吊丧时有专门的丧服等。周代礼服不仅极其规范，而且整体款式较之商朝也有所改变。它比商朝的衣服略显宽松，衣袖衣领处都有改变，此外，周代礼服还吸收了北方鲜卑族的服饰特色，变得更加精细了。

中国结：意结同心，幸福绵长

中国结全称为"中国传统装饰结"，又叫盘长结，它是一种汉民族特有的手工编织工艺品，具有悠久的历史，它所显示的情致与智慧正是中华古老文明中的一个侧面。"中国"一词的由来，可以追溯到遥远的商朝。结，是用绳、线、皮条等绾成的疙瘩。"中国结"的编制过程十分复杂费时，每个基本结均以一根绳从头至尾编制而成，并按照结的形状为其命名，最后再将不同的基本结加以组合，间配以饰物，便成为富含文化底蕴、表示美好祝福、形式精美华丽的工艺品。

中国结有双钱结、纽扣结、琵琶结、团锦结、十字结、吉祥结、万字结、盘长结、藻井结、双联结、蝴蝶结、锦囊结等多种结式。中国结代表着团结、幸福、平安，特别是在民间，它精致的做工深受大众的喜爱。

早在先秦时期，小小彩绳早已不是人们记事的工具，但当它被打成各式绳结时，有着一个个古老而美丽的故事。《诗经》中关于结的诗句有：亲结其缡，九十其仪。这是描述女儿出嫁时，母亲一边与女儿扎绳结，一边叮嘱女儿注意礼节时的情景，这一婚礼上的仪式，使"结缡"成为古时成婚的代称，这绳结也代表着母亲对女儿的期盼，希望女儿可以和丈夫永结同心，可以一直这样幸福下去。战国时屈原在《楚辞·九章·哀郢》中写道："心圭结而不解兮，思蹇产而不释。"他用"圭而不解"的诗句来表达自己对祖国命运的忧虑和牵挂，希望国家的百姓可以团结。古汉诗中亦有："著以长相思，缘以结不解。以胶投漆中，谁能离别此。"其中用"结不解"和胶漆相融来形容感情的深厚。

魏晋南北朝也出现了关于中国结的诗句和寓意，梁武帝诗有"腰间双绮带，梦为同心结"。晋朝的刘伶在《青青河边草篇》中写道：梦君结同心，比翼游北林。"结"从而义不容辞地充当了男女相思相恋的信物，将那缕缕丝绳编制成结，赠予对方，万千情爱，绵绵思恋也都蕴含其中。

唐宋时期是中国文化、艺术发展的重要时期，这一时期中国结被大量地运用于服饰和器物装饰中，呈明显的兴起之势。唐代诗词等文学作品对结的称颂也极为突出。唐朝著名诗人孟郊的《结爱》，当属这方面的代表之作：心心复心心，结爱务在深，一度欲离别，千回结衣襟。结妾独守志，结君早归意。始知结衣裳，不知结心肠。坐结亦行结，结尽百年月。宋代诗人林逋有"君泪盈、妾泪盈，罗带同心结未成，江头潮已平"的诗句。宋代词人张先写过"心似双丝网，中有千千结"，形容失恋后的女孩家思念故人、心事纠结的状态。一为相思，一为别情，都是借"结"来表达情意。

至于结的表意价值，历代文人墨客有大量生动的描写。纵观中国古代诗词歌赋，从中我们不难发现，绳结早已超越了原有的实用功能，并伴随着汉民族繁衍壮大，生活空间的拓展，生命意义的增加和社会文化体系的发展而世代相传。

悠久的历史和漫长的文化沉淀，使"中国结"蕴含了汉民族特有的文化精髓，它不仅是美的形式和巧的结构的展示，更是一种自然灵性与人文精神的表露。因此，对传统"中国结"工艺的继承和发展是极有意义的。中国结的取意如其他中国艺术般多利用形态、谐音而取其意，"结"给人都是一种团圆、亲密、温馨的美感。"结"与"吉"谐音，"吉"有着丰富多彩的内容，福、禄、寿、喜、财、安、康无一不属于吉的范畴。"结"在漫长的演变过程中，被多愁善感的人们赋予了各种情感愿望，托结寓意。在汉语中，许多具有向心性聚体的要事几乎都用"结"字作喻，男女之间的婚姻大事，也均以"结"表达。

相关小知识

《诗经》：是我国第一部用汉字记录的乐歌总集，是中国辉煌灿烂诗歌的源泉，其中的爱情诗更是中华文化的瑰宝。如：

关关雎鸠，在河之洲。
窈窕淑女，君子好逑。
————《诗经·关雎》

蒹葭苍苍，白露为霜。
所谓伊人，在水一方。
————《诗经·蒹葭》

昔我往矣，杨柳依依。
今我来思，雨雪霏霏。
————《诗经·采薇》

红双喜：喜庆加倍，好运连连

"囍"，也称双喜字、红双喜，是一种中国传统文化特色的吉祥图符，最早发源于北宋时期的汴京，主要流行的区域是中北部一带。"囍"字由两个并列的喜字组成，字形方正对称，形态结构稳定，好像男女两人并肩携手站立。"囍"字中有四个口字，既象征了夫妻男女双方欢喜和谐，又象征着一家人子孙满堂，家庭融洽，幸福美满。

双喜字从古至今都是象征男女婚姻的一种特殊符号，因为婚嫁的大喜事用红色，因此也称红双喜。在古代，一般的人家有女儿出嫁，大门上就贴一个红色的单喜字。如果有儿子娶媳妇，大门上就贴一个红色双喜字，过路的人只要看到单喜字或双喜字，则明白这户人家在办喜事。

双喜字在传统文化中代表喜庆，承载着吉祥寓意。在中国古代的婚礼中，婚配的男女双方要使用各种带有"囍"字的配饰和器物，在窗花、服饰、布料、房屋、家具及其他日用品中，都可见到"囍"的图案。红色的双喜字让婚礼变得喜庆欢乐，气氛热烈明快，也让婚礼充满了祝福和仪式感，双喜字对于男女双方而言，都象征着崭新生活的开始。

"囍"字代表喜悦的意思，它的来历传说也极具喜庆的色彩。相传北宋的才子王安石年轻时去京师赶考，走到途中，看见一户姓马的人家在门上挂一盏走马灯，灯上写着半副对联："走马灯，灯马走，灯熄马停步。"王安石不解其意，上前一打听，才知道这户人家是书香门第，有一个才貌双全的小姐要招女婿，小姐自己想出半副对联，挂到走马灯上，如果有未婚男子能对出下联，小姐就愿意与他结为夫妻。

王安石读了两遍上联，很欣赏联语的巧妙构思，心里暗自爱慕上了制联的小姐。但是因为行程太急，王安石没办法停留下来，只得先去汴京赶考。到了考场之后，王安石顺利通过了诗、赋、策论三关考试。最后主考官进行应对敏捷的面试。轮到王安石面试，主考官指着衙门门前竖立的一幅飞虎旗，出了一个下联："飞虎旗，旗虎飞，旗卷虎藏身。"要求王安石对出上联。

此时王安石心里想的正是马家小姐，开口就把马小姐制的上联对出来。考官十分欢喜，连连点头称赞他头脑敏捷。王安石离开考场后，不等发榜就日夜兼程赶到马家。只见那一盏挑女婿的走马灯还在，王安石松了一口气，于是用主考官出的下联应对出来。马小姐觉得他的下联对得很妙，于是就同意了这门婚事。

两人成亲拜天地的那一天，忽有官府来传：王安石进士及第，金榜题名。成婚之喜加上中试之喜，可谓是喜上加喜呀，双喜临门。王安石马上在红纸大笔一挥，写下两个连体的"喜"字，让人贴到大门上，然后又赋诗一首："巧对联成双喜歌，走马飞虎结丝罗。洞房花烛题金榜，小登科遇大登科。"从此以后，人们在新婚吉庆时，就在大门、厅堂和洞房贴上红纸写成的双喜字，不仅喜庆吉祥，而且寓意美满如意，也反映了人们盼望喜事成双的心理。

红双喜从北宋产生到如今已经发展了一千多年，但主要用途并没有改变，始终用于婚礼庆典。清代以后，随着民间剪纸技术的发展，红双喜的剪纸也受到了更多人的欢迎。在婚礼上，到处可见红双喜的剪纸图案，已经成为婚礼上必不可少的吉祥物。

"囍"字不仅寓意吉祥，多用于婚庆典礼，它的字形也具有深刻寓意，貌似一对有情的男女相偎相依、含情脉脉，并肩牵手站在一起，互相倾诉不离不弃、白头偕老的誓言。"喜"字本身就是吉上加吉，"囍"字当然更是吉祥人嫁吉祥人的寓意，具有祝福婚姻美满，囍人同心，白头偕老的美好含义。

由于红双喜具有的寓意深厚的吉祥象征，背后代表了悠久精深的千年文化传统，所以也成为中华民族最具价值的喜文化品牌。因此，双喜从古至今不仅是民间百姓喜闻乐见的吉祥符号名称，也成为很多商品的吉祥标志，很多行业和产品都使用红双喜作为商标，都说明红双喜是中国百姓心中的吉祥物，也是永远保存的喜庆印记。

相关小知识

王安石：字介甫，号半山，北宋著名思想家、文学家、政治家和改革家。

公元1069年，王安石任参知政事，次年拜相，在他的主持下，开始变法改革。然而，因顽固守旧派的强烈阻挠和反对，以及各种攻击陷害。1074年，王安石被罢免了宰相一职。一年后，他被宋神宗再次起用，后来又被罢相，退居江宁。1086年，王安石新法全部被废除，变法以失败告终。

王安石为此郁郁终生，没过多久，便郁然病逝于钟山。去世后，被追赠太傅，获谥"文"，故世称王文公。

王安石在文学方面有较高的造诣。他潜心研究经学，被誉为"通儒"，他著书立说，创"荆公新学"，促进了宋代疑经变古学风的形成。他的散文简洁峻切，逻辑严密，短小精悍，有很强的说服力，注重古文的实际功用，名列"唐宋八大家"之一。有《王临川集》《临川集拾遗》等存世。

他在哲学方面也有成就，他用"五行说"来阐述宇宙生成，阐述万物发展，丰富和发展了中国古代朴素唯物主义思想；他所提出的哲学命题"新故相除"，把中国古代的辩证法推到一个新的高度。

纳吉：如纳彩礼，缔结婚约

纳吉是中国古代婚姻礼仪和程序之一，在古代婚姻的六礼中属于第三礼。当男方完成了问名、合八字的程序之后，就将占卜婚配的吉兆通知女方，并送来贺礼，表示要求订婚，这就是纳吉的礼仪。在古代婚配礼仪中，男女双方除了要遵守"父母之命、媒妁之言"以外，还要求得"天神之光"，也就是以占卜的方式求问天意，这一程序是中国古代男女婚姻能否成功的一项决定性因素，所以纳吉的礼节又被称作卜吉，也就是先占卜婚姻吉祥，然后男方再要求女方订婚。

在古代的合婚过程中，专门有巫师卜卦合算，让男女双方的父母知道婚配是否吉利。如果占卜结果是男女双方的婚配吉祥，男方家就会立刻派媒人或使者到女方家，送贺礼进行通告。因为在这个过程中担心女方反悔，所以要郑重其事，行纳吉之礼。

纳吉的礼仪始于奴隶社会，发展到宋代时期，民间的纳吉礼多以八字合婚的形式进行占卜，卜到吉兆之后，男女双方订婚。到了明代，纳吉礼仪由媒人通书、八字合婚等取而代之，而清代的纳吉礼仪已完全融入问名和合婚的过程中。民国之后，民间婚配不再行纳吉礼，只有简单的卜吉仪式，通常将女方的生辰庚帖放到灶神之前，如果三天之内没有发生异事，则认为婚配顺利，媒人就拿着男女生辰庚帖去合婚。这种简单的卜吉仪式只是形式，讨个吉祥的兆头而已，并不具有实际意义。

在古代，纳吉象征着男女双方婚配吉祥，即将订婚，因此被认为是吉祥之礼。在纳吉这一天，往往要进行奠雁礼，也就是男方送一双大雁给女方作为贺礼。在《仪礼·士昏礼》中记载："纳吉用雁，如纳采礼。"用大雁作为纳吉贺礼，具有十分深刻的吉祥寓意。因为大雁是一种候鸟，而且最讲究秩序，"木落南翔，冰泮北徂"，纳吉礼仪用大雁，意思是顺乎阴阳往来，男女有序。此外，据说大雁终身只配偶一次，如果失去配偶，永远不再成双，所以民间多称大雁为贞鸟，纳吉礼送大雁，表达对婚姻忠贞不贰的吉祥寓意。

除了大雁以外，纳吉这一天男方还要送其他礼物给女方，但在中国古代封建社会，婚配的男女双方并不亲自出面，纳吉礼物多由媒人进行传递，通常礼物也很简单，男方只需送一把木梳、两节头绳、几尺鞋布即可，而女方回敬一双亲手缝制的百纳底布鞋、一块绣花手帕。

随着历史的发展，纳吉的习俗也呈现出多样化，到了后世可分为南礼、北礼、旗礼、汉礼四种。纳吉的方式越来越多，但礼物总离不开九样东西，因为它们都代表吉祥美好的祝愿。

第一件，梳子：古人所谓"一梳梳到底，二梳白发齐眉，三梳子孙满堂"，因为梳子有夫妻"结发"的寓意，尤其表示白首相谐，夫妇一生一世相爱相守，白头偕老。

第二件，尺子：长尺子是古代人常用的量具，用在婚姻生活中，寓意为衡量幸福的标准，也寓指百子千孙，幸福绵长，同时也比喻百尺竿头更进一步，是对新婚夫妇今后生活和事业的祝福。

第三件，镜子：古代镜子是新娘必备的装扮工具，同时梳妆镜子多为圆形。新婚的第二天，新郎在镜子里替新娘理妆，因此镜子代表圆满和完满的吉祥寓意，不仅赞美新娘姿容秀丽，也祝福新娘的婚姻生活甜蜜美满，即便岁月流逝，新娘依然花容月貌。

第四件，都斗：在古代原本是称量粮食的器具，在婚嫁的礼仪中，男方用都斗做礼物，是为了彰显男方的钱财雄厚、家境富裕，女方嫁过去之后能过上衣食无忧、锦衣玉食的富裕生活。

第五件，剪刀：剪刀在古代传统婚礼中是"六证"之一，因为古人的生活中常用剪刀剪裁布料做衣裳，在婚嫁礼仪中送剪刀做礼物，寓意新娘婚后生活满身绫罗绸缎，婚姻美满似锦，享受荣华富贵。

第六件，算盘：在古代生活中用于计算收支的工具，算盘在婚庆礼仪中做礼物，多用千足黄金的小算盘，寓意一对新人的未来生活安宁富裕，能够操持财务，广茂财源。

第七件，如意秤：在古代传统婚礼仪式中，新郎要用如意秤掀开新娘的红盖头，寓意夫妻同心，今后的生活称心如意。

第八件，绣花鞋：因鞋与"偕"同音，所以绣花鞋寓意新婚夫妻的生活如花似锦，相亲相爱，和谐相守。

第九件，压钱箱：压钱箱是女方送嫁的礼物之一，用来表示女方的家境富裕，同时压钱箱也是女子婚后收藏心爱珍品的器具。

婚礼是人生中的大事，婚配过程中所有的礼仪都是吉祥之礼，《礼记·昏义》中说："昏礼者，礼之本也。"意思是说，婚礼是人生所有礼仪的根基。因此古人重视纳吉之礼，意味着男女双方正式缔结婚约，此生不渝。

相关小知识

古代婚姻六礼：无论古代还是现代，婚姻都是人生中的一件大事。因此，古人们便针对婚姻创造了很多具有吉祥意义的礼仪，其中流传最广、使用人数最多并且知名度最高的便是一套"婚姻六礼"了。中国的婚姻六礼分别是指：纳采、问名、纳吉、纳征、请期、亲迎。纳采，就是男方请媒人去女方家中提亲，若女方有意，男方便再派媒人带着礼正式求亲。问名，是男方的家人请媒人到女方家中，问清楚女方的姓名和出生年月。纳吉，是在男方得到女方的姓名与出生年月后，将它们拿到祖庙进行占卜，即俗称的占八字。纳征，也叫纳币，就是男方在算出八字相合之后，给女方送聘礼。请期则是男方择定婚期，带着礼再告知女方，求其同意。亲迎是最后一礼，是指结婚前一天女方送嫁妆，翌日新郎去女方家中迎娶新娘。

凤冠霞帔：出身显赫，无上荣耀

　　凤冠霞帔是古代女子的一种装束，指古代富家女子出嫁时装束华丽，以示富贵荣耀。凤冠是一种富家女子使用的礼冠，早在秦汉时期，就已经成为皇家的太后、皇后、嫔妃、公主的规定服饰。凤冠以金属丝网为内胎架构，上面缀有点翠的凤凰，并装饰了珠宝流苏，是一种非常华丽耀眼的女性礼冠。霞帔则是富家女子披挂身上的一种帔子，形状好像两条彩练，从头颈绕过，披挂在胸前，下面垂一颗金玉坠子作为装饰，多用五彩丝线织成，很像现代女子用的披肩。

　　中国古代称华夏，《左传》中道："中国有礼仪之大故称夏，有服章之美谓之华。"可见中华民族服饰的历史是非常悠久的，服饰华美也冠绝于世，这其中就包括凤冠霞帔。据文献记载，中国古代民间女子首饰上有凤凰的装饰，最早见于汉代。凤冠自古以来是以凤作装饰物的皇后礼冠，在汉代以前，太皇太后、皇太后的簪子上已有凤凰的装饰物。汉代以后，贵族女子见宾客时，也常使用凤凰装饰的首饰，但凤冠仍然仅限于皇家宫廷女子使用。

宋朝以后中国的首饰发展进入繁荣阶段，凤冠不限于宫廷使用，已经在贵族家庭中较多地出现。宋朝的凤冠以白银为质地，外面装饰龙凤呈祥的珠花，并镶嵌上各种颜色的宝石，戴在头上异常夺目。元代杨显之的《潇湘雨》第四折写道："解下了这金花八宝凤冠儿，解下了这云霞五彩帔肩儿，都送与张家小姐妆台次，我甘心倒做了梅香听使。"可见在宋元时期，凤冠霞帔已经是贵族小姐常用的物品。

到了明代以后，为了区分等级地位，凤冠分为两种形式，一种是皇家宫廷的后妃所戴，冠上除了装饰点翠珠花的凤凰以外，还有龙纹等装饰，象征着龙凤和谐、富贵无双。另一种是普通贵妇所戴的彩冠，冠上面并不装饰龙凤，而是点缀珠翠、花钿等，因为造型异常华丽富贵，因此在习惯上也称为凤冠。

霞帔的起源大约在晋代，在《事林广记·服饰类》中记载："晋永嘉中，制绛晕帔子，令王妃以下通服之。"帔子在当时也称作披帛，由于颜色多用艳丽多彩的红霞色，披在身上色彩美如彩霞，所以人们称它为"霞帔"。到了隋唐以后，无论是贵族妇女，还是普通百姓家的女子，在各种场合都喜欢用披帛作装饰，比如劳作或出行，女子们在霞帔的装饰上争奇斗艳，蔚为大观。霞帔发展到了宋代，被正式用作礼服，女子们使用霞帔，要根据身份地位和品级的高低，在刺绣纹样上进行区别。

中国古代服饰制度的等级极为森严，凤冠霞帔并不是任何身份的女子都能随意穿戴的。事实上，一直到宋代以后，才允许民间女子出嫁时穿戴凤冠霞帔，这对于普通的民间女子来说的确是一种殊荣。但是穿戴凤冠霞帔为什么会有这样的变化呢？这其中有一个传说故事。

相传在北宋末年，金兵入侵宋都城汴京，掳走了皇帝和王公贵族，宋徽宗的儿子康王赵构趁乱仓皇逃走，从北方直奔江南。他逃到西店境内的一个村时，看见有一座破庙，一位年轻姑娘坐在晒场的箩筐上。康王无处可逃，向姑娘求助，姑娘急中生智，让他藏到箩筐里，然后自己若无其事地坐在箩筐上。当金兵的大队人马追到这里，盘问姑娘看没看见有人路过这里，她不慌不忙地告诉金兵，看见有个人往南边逃去了。金兵相信了她的话，于是便向南边追赶过去。康王躲过了杀身之祸，对这美丽机智的姑娘千恩万谢，同时也对她一见倾心，便将身上携带着的一方红帕子赠给她，并告诉她自己的真实身份，许诺明年今日定来娶她。到时姑娘只需在山岭上挥动红帕子，康王便可认出她。

康王逃到杭州后很快登基成皇帝，成为宋高宗，他信守诺言去迎娶姑娘，不料姑娘喜欢在民间自由自在地生活，不愿意进宫当金丝雀，但是又怕违抗皇命，于是就准备了许多的红帕子，叫上很多姐妹整日挥动着红帕，高宗派去的人无法辨认哪个是那位姑娘，最后只得作罢。但宋高宗对那姑娘仍然念念不忘，为了报答她的救命之恩，于是下了一道圣旨："浙江的女子尽都封王。"这让朝中的礼仪官发了愁，问皇帝到底要怎么给所有女子封王？高宗想了想说，这也不难，姑娘们出嫁时，都穿戴上凤冠霞帔就行了。从此民间的姑娘结婚当新娘子时，都头戴凤冠，披上霞帔，穿上大红袍和大红裙，同时也没有忘记康王赠送的红方巾，要往脸上遮一下，这种习俗世世代代相传，直到如今，人人知晓。

到了明代之后，大红色霞帔作为婚礼服已经成为定制，真红对襟大袖衫搭配凤冠霞帔，这在明代民间婚礼中非常盛行，艳红的颜色使新娘美丽庄重、典雅大方，也让婚礼场面更加热烈隆重、喜庆欢乐。

众所周知，我国自古以来就以太阳、火焰所构成的红色象征吉祥，包含着避邪、生命、热情和进步的寓意。因此，大红色的霞帔暗含着好运吉祥的意思，展示出人们对美好生活的期盼。而凤凰齐飞也是吉祥和谐的象征，常用来象征祥瑞，并且自古以来就是中国文化的重要图腾元素。凤鸟的纹样和装饰也体现了吉庆如意的民俗风格，如"凤戏牡丹""龙凤呈祥""喜相逢"等吉祥图案，都喻示着美好的婚姻和未来。因此，凤冠霞帔作为吉祥的婚服和礼服，包含着美好祝福的寓意。

相关小知识

珠宝流苏：流苏是中国传统的装饰品之一。它俗称穗子，是一种用五彩羽毛或者丝绒等扎成的装饰物。它的样子很像田野中的禾穗，不过呈下垂状，古代人一般将它挂在帐中或轿中的四个角落，也有人将其佩戴在扇子或者宝剑的手柄处。流苏轻而飘逸，随风便飘摇荡漾，处处透露着古雅与温婉的韵味，受到古代和现代人的追捧。而珠宝流苏又有所不同，它样式上与流苏略有差别，与普通流苏大大不同的是，它完全是由珍珠宝物串成，挂在门帘或者佩戴在身上尽显雍容华贵。最著名的珠宝流苏大概就是古代皇帝上朝时头上所戴的冕旒了。相传冕旒由黄帝发明并佩戴，各种活动中对于冕旒的规格都有严格的规定。后来人们充分发挥这一装饰的华贵之处，珠宝流苏便被扩大成门帘类的了。

安床：早生贵子，家庭和睦

"安床"是中国古代的一项传统婚俗礼仪，是指安置睡床铺榻的意思，也指新婚安放的新人的婚床，在古代婚礼中广泛使用。由于古代的新婚床榻多用红木家具，因此安床和红木相结合，被古人赋予了很多的吉祥意义，也成为中国古代红木文化的重要内容之一。

相传汉族最早的婚礼仪式从伏羲女娲时代开始，传说伏羲制定嫁娶礼俗，女娲立定媒约，安床的礼俗在那个时候就已经产生了。在《通鉴外纪》中记载："上古男女无别，太昊始设嫁娶，以俪皮为礼。"俪皮就是成对的鹿皮，用来铺设床榻，相当于后世的床垫子。当时的人们并没有发明真正意义上的床，只是将动物皮铺到地上，就成了睡觉的床。在远古时期，俪皮之礼已经成为经典的聘礼之一。后来，除了"俪皮之礼"之外，婚配的过程中又增加了很多礼仪。到了周代，逐渐形成一套完整的婚姻礼仪，在《仪礼》中有详细的记载和规定。此后，婚俗中的整套仪式合称为"六礼"，作为中国传统婚姻习俗一直延续到后世，其中就包括安床的内容。

安床的婚俗在黄河和长江流域的广大地区都十分流行。一般情况下，在婚礼前几天，要选一个良辰吉日，然后在新床上铺好床单和被褥，再铺上一整套的龙凤被子，在被上撒满各式的吉祥喜果，比如花生、桂圆、红枣、莲子等，意喻新人早生贵子。负责抬新床的人，还有铺床和撒喜果的人都要挑选"好命人"，也就是父母双全、兄弟姐妹齐全、家庭婚姻和睦、儿女成双的人，结婚的新人希望这样的好命人安床，能给新婚夫妇带来好运。结婚前的三天夜里，找一个父母双全的男孩陪伴新郎一同睡觉，男孩睡在新床的里边，称为"伴郎"。到了晚上，要给这个男孩吃包子、花生、鸡蛋，寓意"包生儿子"，待婚礼的那天早晨，男孩要离开新床，新郎家里要给男孩红包，然后由一位"全福"的妇女登场，用红线系扎二十四双筷子，安放到新床的席子下，正式称为"安床"。安床之后，要请一位生肖属龙的男孩在新床上翻滚，俗称为"翻床"或"翻铺"，作为早生贵子的象征和寓意。

中国古人对床十分重视，并且有着特殊的情结和床榻文化，特别是古代的富贵大户人家，更是不惜成本，投入大量的精力、人力、财力制作婚床，婚床多用红木打造，分为架子床和拔步床，更有考究的婚床称为"千工床"，意思是指一天一道工序，制作完一件婚床，需要花费上千个工序，也就是用三年多的时间制好一张婚床。可见婚床的做工极为奢华，工序复杂浩大。

安床是古人布置婚房的核心内容，婚床不仅是新婚夫妇休息睡觉的地方，更是传宗接代的神圣而吉祥的家具。因此人们在新人洞房之前，要郑重其事进行安床。此外，在布置新人婚床的时候，除了要撒上各类喜果，在被褥、枕头、床单上也要绣"喜"字、喜鹊、鲤鱼、龙凤等图案，以兆吉祥。

　　安床在古人结婚时是一个非常重要的程序和礼俗，同时也有很多讲究和忌讳。首先要选一个良辰吉日进行安床，然后将制作好的新床抬入新房。新床的摆放按传统的习俗，一定不能对着门和窗，通常新床要摆放在新房中位置最合适的地方，如果新房中有柱子，新床绝对不能对着柱子安放，而且新床的底下不能放杂物，否则不吉利。新床安放完毕之后，"好命婆"开始进行安床的仪式，分为铺床、升帐、开铺等复杂的过程，在整个安床的过程中，好命婆要说上一些喜庆吉祥的话祝福新人，寓意把自己的好运气传给新人。新床的床上用品一律选用大红色，床上用品的数量也有规定，通常要有十八件床上用品，包括被子、褥子、枕头、靠垫等，所有物品的数量都要成双成对。另外，在安床的过程中，寡妇和未生育过的女性不能进入新人的房间，凡是进入新房的人也不能随意坐在新人的床上，这些都是传统观念中应该避开的忌讳。

　　结婚是人生中的大喜事，古代的新房布置和安床程序都充分体现这种喜庆，如今现代人的生活跟古代有了很大改变，但在新婚喜事方面，仍有许多地区延续着安床的吉祥习俗。

相关小知识

　　中国红木文化：中华文明是世界上最具系统性的文明，几乎在人们生活中的各个方面中国人都有自己独特的一套文化。家具是人们日常生活中不可或缺的一部分，在中国的家具文化中，明清时期得到极大发展的红木文化独树一帜，极为耀眼。红木家具的直接来源是明式家具，距今已经有大约六百年的历史了。明式家具的造型简洁质朴、比例恰当，它不仅拥有流畅隽永的线条美感，还拥有含蓄高雅的意蕴美感。明式家具外表看上去有一种不事雕琢的自然美，但细细观赏又能发现设计者的匠心独具，令人得到一种耐人寻味的愉悦感。它的用料大多是黄花梨或者是紫檀木等，既显示家具主人的身份尊贵，又能与造型形成色调和谐的自然美。到了清朝中期，习惯将它们称作红木或香红木，红木家具的名称便从此而来。

爆竹：竹报平安岁岁新

爆竹在中国民俗文化中是不可缺少的一种吉祥物品，"爆竹声中一岁除，春风送暖入屠苏"这句诗描绘人们辞旧岁、放爆竹、迎新春的吉祥画面。古代人为什么在辞旧迎新的时候要放爆竹呢？有这样一个传说故事，在很久以前，有一种怪物名叫"山猱"，民间也称为"年"，它经常乘人不备，跑到百姓家里偷吃东西，而人们如果冲撞到年，就会得严重的寒热病。但是这个怪物非常害怕火，而且也害怕巨大的声响，只要一听见噼里啪啦的声音，就会立刻仓皇逃走。后来有一位仙人在某年的除夕下凡指点百姓除掉年，他让人们把竹子扔到火里，发出噼啪的声响来惊吓年，这样就可以赶走年。竹子扔到火里燃烧，称为"爆竹"。后来，人们发明了用火药做的爆竹，每当新旧之际的除夕、元宵时节，就要燃爆竹，祈求新的一年辟邪祛害、平安吉祥。

爆竹有很多别名，早期的时候也叫爆竿，说的就是燃烧竹子。后来也称作爆仗，相传是因为皇帝御前的喜庆仪式都叫"仗"，爆竹象征着驱邪、吉祥、喜庆，所以也就叫作爆仗。自从火药出现以后，人们就将硫黄、硝石、木炭等物填充在竹筒内进行燃烧，爆炸发出的声响更为猛烈。到了宋代，中国民间百姓开始用纸筒和麻茎包裹火药，然后编成一串做成"编炮"，也就是后来的鞭炮，取代了传统的爆竹。关于爆竹的演变，在《通俗编排优》中记载道："古时爆竹，皆以真竹着火爆之，故唐人诗亦称爆竿。后人卷纸为之，称曰'爆竹'。"爆竹在最开始发明的时候，只是为了驱怪辟邪，带来吉祥平安，在《荆楚岁时记》中记载："正月一日，鸡鸣而起，先于庭前爆竹，以避山臊恶鬼。"这就是爆竹的原始功用，后面逐渐发展出娱乐和庆贺的功能，吉祥的寓意也不断加强。

关于爆竹驱邪还有一个传说，唐太宗李世民时期有个宰相叫魏征，他刚正不阿，权力很大，据说可以"日管人间，夜辖阴曹"。有一个龙王的犯了天条，被玉帝判处死罪。玉帝派魏征去执行斩刑，当时正是炎热的夏季，魏徵在子夜昏昏入睡后，浑身大汗淋淋，原来是他斩杀罪龙累出一身大汗。而这时唐太宗李世民用扇子给魏征连扇三下，终于帮助他斩杀了罪龙。但是罪龙死了以后，阴魂缠住李世民，经常兴风作浪，扰得他坐卧不安，每夜不得安宁。于是大将秦叔宝和尉迟恭两人到寝宫守护皇帝，才算平安无事。但是，夜夜守护实在太辛苦，这时有个叫李畋的人想出办法：用小竹筒装硝磺，点燃爆响，将鬼怪邪魅全都吓跑。但是爆竹发出声音太响，仍然使皇帝无法安寝。于是又有人想出办法，将秦叔宝和尉迟恭的画像贴在寝宫的门上，每晚睡觉前先放爆竹驱邪，然后用画像镇鬼。所以，秦叔宝、尉迟恭就成了门神，每当过年的时候，家家户户燃爆竹、贴门神，就是为了祛除邪鬼，带来平安吉祥。

爆竹最常见的用途就是在春节期间燃放，在中国民间有"开门爆竹"的说法。在新年来临之际，家家户户打开门的第一件事，就是燃放爆竹，以爆竹声除旧迎新。此后大年初一、初三、初五、元宵都要燃放爆竹，一直到正月过去，到了二月二燃放，然后才逐渐减少。在其他的节庆活动中，也经常燃放爆竹，比如婚嫁、科举、建屋、开业等，人们燃放鞭炮是为了庆贺和祝福，爆竹多用红纸制成，燃放后落下的一地红色岁屑，仿佛天降红色花雨，充满喜气和吉祥。

随着历史的发展演变，爆竹的种类逐渐增多，到现代出现了麻雷子、钻天猴、窜天鼠、滴滴金、大地红等类型。这些名称有的带有吉祥寓意，比如宋代时，杭州出现一种装有五色纸钱的爆竹，大年初一开门燃放，爆竹燃爆之后，五色纸落地，称作"满地踏金钱"。还有一种用彩纸裹火药的

"花鞭",燃放时崩碎的彩纸片片飘落,用粉红色纸的爆竹取名"遍地桃花",用淡黄色纸则取名"落英缤纷",金黄色纸取名"洒金鞭",全都具有吉祥的寓意。

爆竹自古以来一直是中华民俗中的吉祥物,从最初的驱怪辟邪到后来的祝吉贺喜,具有极其深厚的吉祥寓意。人们每逢喜庆节日和吉祥大事,都会燃放爆竹,以示吉祥平安与美好祝愿。

此外,爆竹也并不只是燃放,还有装饰性的爆竹和吉祥图案,可以单独使用,也可以与其他吉祥物一起构成组合性的装饰品,比如爆竹与中国结、爆竹与古钱、爆竹与福字、爆竹与生肖等组合,寓意更是吉祥。至于爆竹的吉祥图案更是种类丰富,如童子放爆竹的纹图,称为"竹报平安",花瓶和爆竹的纹图,称为"岁岁平安"等。

目前放爆竹已成为极具传统特色的娱乐民俗,人们在节庆娱乐时都喜欢用放爆竹来表达喜庆之意,逢年过节到处有噼里啪啦的爆竹声,正体现出人们的喜庆心情和吉祥祝愿。

相关小知识

守岁:有一副春联是"一夜连双岁,五更分二天",描写的就是中国古代除夕"守岁"的风俗。到了除夕那天的晚上,吃过年夜饭后就点起蜡烛或油灯,全家围在一起闲聊,等待新的一年到来。

关于"守岁"的来源有许多,这里先说一个与"年"有关的。据说年是一种动物,喜欢吃人。而年进村子吃人的时间段也是有限制的,只能在除夕的晚上进去,到天亮就必须离开。在爆竹没有发明之前这一夜是非常危险的,就像过关口一样,所以过年也叫"年关"。又因为以后的日子吉凶未卜,所以除夕晚上的这顿饭都很丰盛,而且吃饭前要祭祀祖先,希望能够得到祖先的庇护。吃过饭后大家也不敢睡觉,人们凑到一起聊天壮胆,期盼年看到人多不敢进来吃人,一直到天亮才各自散去休息。以后就逐渐形成了除夕熬年守岁的习惯。

第六章 吉祥文化之生肖篇

在中国的吉祥文化中，生肖是极为特殊的一种表现形式，是天干地支的形象代表，受到传统阴阳五行哲学观念的影响，体现出一种天人合一的文化内涵，也是独具特色的中华民俗文化之一。生肖中体现出来的吉祥文化涉及人与自然、人与社会、人与自身等各层关系，并全面反映出中华民族的风俗习惯、伦理道德、思维模式、价值观念、审美情趣等方面，蕴含丰富的思想内涵和吉祥寓意。

子鼠：蒸瞎老鼠，五谷丰登

在我国，鼠列十二生肖之首。清代刘献《广阳杂记》引李长卿《松霞馆赘言》："子何以属鼠也？曰：天开于子，不耗则其气不开。鼠，耗虫也。于是夜尚未央，正鼠得令之候，故子属鼠。""子"在时间上代表半夜，古代计时23点到次日1点计为子时，因此在十二生肖中称为"子鼠"。

鼠，俗称"耗子"，有些地区称鼠为"财神"，因为鼠决不会光顾徒有四壁的人家。鼠的种类繁多、繁殖力惊人，生命力和适应力很强，因此象征着生育吉祥。除此之外，鼠听觉灵敏、警惕性高、诡计多端、令人难以捉摸，每次出洞总要瞻前顾后，被称为机灵聪明的动物之一。

在神话时代，传说因为鼠咬天开，从混沌里才走出来人类，此外，鼠还为人类偷来光明、火种和五谷种，教人耕种，寻找定居地。《述异记》也记载：西域有鼠国，鼠为王，奉之为神，并建祠设祭，鼠与众佛共享祭祀。在矿区的工人们尊鼠为鼠仙，鼠神在中国传统文化中扮演着辟邪纳魂引吉的角色。

我国隋唐就有十二生肖鼠俑的随葬品，那么鼠是如何成为十二生肖之首的呢，有这样一个故事。鼠和猫曾经是一对好朋友，玉皇大帝召集动物到天宫当生肖，谁来的早就先让谁排位置。于是鼠和猫约好一同到天宫去。可是，机灵的鼠心想，人间许多动物都比自己好看，并且对人类有用，比如兔拜月、狗守屋、龙蛇治水、猴镇山、牛马耕田、猪羊供人食用，自己要想个法子，才能争取到属相位置。于是，到了去天宫的那天，鼠一早就悄悄起来，没叫猫，自己偷偷跳上老牛的角中藏起来。老牛是最勤奋的，它第一个赶到天宫门口。这时天亮了，四大天王刚打开宫门，牛还没有来得及走进去,鼠就从牛角中一跃而下,直奔天宫的大殿。尽管玉帝不愿意封这个小老鼠为生肖,可是君无戏言,他自己定下的规定不能更改,所以只好宣布鼠为生肖之首。

而猫在家等了半天,也不见鼠的影子,只好自己去天宫,等它赶到天宫时,发现十二生肖的名额已排满,已经没有它的份儿了。从此以后,猫恨透了鼠,一见到就扑去咬;而鼠也觉得对不起猫,所以见到猫就躲开。

我国各地都流传着鼠嫁女富有生活情趣的传说,是吉祥文化的一项重要内容。在江南一带的传统民间传说中,说老鼠是吃粮食的,因此在旧历年三十夜要把老鼠"遣嫁出门,以求吉利"。山西一带正月初十将面饼放在墙根下,称为"贺老鼠嫁女"。台湾居民认为正月初三为小年,传说初三晚上是老鼠的结婚日,所以深夜不点灯,在地上撒米和盐,家主人要早点上床睡觉,不能影响老鼠的喜事。上海地区认为老鼠嫁女是正月十六的晚上,这天家家户户炒芝麻糖,就是为老鼠成亲准备的喜糖。孝感一带传说正月十五晚上是老鼠嫁女的日子,人们要在床下点一盏麻油灯,边拜边说:"请红娘子看灯。"据说,这样一年中家里都没有臭虫骚扰。除此之外,在中国民俗年画中,老鼠嫁女成为民间艺术的常见题材,给人们生活增添喜庆的气氛。

鼠的吉祥文化载体丰富,如民间故事、年画、剪纸、游戏、歌谣、织饰、刺绣、泥塑、石刻、壁画等。从古代《诗经》到现代风俗,各个艺术领域都有以鼠为题材的作品,反映了人鼠间密切的关联,以及人们祈求盼望丰收富裕的美好愿望。

相关小知识

鼠戏:鼠戏在中国戏剧舞台上历史悠久。早在东晋年间,民间就有了"老鼠推磨""老鼠荡秋千"等鼠戏表演。到了清代,鼠戏大为盛行,成为清朝妇女们的最爱。很多名著如《聊斋志异》《清稗类钞》都对鼠戏的表演做了较为详细的描述。有一图名为《耍耗子图》注有:"其人用小木架,上有各种玩物,小鼠数个顺绳爬上。有小鼠能钻塔、进瓜、汲水、钓鱼……"

鼠戏承载着闹春取乐、排遣寂寞的娱乐功能。它最大的特点是生动有趣。驯鼠人背着装有"鼠演员"的木箱子,箱子上扎着一个用彩漆的小木台子,上面满是横梁竖柱,放在地上就是一个舞台。演出时,驯鼠人嘴里唱着俚曲,一会手拿铜锣,一会手击锣鼓,有条不紊地指挥那些"鼠演员"。小家伙们十分机灵听话,按照事先编排好的顺序,依次表演"太公钓鱼""刘金进瓜""三娘汲水"等节目。最后,驯鼠人高喊一声"戏完讨赏",这些小老鼠微微一鞠躬,又依次返回木箱子里。

旧时,有一首竹枝词名为《驯鼠》,其词为"猫与同眠昔已曾,养驯更不避人行。岭南始信称家鹿,赋黠何因玉局生"。讲的正是老鼠经过特殊训练可以成为动物界的杂技演员。

丑牛:丑牛送寒,冬去春来

牛在十二生肖中排行第二,与十二地支相配,属"丑",一天十二时辰中的"丑时"是夜间一点至三点,因此又称作"牛时"。

牛是怎样成为十二生肖的?有这样一个小故事:古时候牛在玉帝殿前当差,经常往返于天宫和人间,有一天,人间的农夫托牛给玉帝带个口信儿,说是人间很久寸草不生,整个大地都是光秃秃的,实在难看,请求玉帝带点草籽到人间,让人间长满青草。

玉帝听了牛的汇报,觉得很有道理,于是问殿下众神谁愿意去人间播撒草种,牛自告奋勇地说它愿去人间。玉帝对它很不放心,说你是个粗心大意的家伙,恐怕干不了这样的活吧。但是牛坚决要去,并且让玉帝放心,如果这点小事都办不好的话，甘愿受罚。于是玉帝同意了牛的请求，就把它派到人间去，让走三步撒一把草籽，牛带着草籽刚出了天宫，没想到一不小心摔倒了，然后它就忘记玉帝的旨意，随便把大把的草籽撒在大地上。

第二年，人间野草丛生，农夫们根本就没有办法种庄稼。于是他们上诉玉帝，说人间的野草太多了，都长不了庄稼。玉帝一听坏事儿了，马上把牛找来一问，才知道是它粗心大意，把大把的草籽撒在了人间。玉帝非常生气，于是下旨意命令牛的子子孙孙只能吃草，而且从此以后留在人间，给农夫当苦力，帮助农夫除草干活儿。

说完之后，玉帝一脚踢过去，把牛从天上踢到了人间，牛的嘴巴朝下，结果摔掉了一排上牙。牛在人间一辈子吃青草，而且直到今天，它的上排牙也没长出来。但是牛任劳任怨，踏实肯干，在田地里拉车犁地，从来不偷懒，为农夫做了不少工作，赢得了大家的好评。后来天庭在排生肖的时候，人间百姓一致推举牛，就这样，玉帝允许牛排到生肖第二位。

牛在中国是一种具有图腾意义和神性的动物，古人认为，牛终生耕田犁地、开垦荒原，是因为牛在天庭盗取天仓谷种，下凡拯救黎民百姓，因此被天帝惩罚，世代受劳作之苦，为人类驱役。中国人借牛力开垦耕种的历史已有几千年，牛为农业社会发展做出了巨大贡献，所以中国人素来有爱牛、敬牛、拜牛的习俗。

中国牛的图腾崇拜起源，可以追溯到大禹时期，古人认为牛拥有"五行"中土和水的属性，是风调雨顺、国泰民安的象征。五行中水可生木，所以牛耕地能促进农作物生长，五行中土能克水，所以古人在治水之后，常用铜牛、铁牛镇水魔。相传大禹治水时，每治好一处，就要铸铁牛投入水底，以镇水患，这种风俗一直流传到现代。

牛在中国传统文化中象征勤劳善良，并且有镇妖灭邪、吉祥丰盛的喻义。古人用玉石雕成牛的形状，多用作帝王的镇纸，是地位和权力的象征。古代民间有祭祀牛王的风俗，按《大玉匣记》记载，牛王的生辰在七月二十五日，清代李调元《新搜神记·神考》说，我国民间一般在农历十月初一祭祀牛王，以祈子求嗣、驱邪赶鬼、防病治病。

在中国，牛象征着春天和生机勃发，寓意吉祥喜庆，是祥瑞牲畜。在古代立春举行迎春活动，人们用纸扎或泥塑制成春牛，然后抬着春牛举行各种游艺活动，称作"演春"，其中活动的高潮就是"鞭春牛"，由带队者用鞭子抽打"春牛"，嘴里颂祝福祈祷之词。唐代诗人元稹《生春》诗云："鞭牛县门外，争土盖春蚕。"张岱《夜航船》中说："今于立春日前迎春，设太岁土牛像，以送寒气。"送走了春牛，就立春了。

中国古代有俗语"牛卧富贵驮宝来"，牛不仅勤勉踏实，给人类带来了生活的温饱，而且它身上也体现出吃苦耐劳和奉献精神。千百年来，牛给人们的生活带来吉祥丰盛，也是与人类关系最亲密的牲畜之一。

相关小知识

镇水铁牛：古人治水之后，大多要铸造铁牛、铜牛镇水。作为神物的代表，有的是牛形；也有的是独角犀，但与犀又不完全相同，实际是介于犀和牛之间的异形犀形象，老百姓也俗称其为铁牛。

最有名的镇水神兽当属开封铁犀，位于在河南省开封市附近，建于明代。附近的村子与这尊镇河铁犀世代相守，并以此为荣，村名即为铁牛村。明正统十一年（1446），开封屡遭黄河洪水肆虐之苦，河南巡抚于谦体察民情，重修了黄河大堤之后，铸造铁犀，并亲撰《镇河铁犀铭》铸在犀背，安放在回龙庙内。铁犀坐北向南，面城背河，以镇洪水。镇水铁牛是富有神化色彩的吉祥物，所谓"镇洪吞潮"，有消除水患、护佑百姓的寓意。除了开封铁犀，北京颐和园、山西大同、四川都江堰、湖南茶陵、江苏徐州等地都有不同年代的石牛（犀）、铁牛（犀）、铜牛（犀）。

寅虎：白虎当堂坐，无灾又无祸

老虎在十二生肖中位居第三，在十二地支配属"寅"，一天十二时辰中，凌晨三点至五点属于"寅时"，据古书上记载，这时候老虎最活跃、最凶猛、伤人也最多，在此时常会听到虎啸声，故称为"寅虎"。

寅虎是十二生肖其中之一，但是在远古时候，属相中只有狮子，并没有老虎。可是由于狮子非常凶残，名声不太好，主管属相的玉皇很想把狮子除名，却找不到一位镇管山林的动物替补。当时老虎只是人间一种不太出名的动物，因为从猫师傅那里学到十八般武艺，很快成为山林中的勇士，并且称霸山林。玉帝听说老虎十分勇猛，便传旨让老虎上天做了虎卫士。但是不久之后，人间的山林走兽见无人管辖约束，于是胡作非为，残害黎民百姓。这件事惊动了玉帝，于是他又派老虎下凡镇住百兽。老虎要求玉帝给它记下每一次功劳，玉帝满口答应下来。

老虎来了凡间，了解到狮子、黑熊和野马是山林里最厉害的三种动物，于是它先后向这三种动物发起挑战，凭着勇猛和武艺击败了狮子、黑熊和野马。其他的走兽闻风而逃，躲进了山林深处。人间百姓感谢老虎立了大功，玉帝为了给老虎记功劳，就在它的额前画了三条横线。后来，人间又受到怪兽骚扰，老虎又来到凡间咬死了怪兽。玉帝高兴地给老虎记一大功，在它额头上的三横中又添了一竖。于是在额头上形成一个醒目的"王"字。从此，老虎便为山林百兽之王，玉帝决定除去狮子的属相头衔，让老虎补上。就这样虎成为属相，也成为保佑安宁、除灾免祸的镇邪物。直到如今，不少人家都喜欢给孩子戴虎头帽、穿虎头鞋，就是为了图个趋吉避邪、吉祥平安。

虎被称作森林之王，是能量、活力、勇敢、威严和权势的象征。在中国古代，人们把老虎看成一种神秘不可侵犯的动物，是正义、勇猛、尊严的象征，受到民间百姓的敬仰和崇拜。尤其是白虎，传说老虎活到五百岁才能变成白色，已经成为一种珍稀的神物，在神话中仙人都是乘白虎升天，是祥瑞富贵的象征。

自汉代以后，老虎一直是民间喜爱的保护神，崇虎的文化意识越来越发达，逐渐演变为中华民族的共同文化观念。虎有祈福避邪的象征意义，传说中能驱除三大灾难：火灾、失窃和恶魔。因此古人正对大门的墙上常挂虎图，为了镇住恶魔，让邪恶不敢侵扰。还有的人将枕头做成老虎形状，据说每天睡虎头枕，可以令身体更加强壮。虎符、虎形旗也是古代常用的军事物品，象征着勇猛、威严，具有震慑敌手的强大力量。

作为中国吉祥物之一，几千年来虎一直被民间百姓所喜爱，不仅是十二生肖之一，更是祈福避邪的祥瑞之兽。

相关小知识

虎符：虎符即兵符，一般由黄金或青铜制成，是古时皇帝调兵遣将时最重要的信物。上刻伏虎，劈为两半，皇帝和将军各留一半，当两符合二为一时，才可以发号施令。

虎符最早出现于春秋战国时期，当时的虎符其背面刻有铭文，专符专用，一地一符，调兵时，持符之人需要仔细勘验兵符的真伪，确认无误后，才可发兵。秦代的虎符铭文刻在了符的左右两侧，并且两侧文字相同。到了汉代，铭文刻于虎脊之上，只有合符之后，才能看到铭文的全貌。隋朝时将虎符改成了麟符。唐朝因为讳虎，改用鱼符或兔符，后来又改用龟符。南宋重新使用了虎符。元朝开始以牌为主，虎头牌，后世逐渐演变为铜牌。

自古兵权至关重要，关系着国君的安危和社会的稳定，尤其在战争年代，更关乎江山存亡，所以虎符在战争中的地位举足轻重。

目前为止出土的虎符文物较为著名的有两个，一个是收藏在中国历史博物馆中的"西汉堂阳侯错银铜虎符",其形依然是伏虎,平头,翘尾,左右颈肋间,刻有相同的铭文。另一个著名的是秦杜虎符,其虎似是昂首行走,后尾蜷曲,背面有槽,颈有一孔。虎符上有错金铭文9行40字:"兵甲之符。右才(在)君,左在杜。凡兴土被甲,用兵五十人以上,必会君符,乃敢行之。燔燧之事,虽母(毋)会符,行殹(也)。"意思就是国君和驻地军事长官各掌管一半兵符,君王为右符,长官为左符,如需调动50人以上的士兵,需要两符相合,才能调动兵力。不过如果情况十分紧急,可以不需要右符,由将军直接带兵。这段铭文反映出经历了长时间的诸侯国分裂局面,秦国的国君将王权和军权高度集中,以巩固自己的地位。

卯兔:蛇盘兔、必定福

兔子在十二生肖中排在第四,与古代十二地支"卯"对应,因而称卯兔。用卯兔记岁,在兔文化中具有实用价值和吉祥内容,比如丁卯兔神旗可作为战旗标志,象征着战争时保佑属兔的战士一切平安。

说起兔子成为生肖,民间倒是有一段有趣的传说。

相传兔子和老牛是邻居,相处得非常好,彼此互称兄弟。老牛勤劳辛苦,兔子机灵能干,日子过得都不错。

有一天,兔子在老牛面前炫耀:"我是动物世界的长跑冠军,我跑得最快!"老牛向兔子求教长跑的绝招,兔子却骄傲地说:"长跑是靠天生的素质,后天是学不会的。"它认为老牛身子太粗壮,恐怕永远跑不快。

老牛心里不服气,于是开始练长跑,凭着一股坚韧不拔的劲头,终于练成一双四蹄如风的"铁脚"。

到了玉皇排生肖的日子,规则是谁先到就让谁当生肖。老牛与兔子约定，三更天就起来，直奔天宫去争夺生肖之位。

老牛起床时，发现兔子早就一个人跑了。兔子跑了一阵子，回头看不见任何动物的身影。兔子很得意，认为生肖的首位非它莫属，于是它躺倒在草地上睡着了。

老牛虽然最初落后了，但它凭着耐力和练成的铁脚，一鼓作气追过兔子，先跑到了天宫。

兔子被一阵急促的脚步声惊醒，睁眼一看，原来是老虎跑了过去，兔子着急地追上去，可惜还是落在了老虎之后。结果兔子只排到了第四位，生肖的前三名是鼠、牛、虎。

在古代兔子也是一种吉祥的动物，民间还流传着"蛇盘兔，必定富"的说法，这不仅是对男女婚嫁的祝福，也是民俗学上的吉祥意义。在山西一些地区，也有"喜珠石榴蛇盘兔，荣华富贵必定富"的俗语，当地百姓在婚嫁礼俗中用"蛇盘兔"的纹样妆点洞房，在葬礼俗中也要用"蛇盘兔"的剪纸纹样，在古代风水堪舆文化里，"蛇盘兔"是指坟墓地形走势的，可以借此祈求幸福安定。

关于"蛇盘兔"的吉祥说法，有一个传说故事：相传在原始社会，蛇族部落与兔族部落产生矛盾，彼此发动战争。后来两个部落的酋长怜惜百姓，双方通过谈判，最终和好并且合为一个部落，兴旺强盛起来。从此"蛇兔团结"就传为一段佳话，民间还编出了"蛇盘兔，必定富"的谚语，一直流传至今，作为美满幸福的象征。

此外，"蛇盘兔"的吉祥寓意也跟节庆有关，山西地区人们过清明寒食节，必备一道美食就叫作"蛇盘兔"。这道美食的起源与春秋时代的介子推有关。春秋时期，有五位大臣辅佐晋文公，被称作"五蛇"，介子推是其中之一。晋文公名叫重耳，当他还是王子的时候，介子推曾经把自己腿上的肉割下来煮成汤给他吃，后来重耳成为晋文公，按功封官封赏手下的忠臣，却唯独把介子推忘记了。介子推淡泊功名，功成之后，带着年迈的母亲，到家乡的绵山隐居。后来晋文公想起了介子推，于是亲自带人去深山寻找，但是介子推却避而不见。晋文公知道介子推是个孝子，于是他火烧大山，专门留出一条小路，希望介子推和母亲出山避火。结果大火一连烧了三天三夜，大片森林被火烧为焦土，但没看见介子推母子的身影。等大火熄灭之后，人们才发现母子二人抱住一棵大树，被烧死了。

晋文公十分后悔，便规定每年此时不得生火，一律吃冷食，称为寒食节，以纪念介子推。这一日，人们用面粉捏成蛇和兔的形状，纪念介子推和母亲的高尚品格。

"兔"在中国是一个美好的吉祥物，它既是十二生肖之一，又与生命和希望密切相连。在民间传说中，兔子是天上的玉衡星变化而成，传说兔子的寿命很长，能活到一百岁以上，如果活到五百岁，兔子就变得浑身雪白。兔子生性灵活机警，温柔欢乐，象征长寿、吉祥、温顺、生育、敏捷、幸福。古代山东沿海有一个习俗，每年谷雨的清晨，妻子在丈夫出海时，会把一只玉兔放入丈夫怀中，让幸福吉祥的兔子保佑丈夫出海平安。

如今，"蛇盘兔"不仅象征着家庭财富，还代表婚姻美满、幸福安康。"蛇配兔，代代富"的谚语也在口耳相传，兔子作为一种可爱善良的象征成为家庭吉祥物的一种。

相关小知识

月兔：月兔，也叫玉兔，在中国古代神话传说中，是居住在月亮上的兔子，在月宫陪伴嫦娥并捣药。月中有兔的传说始于春秋时代。战国时期楚国诗人屈原的《天问》："夜光何德，死而又育？厥利维何，而顾菟在腹。"古诗词中往往以兔指代月，早在《古诗十九首》就有诗云：三五明月满，四五蟾兔缺；辛弃疾的《满江红·中秋》以玉兔表示月亮。在西汉初期的长沙马王堆一号汉墓帛画中，也表现了天上的场景，右上角是一轮红日，日中有金乌，日下的扶桑树间，还有八个太阳；左上角是一弯新月，月上有蟾蜍和玉兔，月下画着奔月的嫦娥。月兔和嫦娥代表了中国人民对月亮的浪漫想象。

辰龙：龙子求雨，风调雨顺

龙是十二生肖排行第五的属相，称为"辰龙"。

关于龙成为生肖，有一个传说故事：远古时期，龙的头上没有角，而且在地上生活。它身强体壮，能飞善游，很想取代老虎的地位当兽中之王。于是龙经常挑衅老虎，人间的龙虎斗打得难分难解。最后，玉帝下旨让龙和虎来天宫，评一评它们各自的道理。龙觉得自己虽然外表高大，看起来却不如老虎威猛，在玉帝面前丢脸面，于是去问跟班小弟蜈蚣怎么办，蜈蚣建议道："公鸡头上有一对漂亮的角，不如借来戴上，一定会增添几分威风。"

龙去找公鸡借角，公鸡不答应，龙对天发誓道："我如果不还你的角，回到陆地就死。"蜈蚣也在旁边担保道："如果龙不还你的角，你就一口把我吃掉。"于是公鸡把角借给了龙。

龙和虎到了天宫，玉帝见它们都很威风，便下令虎为陆地百兽之王，龙是水中之王，虎和龙都做十二生肖。龙和虎都很高兴，回到人间之后，龙为了保持威风形象，不愿意把角还给公鸡，于是一头扎进海中，再也不回陆地了。

公鸡见龙失信，十分生气，迁怒于蜈蚣，见到蜈蚣就一口吃掉，蜈蚣吓得只好钻进地缝里。

龙起源于炎黄时期图腾文化，炎黄部落把所有战胜的部落图腾拼在一起，形成龙的形象，也代表了最后战胜者至高无上的地位，从此龙在当时那个生产力落后的环境下，成为了百姓对巨大的大自然力量的敬畏的代表。早在三皇之首伏羲氏时期就有每年二月二这天，"皇娘送饭，御驾亲耕"，自理一亩三分地的传统。到周武王，不仅沿袭了这一传统做法，而且还当作一项重要的国策来实行。于二月初二，举行重大仪式，让文武百官都亲耕一亩三分地，这便是龙头节的历史传说。实际上是古代水利条件差，农民非常重视春雨，庆祝"龙头节"以示敬龙祈雨，保佑丰收。

在中国传统吉祥文化中，龙的各个部位都有特定的寓意：突起的前额表示聪明智慧；鹿角表示社稷和长寿；牛耳寓意名列魁首；虎眼表现威严；鹰爪表现勇猛；剑眉象征英武；狮鼻象征宝贵；金鱼尾象征灵活；马齿象征勤劳和善良。龙的本领高强，它能大能小，变化多端，兴云布雨，鸣雷闪电，开河移山，法力无边。龙也是富裕的象征，龙宫在神话中是宝藏的集中地。同时，龙又是耿直公正的，能为人民着想，为了解救人间干旱之苦，它甚至不惜冒犯天条。传统文化在龙的身上集中了人们美好的愿望，人们常把世间的杰出人物称为人中之龙，君王也称自己为真龙天子。

龙虽然是十二生肖中唯一虚构的动物，但中国人对它又敬又怕，有一种特殊的崇拜感情，龙的崇高地位是任何动物也无法与之比较的，在中国人心中，它是一种能呼风唤雨、腾云驾雾的神物。帝王自称是真龙天子，百姓自称是龙的传人。人们发挥出无限的想象力，将龙说得神奇而伟大，把各种动物的形象聚于龙一身，有兽的野性、人的悟性、神的灵性，并创造了许多龙的传说，这些传说经过民间的加工和文人的润色后，更加令人神往。人们敬龙、爱龙的心理更升华为一种图腾崇拜。也许，这也是龙成为生肖的文化因素。

龙是正义化身，炎黄子孙赋予龙诸多美好吉祥的文化色彩，龙是中国古代神话传说中在水里统领水族的王，掌管兴云降雨，属于四灵之一。传说龙能行云布雨、消灾降福，象征祥瑞。一直以龙的传人自居的中国人，逢年过节都要举行一些如舞龙灯、祭龙王、赛龙舟之类的喜庆活动，祈盼风调雨顺、国泰民安、丰衣足食。在中国古代的民间，人们普遍认为，天旱是因为得罪了龙王爷，为求得龙王爷开恩，赐雨人间，就举行一系列的祭祀、祈祷、赛龙舟仪式来求雨。

赛龙舟是古代常见的半祭祀半娱乐的节目，在比赛之前，要举行祭祀仪式求农业丰收。汉代董仲舒《春秋繁露》中记载，在四季的祈雨祭祀中，春舞青龙，夏舞赤龙和黄龙，秋舞白龙，冬舞黑龙，以求一年风调雨顺、农业丰收。后来随着佛教道教与中国传统文化的交汇融合，龙开始人格化，变为龙王。历代帝王和民间百姓都非常重视祭祀龙王，比如唐代用金黄色的稻草扎成四丈四节、牛头虎口、鹿角蛇身、鹰爪凤尾的草龙，奉为龙王，祈求风调雨顺。在唐玄宗时，诏祠龙池，设坛官祭祀，以祭雨师的礼仪祭龙王。《宋史·礼志五》中记载宋太祖祭五龙之制，宋徽宗诏天下，五龙皆封王爵，而民间兴起画龙祈雨，以求大旱之时降雨。到了明清时期，民间各地开始大量出现龙王庙，百姓每日供奉龙王。可见在中国古代，龙作为兴云布雨之神，一直受到君王和百姓的重视与敬畏。

其实为龙举行祭祀仪式，不仅仅是因为人们为了一年风调雨顺而供奉行云布雨之神，在古人心目中，龙也是一种神秘的仙物，不容易见到，正所谓神龙见首不见尾，而龙的出现就是天下太平的征兆。此外，由于自然界的山和水在形态上变化多端，与传说中的龙相似，人们相信龙有藏风聚气的作用，可作为风水的象征，用龙脉来求良好的山水气场，更适合人生活居住，消灾减难。

龙文化作为中国特有的吉祥文化，将会继续传承下去，因为龙是中国人的祖先在历史中创造出来的吉祥的象征，是我国各民族所强烈认同的相同文化背景，是中国在经济腾飞时一大精神支柱。而世界上称中国为"东方巨龙"，龙开始作为中国的象征物立于世界民族之林，龙就是中国人寄托了对美好生活向往的吉祥物。

相关小知识

四灵：四灵即通常所说的青龙、白虎、朱雀、玄武，这是中国人神话系统中的四大神兽，又叫四象，在古代中国人心目中有祈福、驱邪、避灾的作用。四灵的出现是先民们对于天上星宿崇拜的结果。中国文化向来有天上二十八星宿之说，东方的角星、亢星、氐星、房星、心星、尾星、箕星七颗星组成的形状像一条龙，因此称为东宫青龙或叫东宫苍龙；西方的奎星、娄星、胃星、昴星、毕星、觜星、参星形状像老虎，便叫作西宫白虎；南方的井星、鬼星、柳星、星星、张星、翼星、轸星形状如鸟，因此叫朱雀；北方的斗星、牛星、女星、虚星、危星、室星、壁星形状如同乌龟，所以称玄武。因此可以说，四灵就是镇守天空四方，维持天上星宿秩序的星神。

巳蛇：排忧解难，降福消灾

　　巳蛇是十二生肖之一，它的形象出现在各国文化中，蛇代表着巳时，即是上午的9点到11点。在中国，蛇常被称为"小龙"，蛇脱下的皮被叫作"龙衣"。蛇在古人眼里，被认为是延年之物，其代表着很大的吉祥意义。

　　在遥远的古代，蛇是许多民族的图腾。在中国滇王的坟墓中，考古学家发现了用黄金做成的金蛇印，由中央颁发的黄金印是身份和权利的象征。在古老的埃及，法老们用黄金和宝石做成眼镜蛇的形象，装饰在皇冠上。蛇被当作国家和权势的象征，在公元以前的欧洲尤为显著，他们将两条蛇的形象置于拐杖之上，于是便成了使节出使他国必须带的物件，象征着使节权。由此可见蛇所带表的图腾文化受到各族人民的崇拜。

　　那么十二生肖中的蛇又是如何出现的呢？如今似乎已经不可考，但是其来历的神话故事却传遍了大江南北。传说很久很久以前，蛇有四条腿，青蛙没有腿。蛇和青蛙是一对好朋友，青蛙经常捉虫给蛇吃，另外还捕捉害虫，受到人类的喜爱。蛇却依旧好吃懒做，渐渐地招致了人类的厌烦，蛇也因此对人类产生了怨恨，见人就咬。玉帝见了蛇的行为，便把蛇叫到天庭，劝蛇不要再危害人类，可蛇却不听，当着众神的面反对玉帝，玉帝大怒，便让天兵神将将蛇捉住，去掉了蛇的四条腿。青蛙的表现，玉帝看在眼里，于是便将蛇的四条腿赐给了青蛙。青蛙有了腿，变得更加勤劳了。蛇的腿没了，这下只好靠身体走路，蛇开始反思自己，经过一夜的思考，蛇决定改造自己，便也开始为人类做好事，跟着龙学治水，死后便将自己的躯体献出去，让人类做成药物救治病人。玉帝看见了蛇的行为，见其能改过自新，便在册封十二生肖的时候，让蛇位于龙的后面，蛇也就当上了生肖。

与蛇相关的东西还有许多的故事比如蛇酒，传说有一条巨蛇掉进了一个卖酒的酒缸里，酒的颜色变成了红色，没有人敢喝缸里的酒。有个刘癞三买酒从来不付钱，一天他又来买酒，掌柜便给了他那蛇酒，没想到刘癞三喝了蛇酒之后，腿上的病全好了，刘癞三又找掌柜要了酒带回去给他的父亲喝，没想到其父多年的腰椎病也好了。掌柜觉得奇怪，怎么不见刘癞三喝了这酒生病，后来便向刘癞三打听，原来这酒具有治百病的神奇效用，于是蛇酒也便被当作一种药酒来使用。

蛇在先人的眼里具有的神秘色彩是不可磨灭的，图腾崇拜、祈福于蛇以及与蛇有关的寓意和药物都代表着吉祥的意义，排忧解难、降福消灾是巳蛇在中国人心中所代表的含义。

相关小知识

民间对蛇的禁忌：蛇是十二生肖中最神秘冷血的动物。在中国各民族、各地区，人们崇拜蛇，又畏惧蛇。因此产生了许多关于蛇的禁忌，老百姓称之为"蛇忌"。

吴越地区崇敬家蛇，认为家中有蛇乃吉祥之兆，如果长时间未看到蛇，则意味着将有大祸发生；清江地区有"打蛇埋蛇，当作朝华"的说法，意思是见到被打死的蛇应该埋葬；其他地区还有忌呼蛇名的风俗。

然而人们也有忌见蛇的时候。蛇是无足之物，常人见蛇足必为幻觉，有此幻象者必得病灾，所以汉族百姓都忌见蛇足；北方人亦以见蛇为凶象，有"蛇不打死害众人，虎不打死当祸根"之语。

有些时候，蛇出现的场合是吉是凶也有讲究。宜兴人认为家中米囤及床上有蛇迹则为吉，房檐、房梁上有蛇出没则为凶；浙江人忌见蛇跌落在地……

总之，诸种关于蛇的禁忌，起源于人们对蛇的图腾式崇拜。

午马：车马还乡，驱除不祥

马是十二生肖之一，上古时期的野马未被人类驯服，每当到了午时，就会四处奔跑嘶鸣，最为活跃，所以将"午"与"马"相配，故称为"午马"。

传说很早以前，马身上长了两个翅膀，叫作天马，它不仅能在地上奔跑，还可以在水中游、天上飞，因此马被认为一种极有能力的动物，《易经》里称"乾为马"，就是天马的意思。后来天马在玉帝殿前做了一匹御马，因为受到玉帝的宠爱，所以渐渐骄纵蛮横起来，经常胡作非为，得罪了很多人。有一天，天马离开天宫到处闲逛，跑到东海去玩耍，被守龙宫大门的神龟及虾兵蟹将阻挡住，天马硬要闯入龙宫，神龟不许，天马就恼羞成怒，一个飞腿就踢死了神龟，这件事让东海龙王十分恼火，一张状纸把天马告到天宫，玉帝便下令削掉天马的双翅，并且把它压到昆仑山下，三百年不许翻身，以示惩戒。

过了两百多年之后，人类的始姐从昆仑山下经过，这时天宫御马园的小神仙立刻给天马报信，并且告诉天马，怎样做才能把自己解救出来，当时人祖经过昆仑山，天马就大声叫喊，善良的人祖，请你快来救我，我愿意跟你一起去人间，终身为你效劳。人祖听了之后，对天马非常同情，于是就依照天马的指示，砍去了栽种在山顶上的一棵仙桃树，仙桃树一断，封印就解开，一声巨响之后，天马从昆仑山下飞跃出来。

为了答谢人祖的救命之恩，天马跟人祖一起来到人间，终身为人祖服务效力。这时天马已经失去了翅膀，只能在地里干活，平时它帮人类耕地拉车，驮载货物；人类打仗的时候，马也披甲备鞍，跟着主人一起征战沙场，出生入死。因为马屡建战功，人类就跟马成为形影不离的好朋友，认为马是忠诚又勤劳的动物。后来玉帝从人间挑选十二种动物做生肖，马成了人类最早推荐的动物之一。玉帝见马勇于立功赎罪，而且有助于人类，所以就允许马当上了生肖，排行第七。

从古至今，马在人类心中具有极其重要的地位，古人认为马懂人性，是能力、才华、圣贤、有为的象征物。上古时期，人们对马十分崇拜，四季中都对马神进行祭祀，"春祭马祖，夏祭先牧，秋祭马社，冬祭马步"。这里的马祖是指天驷，也就是马在天上的星宿；先牧是马的先祖，也被奉为天马之神；马社是管理马厩的土地神；马步则是危害马匹的神灵。后来，人们对马神的信仰逐渐具体化，马神的名字叫水草马明王，即马王爷，于每年农历六月二十三日进行祭祀，用一只全羊作为祭品。祭祀马神并非仅在民间，历朝历代的官府都有具体的规定和制度，比如明代时期，朱元璋颁发谕旨祭马祖，特令由南京令台仆寺主持，祭祀场面极为隆重。古人对马神的祭祀名目繁多，并且恭敬有礼，态度敬畏，这正说明马在古人心目中地位十分重要。

马是一种吉祥高贵的动物，被人们视为矫健雄伟、忠实诚信、勇敢坚定的象征，因此马具有勇往直前、不懈努力的吉祥寓意。马的忠诚精神体现出与人类最亲密、最友善的朋友关系。千百年来，马在战场上与人类同生死、共荣辱，也是保家卫国、匡扶正义的英雄。这些吉祥寓意使得人们对马敬慕有加，古人常以"千里马"来比拟卓越的人才，因为千里马是日行千里的优秀骏马，就好像出类拔萃的优秀人才一样。相传古代周穆王有八匹骏马，他常常骑着骏马巡游天下。这八骏马的名称分别是：绝地、翻羽、奔菁、超影、逾辉、超光、腾雾、挟翼，不仅能日行万里，还能腾空飞翔，这八骏马辅佐周穆王征战四方，建功立业。后代人常将八骏马比喻成贤才团体，各具才华，卓越超群，本领非凡，用各自的能力辅助君主成就天下大业。

《周易·乾卦》中总结马的吉祥寓意，认为马是勇敢、进取、力量、圣贤的化身，"天行健，君子自强不息"，就是马带给人们的吉祥象征。在人类发展的历史长河中，马具有光辉形象，它的作用不可磨灭，它的地位不可取代。

相关小知识

马王爷：马王爷又叫马神，是中国民间崇拜的神灵之一。马王爷最著名的便是拥有"三只眼"，关于马王爷三只眼的来历，还有一则神话故事。传说马王爷也是天上二十八星宿之一，学名叫作星日马。一天，玉帝派遣星日马、娄金狗、奎木狼、虚日鼠四位星神下凡，去巡察人间善恶。四位神仙东西南北各走一方，还没过几天，娄金狗等三位便回来向玉帝禀报，说只有善事没有恶事。只有星日马回来最晚，却说了善事恶事一大堆。玉帝不信人间还有恶事，便派太白金星再去查探，结果太白金星禀报说娄金狗等神在人间吃了贿赂，只有星日马禀报的属实。玉帝便称赞星日马明察秋毫，赐给他额头上目光如炬的第三只眼。因此百姓们常说："你做的坏事，逃不过马王爷的三只眼的。"

未羊：阴消阳长，三阳开泰

羊是十二生肖之一，与十二地支的"未"对应。自古以来，羊都是吉祥的动物，也是古代盛大祭祀活动中最重要的祭品之一。

传说在远古时代，有一只神羊从天宫下凡，来到人间，它发现人类身体羸弱、面带菜色、衣不裹体、精神萎靡，就觉得十分奇怪。打听了原因才知道，原来人类不会种粮食，只是吃一些野生的杂草和果子，以毛皮树叶当衣服。神羊大发善心，告诉人类可以种粮食吃，因为当时只有天宫的御田里才有营养丰富的粮食，所以神羊对人类承诺，等它下次从天宫出来，一定带一些粮食的种子来。

神羊回到天宫，把这件事禀报玉帝，希望玉帝赐下一些粮食种子，但是玉帝十分吝啬，不愿把美味的粮食拿给人类分享，所以拒绝了神羊的请求。神羊没有办法，只好趁着夜里守护神熟睡的时候，偷偷跑到御田里，摘下五谷的种子含在口中，趁着天色未亮赶快溜到凡间，它把种子交给人类，又叮嘱人类种植五谷的方法，这才悄悄回到天宫去。

人类见神羊给他们带来五谷种子，都觉得十分好奇。这五种粮食分别是稻、稷、麦、豆、麻，人类按照神羊说的方法播下五谷种子，当年春天就长出了庄稼。在秋天收获时，大家见收获的粮食又香又甜，又用收获的麻织成轻暖的衣裳，于是对神羊非常感激。这时有人说，五谷的穗好似羊角和羊尾一样，正是提醒人类不要忘记神羊的恩情，所以应该举行盛大的祭祀仪式，感谢神羊的大恩大德。

人间举行的盛大祭祀惊动了天宫的玉帝，玉帝终于得知人间出现五谷是因为神羊偷摘了御园的种子。于是玉帝勃然大怒，命令天宫的刽子手把神羊宰杀了，扔到人间去，并且命令人类吃掉羊肉。

没想到第二年发生奇怪的事情，在神羊行刑的地方长出了很多青草，后来又出现了一些羊羔，羊从此在人间以吃草为生，不断地传宗接代，它把自己的肉、奶都无私地献给人类当食物。人类对于羊的舍身精神十分感谢，每年都举行祭祀活动，以示纪念。

后来玉帝挑选十二种动物当生肖，人类一致推举羊作为生肖。玉帝拗不过众人的意见，只好点头同意，于是羊就成为第八位的生肖。

羊在中国古代民俗中代表"吉祥"，羊，即祥也，"大吉祥"经常被称作"大吉羊"。羊之所以被认为是吉祥象征，是因为羊的形象儒雅温和、本性驯顺、和谐无争，在古代用于吉礼。古代宫廷中的小车多称"羊车"，即取吉祥的寓意。古代文字中有很多与"羊"相关，都有美好的寓意，比如"美""善""羹""祥""义""羡""鲜"等字。人们常说三阳（羊）开泰，就具有祥瑞的意义。

羊的谐音同"阳"，《易经》中以正月为泰卦，下卦为三个阳爻，"三阳"意味着春天开始，阴阳交泰，万物复苏生长。所以"三阳开泰"或"三羊开泰"是古人祝福岁首的吉祥之语。《说文》中说"羊者，祥也。……美与善同意"。古人认为羊为吉祥如意的神兽，可以给人带来上天的恩赐和关怀，传说梦中见羊的人乃是王者之兆。在古人看来，羊就是"美"和"善"的集合体，因此，羊也代表了万象更新、兴旺发达、诸事顺遂的寓意。

羊是"祥瑞"的象征，古人年初的时候在门上悬挂羊头，代表家宅吉祥。亲友交往时送羊作为礼物，结定姻缘以羊作为聘礼，都是取羊的吉祥寓意。在早期的原始文化遗址中，羊的壁画随处可见，在古陶器的图案里，羊的形象也出现得最频繁。从商代的"四羊方尊"和"三羊铜罍"，到汉代的"羊型铜灯"，再到唐代的"三彩陶羊"，人们对羊的喜爱不言而喻。从古至今，羊的吉祥形象一直出现在各种民间工艺品中，人们在家中摆放羊形饰品，认为可以带来好运和吉祥。

相关小知识

羊的仁义内涵：在中国，羊一直都被视为是仁义的代名词，比如说，我们形容一个人温顺，都会称为"小绵羊"。其原因在于，相对于"六畜（羊、猪、犬、牛、马、鸡）"中的其他五位，羊的性情更加温顺，比较容易驯养，并可为当时的人类提供鲜美的肉食和丰富的营养。

在崇尚甚至迷信自然的原始社会或封建社会时代，羊的这种品格极易被神化，或被赋予某一种善良的意义，要么被视为神灵，要么被视为神物。中国古代的祭祀活动中，羊位列最著名的"三牲（三种祭祀用动物）"之一，充分说明了其重要性。

羊"仁义"的这种品质，在汉字中也有体现。比如说，"美"这个字的上半部分就是"羊"。而且《说文》中也有"美与善同义"之说。于是羊就成为了美与善良的化身，它的美德也成为中国历史上善良仁义的代表载体。

申猴：聪明伶俐，富贵封侯

申猴是十二生肖之一，作为悠久的民俗文化，它留下了许多故事，出现在诗歌、春联、书画和许多民间工艺作品中。而在阴阳五行说中，它被运用到婚姻、人生、年运中。现代以来，人们多把其当作吉祥物来看待，带有一定的喜庆寓意。

在干支纪年法中，猴一直与申相配。有研究者认为申字最初的字形便像两只母猴相对。殷商时期,殷人便把猴当作自己的高祖。关于申猴的来历有多种说法,比较可信的说法,应该是与猴活动的时间有关,下午三时到五时,为申时,而在此时猴子最为活跃,所以被称为申猴。"猴文化"被各族人民所喜爱,这是值得研究的一种现象,在今天,申猴仍然具有大量的传统文化的特征,其恰恰反映出了老百姓对美好生活的寄寓和对吉祥文化的喜爱。《唐书》和《资治通鉴》记载了吐鲁番人有"纹猴面"的习俗。猴所代表的图腾文化对他们的影响深远。有这样一个传说,在很久以前,老虎早当上山中的兽王。山中百兽对老虎都害怕,所以见到老虎后都会有意地躲藏,老虎一直孤身一人,感到非常孤单。猴子住在老虎的旁边,在老虎寂寞的时候,正好陪陪老虎,由此两人成了好朋友。一天,虎王外出,便将手里的大权暂时交给了猴子,猴子很高兴。百兽都很害怕老虎,见猴子称了大王,慑于老虎的威风,只好俯首称臣,真是"山中无老虎,猴子称大王"。有一天虎王被猎人的网给缠住了,怎样也没能脱身,恰好猴子从虎王身边经过,帮虎王解开了网绳。老虎被救出后很是感激猴子,于是老虎承诺猴子一定会找机会报答猴子。自此以后,两人的关系也就更加密切了。过了几年,玉皇大帝开始挑选生肖,老虎自然成了生肖,可猴子却没能被选上,于是猴子请虎王帮忙在玉帝面前说几句好话,在虎王的三番五次的劝说下,玉帝由此让猴子当上了生肖。

猴子生来聪明伶俐,有极强的模仿能力。它们是马戏团的明星,经过人类的训练后,可以帮助人们做许多事情,例如放牧、传递信件、拿取物件等许多事情,由此猴子也成了人类亲密的朋友。在中国和印度的神话和传说之中,猴子所代表的多是聪明伶俐的角色,《西游记》中的猴子是一个筋斗便能十万八千里、斩妖除魔的齐天大圣,在印度教中,猴王哈努曼是医生和勇士的化身。

在汉族的"猴文化"中,猴被当作高官厚禄的象征。猴与侯谐音,古代有公侯伯子男之爵位,于是猴的形象被当作封侯的意思。例如,猴子坐在马背上,便被叫作"马上封侯";猴子爬上枫树,便被叫作"封侯挂印";

要是一只猴子趴在另一只猴子身上,就被叫作"辈辈封侯"。这些具有寓意性质的图案被运用在木石刻、雕塑和建筑等领域,都表达着人们对高官厚禄的追求,希望富贵封侯。

在古书上曾这样记载,养马的人需要在马厩里养一只猴子来防止马群生病。据说,如果骡马生病,猴子便能帮助人发现病马,防止瘟疫的扩散和传播。凡是带马住店的人,都要先由猴子闻一闻,确认无疫病后,再安排马匹。猴子便获得了"弼马温"的称号,成了防止瘟疫的吉祥物。

申猴所代表的"猴文化"在我国各个文艺领域都可瞥见一二,其所依靠的便是身后博大精深的中国文化,而其所代表的吉祥的寓意经久不息。

> 相关小知识

猴年马月:十二生肖作为独特的民俗现象,我们的祖先不仅用生肖来纪年,还用来纪月、纪日、纪时。中国夏历(农历)使用干支纪年、月、日,其中十二地支与十二生肖对应。分别是:子鼠、丑牛、寅虎、卯兔、辰龙、巳蛇、午马、未羊、申猴、酉鸡、戌狗、亥猪。民间形容某件事情遥遥无期,往往会说"猴年马月"。"猴年马月"这一说法的来历无从考据,很可能来自民间的谚语,逐渐演变成为人们的日常用语。

酉鸡:金鸡报晓,一唱天下白

鸡在十二生肖中排第十,与十二地支配属"酉",因此一天的下午五点至七点又称"鸡时"。

鸡成为十二生肖有一个典故,传说鸡非常好强争胜,玉帝晋封生肖的时候，考虑动物是否对人类有功劳，鸡看到已封为生肖的马受人喜爱，心中很不服气，于是上前询问："老马，你封了生肖，靠的是什么？"马回答道："我平时运货耕田，打仗时冲锋陷阵，给人类立下汗马功劳，所以我应该要封生肖。"马见鸡闷闷不乐，又对它说："龙可降雨，牛能耕田，狗能守门，猪能供人食肉，你天生是一副金嗓子，说不定对人类有用处呢。"鸡回到家中左思右想，发誓一定要成为生肖，于是想到用自己的嗓子唤醒沉睡的人们，鸡每天拂晓早早起床，亮开嗓子叫醒人们。"金鸡报晓，一唱雄鸡天下白"，鸡给人们带来的是晨光般的希望，大家对鸡的功劳十分感激，请玉帝把鸡也封为生肖。玉帝见鸡的功劳实在大，于是摘下一朵殿前花戴在鸡王头上，以示嘉奖。

鸡在我国被称为五德之禽，源自《韩诗外传》中记载："头戴冠者，文也；足傅距者，武也；敌在前敢斗者，勇也；见食相呼者，仁也；守时不失者，信也。"大致意思就是鸡头上有冠，是文德；足后有距能斗，是武德；敌前敢拼，是勇德；有食物招呼同类，是仁德；守夜不失时，天明报晓，是信德。在古代，每年的正月初七之前被称为"说畜日"，初一是鸡日，初二是狗日，初三是猪日，初四是羊日，初五是牛日，初六是马日，六畜排完，"人日"是初七。这个排序是按照六畜与人关系的远近进行排列。古语言：无鸡狗，不成家。因为鸡和狗可以捡食家中撒掉的粮食，为主人消灾免罪，比较接近于人，而牛和马说来就远了。这一点在神话中也有体现，古代神话故事中说：汉朝的淮南王刘安成了神仙，飞升到天上去了，连家中的鸡狗都一起带上了天，所谓"一人得道，鸡犬升天"。

"鸡"与"吉"谐音，寓意着吉祥，大吉大利；锦鸡寓意锦绣前程之意，金鸡报晓，吉运来临，象征平安祥瑞，家园安定，夫妇和谐。民间更是把鸡视为吉祥物，说它可以驱邪避害，所以新年第一天民间以红纸剪鸡作窗花，并且把这一天定为鸡日。据古代神话流传，东海有一座大山，名度朔山，又名桃都山。因为山上有一株巨大无比的桃树，树根向周围伸展，足有三千里，树顶上有一只金鸡，每天日出就报晓。它一啼叫，全天下的鸡都跟着叫。所以元旦时节所剪的鸡，归根结底就是象征着天鸡。作于南北朝时期的《荆楚岁时记》中对元旦剪鸡这种传统风俗就已经有所记载了。

由于鸡的啼鸣跟自然时间有着密切的关系，所以鸡又被称为司晨、知时畜。《诗经·郑风》中记载：女曰：鸡鸣。士曰：昧旦。子兴视夜，明星有灿。将翱将翔，弋凫与雁。除此之外，《诗经·齐风》中说道：鸡既鸣矣，朝既盈矣。对此，朱熹在他的《诗集传》这样说道："言古之贤妃御于君所，至于将旦之时，必告君曰：鸡既鸣矣，会朝之臣既已盈矣。欲令君早起而视朝也。"在那个时期，以鸡的啼鸣作为时间的标准已是非常广泛且具有认可度。

在中国人的阴阳观里，太阳为阳，鬼妖为阴，而雄鸡和太阳又有关系，因此被视为驱鬼逐妖的灵禽。早在汉代，《风俗通义》中记载：鸡主以御死避恶。本草纲目中称鸡可以"治蛊、禳恶、避瘟"。因为鸡有文武勇仁信五德。凤凰"其状如鸡"，再加上"舜夫夜卧，梦见一凤凰，自名为鸡"的传说，所以鸡就和凤凰牵扯到了一起，两种动物不仅成了华夏文化中的灵禽，而且成为王权的象征。干宝所作的《搜神记》中记载：得雄者王，得雌者伯。有些地方志中记载有一种像家鸡且五彩的"客鸡"，如果在某个地方出现了，那么当年一定是风调雨顺，五谷丰登的吉祥年。鸡作为我国的一种吉祥物，在传统文化中也是取谐音。公鸡的"公"与"功"谐音，有着功名功勋之意，又谐音三公九卿中的"公"。在我国的举行的一些宴会中，鸡和鱼都是必不可少的两样菜，用意就是取"吉祥"和"有余"之意。元末明初娄元礼的著作《田家杂占》中提到：黄昏鸡啼，主有天恩好事或有减税粮之喜。在古时，用鸡的谐音表达理想和愿望的绘画也有很多，比如，画大公鸡在大石头上，寓意室上大吉，火红的鸡冠高高在上，"冠"与"官"谐音，寓意着红运当头、官上加官、好事连连，满载世间吉祥。用鸡冠花配雄鸡，寓意"冠上加冠"。

鸡作为我国吉祥物的一员，在吉祥文化中扮演者不可或缺的角色。吉祥文化也因为金鸡的存在而丰富多彩。

相关小知识

六畜：在中国，无论古代还是现代，逢年过节的祝福语中总少不了"五谷丰登、六畜兴旺"之类，那么，中国民间的六畜究竟是哪六畜呢？原来，中国的六畜指的分别是：猪、牛、羊、马、鸡、狗，其中马牛羊是草食动物，而猪鸡狗则是杂食动物。先民们早在远古时期，就根据自身对自然、动物世界的认知程度和对生活需要的估算，先后驯养了牛、羊、马、鸡、狗、猪等，使它们成为家畜，来帮助人们的日常生活。经过先民们长期的生活实践，发现这六种家畜对人们帮助最大，是一个家庭不可或缺的一员，因此便逐渐有了六畜之说。其中，牛能够帮助人耕田，是人们耕作中极大的助手；马能够背东西走远路；羊是祭祀必不可少的一样东西；鸡能报晓；狗能在夜间守家护院；猪能用来宴请宾客。因此，古代有"无六畜，不成家"之说。

戌狗：盘瓠神话，供奉狗神

狗是十二生肖中的第十一位，与十二地支"戌"相配，而十二时辰中的"戌"时，也就是晚上七点至九点，也称作"狗时"。黑夜来临的时候，狗负责看家守夜，警惕性最高，由于狗拥有一种特殊的视力和听力，在黑夜中看得远，也听得清楚，所以古人将戌时配属狗。

狗自古以来是家养动物之一，是早期人类在4万年前至1.5万年前，从灰狼驯化而来。狗是一种通人性的动物，对人类也十分忠诚，因而狗本身具有忠贞不渝的寓意，是人类的好帮手。成语"犬马之劳"就用来比喻做事忠心耿耿，好像狗和马一样勤恳忠诚。

在古老的传说中，玉帝下旨挑选十二动物做属相，所有动物都想当上属相封神，所以尽力把优点表现出来，在玉帝面前证明自己是人类最有力的帮手，同时，动物们也想把自己的位置往前排，因此都在争谁对人类的贡献最大。

当时人类身边常养的动物就是猫和狗，它们整天陪在主人身边，与主人形影不离，都同主人的关系十分密切。猫和狗争当属相，猫认为狗整天只是趴在门口，对人类没什么特别的贡献。狗批评猫成天好吃懒做，什么事也不干，就在主人怀里撒娇，或者吓唬吓唬老鼠，更是没什么贡献。猫和狗争执不休，谁也说服不了谁，于是它们一同到玉帝面前评理。

于是玉帝问狗每天做什么，一顿吃多少饭，狗老老实实地回答，每天看门守院，一顿吃一盆饭。玉帝又问猫每天做什么，一顿吃多少，猫回答每天抓老鼠，一顿吃一灯盏的饭。听完狗和猫的回答，玉帝断定，猫吃得少做事多，对人类的贡献比狗大，狗听了非常生气，觉得猫赢得并不光彩，于是就恼怒起来，追赶着咬猫。猫一路逃回家不敢露面，狗趁着猫回家躲避的机会，连忙同家鸡一起去天宫排队当属相，鸡身上有翅膀，连飞带跑冲向天宫，所以排到了狗的前面，狗在鸡的后面，然后猪跑过来排到狗的后面。

猫很久不见狗的影子，这才知道狗抢先去天宫排队当属相了，它连忙跑到天宫，排在猪的后面，哪知道老鼠耍了个手段，它一直藏在牛角中，进了天宫就从牛角中跳出来，抢先排在了第一位，结果十二生肖位置排满，猫就与属相无缘了。从此以后，猫恨透了老鼠，一见到老鼠就要咬死吃掉，狗虽然当了属相，但也始终不肯原谅猫，见了猫就追咬，直到今天还是这样。

狗在人类生活中是一种吉祥动物，也是人类最亲密的朋友。从远古的渔猎时代开始，狗就已经为人类服务，成为人类得力的帮手。狗的本事很多，能帮人捕捉猎物，看守家园和农田，巡山放牧，守夜做伴。狗性情忠诚，不会背叛自己的主人。

如今在很多少数民族地区，都有关于狗的节日和习俗。

除了少数民族以外，汉民族也把狗视为吉利的动物，如果谁家里来了一只狗，主人会很高兴地收养它，民间谚语所谓"猫来穷，狗来富"，狗预示着财富来临。此外，狗和主人同甘共苦，有预兆吉凶灾异的本领，如果有什么灾祸来临，它就提前预示，比如狗上房暗示盗贼将至等。另外，狗作为吉祥动物，还有除灾避祸的作用，据说黑狗血可以驱邪避鬼。《礼论》认为狗属于"至阳之畜"，春季时在东方烹狗，可以使大地阳气勃发，蓄养万物。东汉应劭在《风俗通义》中解释道，天子居住的城市共有十二个门，东方的三门属于生气之门，为了不让死物在生门出现，所以在另外的九门前杀狗去灾。狗在五行学说中与金相配，又与西方对应，依照金克木的原理，春天杀狗可以止住阴湿的疫气，使万物复苏成长。

民间关于狗的吉祥文化有很多，年庆时节很多人家都会贴一些关于狗的春联和剪纸画，寓意着吉祥丰收，表达了人们对美好生活的追求和向往，也将狗的吉祥寓意表现得淋漓尽致。

相关小知识

为什么人们喜欢狗：狗被驯服以后，人们根据自己的各种需要，对狗进行了非常精心的培育。伴随着时间的推移，许多不同品种的狗相继被培育出来。其中，主要产生了两种用途的狗，一种是驯服善良的宠物狗，另一种则是勇猛好斗的狩猎狗。前者就是大家耳熟能详的那些被视为朋友家人的宠物狗，例如哈士奇、泰迪、西施狗等；后者则以狼狗、警犬、看门狗等组成。不管是上文的哪一种狗，人们都非常喜爱它们，几乎是"万千宠爱于一身"。

亥猪：腊月宰年猪，来年又丰收

猪在十二生肖中排行最后一位，与十二地支"亥"相配，一天十二时辰中，"亥时"是晚上九点至十一点，也称为"猪时"。

猪自古以来就被人类称为六畜之一，中国作为一个农业大国，亿万农民养猪作为家畜，解决了人们千百年来的饮食问题。古代人推选十二种动物为生肖，都用与自己生活密切的动物作代表，因此猪成为生肖，也是理所当然的事。

传说古时候有个富贵的员外，良田万顷，家财万贯，但是没有儿女，他年近六十岁的时候，得了一个儿子，合家欢喜异常，员外大摆宴席，邀请亲朋好友前来庆祝。宴会的时候，有一位看相的人来到孩子面前，他见孩子大脸宽额、天庭饱满、又白又胖，断言孩子天生有福之命，长大之后必定大福大贵。

员外听了非常高兴，对儿子更是视为掌上明珠，让他从小就生活在福气里，衣来伸手，饭来张口，什么活也不用干，长成了一个胖小子。胖小子认为自己命相已定，将来福贵无比，根本不必辛苦操劳，于是不读书不习武，不干农活，整天花天酒地，游手好闲，胡混日子。没想到胖小子长大以后，父母全都去世了，没人赚钱理财，很快就家道衰落，他典卖田产，变得十分穷困，家仆也都四散离开。但胖小子仍然借钱过着挥金如土的生活，直到最后在破庙里饿死。

胖小子死后郁郁寡欢，阴魂不散，魂魄飞到阴曹地府，找阎王告状，说自己天生富贵之相，不可能穷困潦倒、惨淡而死。阎王将他的阴魂带到天宫的玉帝面前，请玉帝公断此事，于是玉帝召来人间的灶神，细问为什么这位一脸富贵相的人会饿死在破庙里,灶神将胖小子的事通通说出来,说他不思进取、坐吃山空,挥霍荒淫。玉帝顿时大怒,叫来一名差官,让他发落胖小子,玉帝说:"你命相虽然很好,但是懒惰成性,所以罚你为猪,去吃粗糠,长肥之后供人宰杀当肉食。"于是差官把胖小子带到人间,从此胖小子变成一头猪,每天只能吃粗糠,养肥之后让人宰杀了吃肉。

后来玉帝找十二个动物当生肖,规定了必须在固定时辰到达天宫,先到的十二种动物定为生肖。猪想改变命运,决心要当生肖,但知道自己体态笨拙行走缓慢,于是它半夜起床,赶去排队当生肖。最后猪拼死拼活才爬到了南天门,但已经排到最后一位,这时排生肖的时辰已过,猪苦苦央求不肯离开,让玉帝再给它一次机会。最后终于感动了玉帝,让它当上了最后一名生肖。就这样,马、牛、羊、鸡、狗、猪这"六畜",都成为人间的生肖。

猪是人类最早驯养成功的家畜之一,汉字中的"家",是在"宀"下有"豕"(猪),在古人看来,只有住处养了猪,才称得上是有了家。古人蓄养家猪的历史可以追溯到数千年前,早在母系氏族时期,人类就已经开始饲养家猪。史书上记载,公元前4900年,中国人已经驯化了野猪。猪的形象在远古时期,包含丰富的吉祥文化寓意,地位比其他家畜更高。

古人认为,猪可以带来家庭经济上的富足,是农民百姓的"聚宝盆"。生肖猪也被人们赋予聪明才智的寓意,寄予良好的祝愿,是灵性吉祥之物。在古代的民俗文化中,流传着杀年猪祭灶神的传统习俗,人们用杀猪祈求新年吉祥如意、人畜兴旺、五谷丰登。民间的杀猪习俗,一般是在腊月二十五日之前杀年猪,到二十六日就是封刀日,以后就再不能再动杀猪刀了。年猪杀死之后,开剖处理前要把猪头朝外,先烧香谢天地,祈祷神灵赐下恩典,祝愿合家团圆幸福,富贵满门。因为猪与"诸""逐"同音,因此很多地方逢年节进行杀猪比赛,寓意诸事圆满、诸事大吉、逐年丰收、逐年富贵。此外,古代人重视科举当官,由于"猪"与"朱"同音,"蹄"与"题"谐音,所以科举考试时以吃猪蹄为吉祥,希望能金榜题名。于是,每当有人参加科举，亲朋好友们都赠送红烧猪蹄，预祝考生"朱笔题名"。

在年节的时候，人们喜欢贴"肥猪拱门"的窗花，图案形象是猪背上驮着一个聚宝盆。人们认为猪的特点是独立自主，经常用鼻子拱地掘土，寻找食物，猪勤恳老实，能发家致富。在人们看来，"肥猪拱门"就是勤劳致富、吉祥丰收的象征。

相关小知识

"猪头三牲"的祭祀民俗：我们在书上经常会看到"猪头三牲"这个词语，那么它到底指的是什么？

三牲，也有书籍称为"太牢"，其实就是指古代人们祭祀用的动物供品。从历史记载来看，三牲分为两种，一种是"大三牲"，另一种是"小三牲"。一般说来，大三牲指的是羊头、猪头和牛头；小三牲则指的是鸡头、鸭头和兔头。

另外一种说法是，大三牲指的是猪头、牛头和羊头，而小三牲则用鱼头替换了兔头。后来人们也渐渐开始把鸡、鱼、猪这三种动物称为三牲。

但是，近来也有历史学家认为"三牲"中的"三"不是指祭品动物的种类数量，而是指三个朝代，即中国古代最早的夏、商、周三代。他们认为"三牲"就是夏商周三个朝代所用祭祀供品的总称。

第七章 吉祥文化之图腾篇

图腾,在古代原始部落中,通常被认为某种神灵的载体。远古部落的百姓迷信崇拜某种自然神,或者是有血缘关系的祖先和保护神等,并逐渐将图腾发展为本氏族部落的徽号或象征。图腾由于是保护神的借代和象征,因此天然带有吉祥的寓意,也是人类历史上最早的吉祥物。图腾所代表的吉祥文化反映出远古先民的风俗和心理需求,也是原始部落民族对大自然崇拜的物化象征。

蝙蝠：五福和合，五福捧寿

在中国古代的吉祥文化中有一种动物叫蝙蝠，最常用来指代福气的"福"。蝙蝠，在动物学上是能够飞翔的哺乳动物，在中国古代又称为"天鼠""仙鼠""伏翼""飞鼠"，很多人认为它是一种灵兽，比如在东晋葛洪的《抱朴子》中说，千年蝙蝠颜色如白雪，万岁的蟾蜍头上有角，如果把这两种东西在阴暗处晾干，碾成粉末吃下去，就可以延寿到四万岁。

古人认为蝙蝠能活千岁，这是非常神奇的事情，而且能做成长生不老药，所以自古以来，蝙蝠就跟道教仙家有不解之缘。唐代时期，道教八仙之一的张果老受到唐玄宗的敬仰，而据说张果老这个人就是天地混沌初期的白蝙蝠，是由白蝙蝠精变化而来的。受到张果老的神话故事的影响，唐代人对蝙蝠非常感兴趣，在唐诗中常常提到蝙蝠，而且作为吉祥福瑞的象征。

比如白居易的诗中有"惊出白蝙蝠，双飞如雪翻"，又写道："千年鼠化白蝙蝠。"李颀《送王道士还山》诗中说道"当有岩前白蝙蝠，迎君日暮双来飞"；任要诗中写道："一双白蝙蝠，三度向明飞。"元稹《景中秋》诗："帘断萤火入，窗明蝙蝠飞。"这些诗句中提到的白蝙蝠，都被认为是吉祥形象，同时也表达出道教修仙的意境。

由于蝙蝠中的"蝠"字与幸福的"福"谐音，是"福气"的象征，所以在古代民间蝙蝠被当作福的化身。蝙蝠的形象在中国古代大量运用在日常纹饰方面，不仅是衣服、被褥、家具、器物等绘制蝙蝠纹饰，就连妇女的首饰也常常用蝙蝠图案，唐代诗人孟浩然曾经说道："虫之属最可厌莫如蝙蝠，而今只之织绣图画皆用之，以与福同音也。"他的意思是说，在动物中最令人讨厌的就是蝙蝠了，但是如今很多刺绣图画上都用蝙蝠的形象，就是因为蝙蝠与福同音。

蝙蝠的形象成为中国民间吉祥纹饰的重要组成部分，古代很多艺术品上都有蝙蝠的纹样，尤以玉器、银饰、瓷器、木雕出现的频率最高。比如说"五福临门"的图画，是以五只蝙蝠为主，被称为五福，五福之意：一曰寿、二曰富、三曰康宁、四曰有好德、五曰考终命。也就是说，一求长命百岁，二求荣华富贵，三求吉祥平安，四求行善积德，五求人老善终。"吉祥图案"中的"福、禄、寿、富、贵"之类的题材，是民间使用最为广泛、最为普遍的题材之一，著名的五福吉祥图有《平安五福》《迎福纳祥》《五福捧寿》《五福临门》《五福和合》等，上面的纹图都是用蝙蝠。例如，在玉器上雕刻四只均匀排列的蝙蝠，而另一只展翅于寿字正中，便是"五福祝寿"；盒中飞出五只蝙蝠是"五福和合"，和合者，就是人与人相处融洽的意思；有童子捉蝙蝠放入一大花瓶，这是"平安五福自天来"，取"瓶"与"平"同音。

蝙蝠的形象与各种吉祥物都能配合得非常完美，它作为吉祥图案，对于其他题材的吉祥画起到点缀作用，成为具有特定意义的吉祥图案。比如蝙蝠跟铜钱组合在一起，成为"福在眼前"；蝙蝠与寿桃组合在一起，成了"福寿双全"，特别适合在老年人室内摆设这类图案。蝙蝠与扇子组成"福善吉祥"；有钟馗手执纸扇，蝙蝠飞到纸上停留，这便是"引福归堂"的意思；在大海的纹图上绘制蝙蝠飞舞，这称为"福如东海"；等等。蝙蝠图案以谐音和象征的手法表示幸福、长寿都将来临，即福从天降，都是民间流传极广的吉祥纹样。在民间，吉祥画中不仅常常用蝙蝠表示福气和圆满，有时也专门强调蝙蝠的颜色，用来表示福运到来。除了白蝙蝠之外，还有一种红蝙蝠的纹饰，也极具寓意，因为在中国传统文化中，红色是喜庆的颜色，而且红与"洪"同音，所以使用红色蝙蝠的纹图，就象征着洪福无量。

在传统文化里，蝙蝠绝对是"福"的象征，在生活的方方面面都能体现出来，跟蝙蝠有关的吉祥文化，与百姓的日常生活紧密联系，已经成为一种具有象征意义的"福"文化。

> **相关小知识**

道教张果老：张果老是中国神话中的八仙之一，是八仙中两位历史上确有其人的人物之一。他名叫张果，因为出名时年纪很大，活的岁数也很大，所以一般叫他张果老。张果老出生于隋唐两个朝代交际年间，相传他隐居于山西省中条山，常常倒骑着一头白色的毛驴，可以日行万里。唐朝武则天时期，他已经年逾百岁，武则天派遣使者请他去皇宫，张果老不愿意面见权贵，用诈死的计策骗过了使者。唐玄宗时期，唐明皇多次派遣使者请他入京师，张果老推辞不过，终于进入了皇宫。他在皇宫为皇帝表演种种法术，唐玄宗看了大喜，将他封为银青光禄大夫，赐号通玄先生。过了一段时间，张果老始终怀念隐居的生活，便用"年老多病"的借口，回中条山继续隐居。北宋时期，正式加入八仙。

蟾宫折桂：应考得中，富贵荣华

关于"蟾宫折桂"这个词，《辞海》是这样解释的：蟾宫，月宫。攀折月宫桂花，科举时代比喻应考得中。在中国神话故事里，传说月宫中有桂树，这一点很好理解。可是《辞海》中为什么又说"蟾宫"是"月宫"，"折桂"是"应考得中"呢？

原来，在神话故事中，月宫里不仅有桂树，还有一只三条腿的蟾蜍，于是后人也把"月宫"叫作"蟾宫"。而"折桂"象征着"考中"，这一吉祥寓意的由来就有着漫长的演化史。

最早有记载"桂枝"与"做官"有联系的,是《晋书·郤诜传》,其中写道:"武帝于东堂会送,问诜曰:'卿自以为如何?'诜对曰:'臣鉴贤良对策,为天下第一,犹桂林之一枝,昆山之片玉。'"在晋武帝泰始年间,郤诜被吏部尚书崔洪举荐做左丞相。后来,郤诜被派到雍州当刺史,晋武帝问他的自我评价,郤诜自谦说:"我就像是桂花林中的一枝,昆仑山上宝玉的一片。"晋武帝听完大笑,并嘉许了他。此段佳话广为流传,于是后人就用枝桂、片玉来形容特别出众的人才。"折桂"自然就有了被贵人赏识,仕途畅达的寓意。

后来随着科举制的确立与进一步发展,到了唐朝,就迎来了全民参加科考的狂潮。人们就牵合了"月中有树名桂"与"折桂"两事,遂以"蟾宫折桂"来隐喻和祝愿科举考试及第、仕途有望。从此,"桂"与"官"纠缠了千年,"蟾宫折桂"这个词也流传了千年。

例如唐代大诗人白居易,他得知其堂弟白敏中在科考中得了第三名时,就写诗祝贺说:"折桂一枝先许我,穿杨三叶尽惊人。"元代的施惠在其《幽闺记·士女随迁》中也有写道:"镇朝经暮史,寐晚兴夙,拟蟾宫折桂之梯步。"

在清代曾朴所作的《孽海花》中,第五回里的一个小人物说:"只要吴刚老爹修桂树的玉斧砍下一枝半枝,肯赐给我们老爷,我们老爷就可以中举,名叫蟾宫折桂!"《红楼梦》里第九回也有相关描述:"彼时黛玉在窗下对镜理妆,听宝玉说上学去,因笑道:'好,这一去,可是要蟾宫折桂了,我不能送你了。'"

关于蟾宫折桂还有一些奇妙的传说,其中以明初宋濂的《重荣桂记》所叙最详。

文章中说江西庐陵有一读书人叫周孟声,其子名学颜,也是读书人,在当地很有名气。其家在吉水泥石村,宅院内有棵大桂树,枝叶繁荣,树荫可蔽二亩地面。后来在元末的动乱中房屋被焚毁,桂树被烧死,就连树枝也被砍,做成了柴烧掉了,只留下光秃秃的树干。到明初天下安定,老树干竟发出新芽，不几年，便又郁郁葱葱。就有人说，此树经火后，外焦内枯，现却发新芽，事出反常，恐非好兆。不久，学颜之子仲方考中进士，而后人们就都认为桂树重荣是祥瑞了。

总的来说，在百姓心目中，桂、折桂与科举考试、高官厚禄之间有着不可分割的联系，不管是在文学创作还是在民间趣事里均有体现。

本来"蟾宫折桂"这个词用来寓意科考及第就已妙极，再加上"桂"与"贵"谐音，人们就更加频繁且广泛地使用这个词了。于是后来又逐渐衍生出了许多有关新词汇。比如在旧时的科举场，每年秋闱大比刚好在八月，根据"蟾宫折桂"一词，人们就将农历八月称为桂月，乡试登科及第者称桂客、桂枝郎，科举考场则称桂苑，甚至可以通过不同的桂花，来区分中榜者的等级：丹桂代表状元；金桂代表榜眼；银桂代表探花。

并且，由于"蟾宫折桂"有代表仕途顺达，尊荣显贵的吉祥寓意，不少地方还形成了这样的习俗：每当考试之年，应试者及其家属亲朋都要用糯米粉，糖和蜜桂花蒸成糕，称为"广寒糕"，相互赠送，取"广寒高中"之意。"桂"充斥在百姓生活的方方面面，简直是桂（贵）气十足啊！

相关小知识

月中桂树：桂树有不少种类，有的桂树一年只开一次花，而有的桂树四季都会开花，更有些桂树每月都会开花。人们便把这种每月都会开花的桂树叫作月桂，因为月亮每月都有圆缺，与月桂每月开花的形象有些相似，况且"月桂"中含有一个"月"字，人们慢慢地便将月桂与月亮附会在一起，桂树逐渐就成为了月亮的象征。在道教和许多古代医药学家的观念中，桂的功效和"灵芝"等仙丹妙药相似，都是包治百病、无病也能大补身体的灵药。道教的传说中还有许多服桂成仙的故事。因此，桂树便慢慢与仙人产生了联系，又加上月桂与月亮的关系，"月中桂树""吴刚伐桂"等神话故事也就应运而生了。

鸿雁南飞：秩序之鸟，忠贞有节

鸿雁，是大型水禽。通常浅灰褐色的体色，嘴黑色。主要栖息在开阔的平原和平原草地上的湖泊、水塘、沼泽及其附近水生植物茂密的地方。古人则认为鸿和雁略有不同，但属一类，鸿大，雁小。《玉篇》中称："鸿，雁也。"《诗传》称："大曰鸿，小曰雁。"鸿和雁连称鸿雁。

提到鸿雁，大多数人会想到这样一副画面：或清晨或日暮，一排排鸿雁越过薄雾，飞翔于翠林之上，极其有序。

为什么提到鸿雁，大家总会想到"有秩序"呢？

古人认为，雁为候鸟，秋南飞，春北归。一年之中，雁群这两次宏伟壮丽的迁徙，每次都是跋涉千里，遭遇无数障碍，但它们义无反顾，从不失信。如此守约讲"秩序"，自然被大家用来预告季节，写入节气"雨水"中。有诗为证,《七律·雨水》："河边水獭祭新鱼，鸿雁北归阵队疏。细雨濛濛萌草木，微风冉冉染田渠。"鸿雁迁徙如此遵守规律，算是时间上"有秩序"了吧！

它们不仅在迁徙时间上十分准时"有序"，在飞行队列上更是有序如军队。鸿雁在迁徙过程中，飞行时颈向前伸直，脚紧贴腹下，一个接着一个，排列极整齐。加速飞行时，排成"人"字形队伍，若减速，队伍就由"人"字形换成"一"字长蛇形，徐徐向前。

鸿雁在漫长艰辛的迁徙中还能够飞成行止成列，做到秩序井然，自然让人们联想到传统的伦理原则和社会秩序。而且它们在迁徙中仍保持原来的佳偶良伴，不失贞节，成双成对生活，共同养育雏鸟。于是作为动物一夫一妻制典范的鸿雁，自然成了婚姻嫁娶的吉祥物，象征家庭和睦美满。

最早用鸿雁来象征家庭生活与社会秩序的是《易经》。《周易》卷五中

第七章 吉祥文化之图腾篇

的《渐卦》，其卦辞为："渐，女归吉，利贞。""渐"为渐进的意思，即要使用渐进的方式。这一卦的爻辞则有："初六，鸿渐于干""六二，鸿渐于磐""九三，鸿渐于陆""六四，鸿渐于木""九五，鸿渐于陵"。具体说明了鸿鹄飞翔从低到高，遵守循序渐进的规律。故象辞称这一卦为："渐之进也，女归吉也。进得位，往有功也。进以正，可以正邦也。"总结了要以渐进的方式来正家正国的道理，要像女儿出嫁般的行守正道，循序渐进，不可冒进，亦不可刚强过度。按这一原则行事，于家可家庭和睦，于国可社会和谐。

后来《史记·孝武本纪》有记载："朕临天下二十有八年，天若遗朕士而大通焉。《乾》称：'蜚龙'，'鸿渐于般'，意庶几与焉。其以二千户封地士将军大为乐通侯。"晋时潘岳在《西征赋》中："振鹭于飞，凫跃鸿渐，乘云颉颃，随波澹淡。"到了宋朝契嵩的《〈坛经〉赞》仍有称："若形影之无碍也，若鸿渐之有序也。"

因鸿雁有"次序"的含义，还衍生了许多新词汇，例如"雁行"。《礼记·王制》中曰："父之齿，随行；兄之齿，雁行，朋友不相逾。"意为兄长弟幼，年齿有序，就像鸿雁飞行时行列平行有次序。"雁行"一词便引申为兄弟，亦称"雁序""鸿序"。有人用它的原意，如卢纶的《奉和太常王卿春夜对月见寄》中"露如轻雨月如霜，不见星河见雁行"。有人便使用其引申意，例如，白居易在《禽虫十二章》中形象地刻画到"江鱼群从称妻妾，塞雁联行号弟兄"，李群玉更是在《送唐侍御福建省兄》中写"世掌纶言传大笔，官分鸿序压霜台"。

可见，几千年间，翩翩飞鸿行止有序，忠贞有节的形象已定格在人们心目中，以其独特的象征意义流传了几千年。

民间百姓用"鸿雁"这样吉祥物来祈求婚姻和谐美满，祈求国家秩序安稳。在传统婚俗中，雁常常被当作男方的聘礼，作为订婚信物。且如果朋友结婚，最好的礼物就是一幅带有一对大雁高飞的图，取"比翼双飞"之意，以祝福新婚夫妇婚后生活和谐，忠贞不渝，白首到老。

另外，由于鸿雁每年迁徙来去自如，并能按时返还。人们远游，也希望能像大雁一样准时返回家中，因此古时常常在即将远游之人的行李箱的盖子上刻"飞雁延年"的字样，以祈求游子旅途平安顺达，能够按时返还。

相关小知识

鸿雁传书：中国文化中对鸿雁总有些特殊的感情。鸿雁是一种大型候鸟，每年秋季南飞，春季北归，是一种极其有秩序的鸟。中国古代的文人游子们便奇思妙想，希望借助鸿雁来向家乡传达自己的思乡之情和排遣自己客居他乡的愁苦，于是就有了"鸿雁传书"的寓意。其实历史上记载的鸿雁传书是关于苏武牧羊的故事。汉朝时期，苏武代表大汉出使匈奴，匈奴王单于将苏武流放在北海一带。十年后，汉朝与匈奴和亲，但匈奴人非常想让苏武投降，便告诉汉朝苏武已经死了。跟随苏武一同出使匈奴的常惠偷偷把苏武的情况告诉汉朝使者。汉朝使者便义正词严地质问苏武是否被流放在北海。单于大惊失色，询问汉使如何得知，汉使说汉朝皇帝打猎射到一只大雁，大雁脚上有书信，就是苏武写的。这就是鸿雁传书的来历。

鸳鸯比翼：双宿双栖，至死不渝

鸳鸯，是一种形体较小像野鸭的鸟。古人称雄鸟为鸳，雌鸟为鸯。雄鸟羽毛绚丽多彩，嘴巴呈红棕色。雌鸟则稍小，背部的羽毛呈苍褐色，腹部则为纯白色。它们被誉为"世界上最美的水禽"。

自古以来，鸳鸯用来象征夫妻间美好的爱情，并不只是因为鸳鸯长得美丽夺目。鸳鸯生活在水边，有成双成对的生活习性，展翅则同飞，戏水则同游,栖则交颈眠,形影不离。如果其中一只丧偶,另一则终身不匹。在李时珍的《本草纲目》中有所记载"终日并游,有宛在水中央之意也。或曰:雄鸣曰鸳,雌鸣曰鸯"。因此,古人用鸳鸯成双成对、形影不离的特点来比喻专一的爱情和美满的婚姻。

关于鸳鸯,在民间流传着一个凄美的爱情故事。

晋朝干宝《搜神记·卷十一·韩妻》中记载了这样一个故事:战国时宋康王有一个舍人叫韩凭,韩凭的妻子何氏极其美貌。康王便把何氏抢过来,并且强迫韩凭做苦力,白天当守备,夜晚筑城。何氏不忍屈辱,就密送一封信给韩凭,信中写"其雨淫淫,河大水深,日出当心",深表她对丈夫的绵绵相思,恨夫妻相爱却无法相聚,决心相会于九泉。韩凭读完信后就自杀了,何氏也暗自将自己的衣裙进行了腐蚀。何氏趁着与康王登高同游时投台自杀,康王的随从急忙拉扯何氏的衣裙,蚀烂的片片碎布霎时化为彩蝶,漫天飞舞。何氏在衣带上的遗书写道:"愿以尸还韩氏,而爱河永浴合葬。"康王知道后妒恨交加,令人把韩凭和何氏分葬于高台左右,让他们两人可遥望而不可即,永远无法合葬。没想到两人葬后,一夜之间,忽有梓木生在坟墓之上,根交于地下,树枝在空中相连。又有一对鸳鸯栖息在树上,早晚也不分离,对着坟墓悲鸣。后来人们认为这对鸳鸯是韩凭夫妇二人的精魂所化,就把坟墓上的树称为相思树,把鸳鸯称为"韩凭鸟"。

最早用鸳鸯来比喻为夫妻的应该西汉人司马相如,他为追求卓文君,作了两首琴歌,其中一首中有"有艳淑女在闺房,室迩人遐毒我肠。何缘交颈为鸳鸯,胡颉颃兮共翱翔!"的诗句。司马相如把鸳鸯比作夫妻,写的形象又生动。特别是"交颈为鸳鸯"这一句中的"交颈"两字十分传神,这恰恰是鸳鸯求偶时期的动作。

后来唐代诗人卢照邻也巧妙运用了这一比喻,在《长安古意》中有"得成比目何辞死,愿做鸳鸯不羡仙"一句,把一对情侣的情切切意绵绵刻画得淋漓尽致,赞美了美好的爱情。这一比喻实在绝妙,被众多文人竞相模仿。杜甫在《佳人》中有"合昏尚知时,鸳鸯不独宿"。欧阳修在《鹧鸪天·学画宫眉细细长》中写:"双黄鹄,两鸳鸯。迢迢云水恨难忘。早知今日长相忆,不及从初莫作双。"唐寅在其《落花诗》中有"拾向砑罗方帕里,鸳鸯一对正中"。还有一首描写鸳鸯爱情传说的无名氏诗:"南山一桂树,上有双鸳鸯,千年长交颈,欢庆不能忘。"

于是在古代文人骚客的刻画下,"鸳鸯"这一意象就成了美好爱情的象征,并且深入人心。

历史文化发展到后来,鸳鸯不仅成为文人来描绘美好夫妻爱情的素材,在普通百姓的日常用品中也融入了鸳鸯元素,以此来作为夫妻恩爱的象征。例如布置洞房时使用的物件,总免不了有它的身影,如鸳鸯房、鸳鸯被、鸳鸯枕、鸳鸯灯、鸳鸯烛、鸳鸯鞋等,不胜枚举,用以寄托人们的美好愿望,祈盼新婚夫妻能够像鸳鸯一样成双成对、形影不离、忠贞不渝、白头偕老。年画窗花里以鸳鸯作为题材来创作的也不少,如以鸳鸯、桂花和莲子为题材的民间装饰纹样就分别寓意着"鸳鸯贵(桂)子(籽)"和"鸳鸯连(莲)子",用来祈求夫妻恩爱忠贞、子孙功成名就的幸福生活。若图案为鸳鸯双栖荷叶,则寓意佳偶(藕)同心,爱河永浴,白首偕老。

相关小知识

凤求凰:司马相如小的时候家里贫穷,虽然天资聪颖,颇具文采却不能入仕。后来他的父母死后,他就寄住在朋友王吉县令的家里。卓文君的父亲卓王孙是一名大富豪,卓文君长得非常漂亮,且又文采斐然,精通音律,年幼时便与一位皇孙定下了婚约。没曾想到,那位皇孙年纪轻轻便死了,卓文君还没有过门就成了寡妇。一次卓王孙宴请宾客,县令王吉也在应邀之列,王吉便带着司马相如一同去赴宴。宴会上,司马相如从门缝间看到了卓文君,顿时被她的美貌所吸引。他知道卓文君精通音律、文采斐然,便借酒席上作赋奏乐以助酒兴为名,弹了一曲《凤求凰》:凤兮凤兮归故乡,遨游四海求其凰……卓文君也早就知道司马相如的才名,听了这首《凤求凰》更加爱慕。于是两人就约定一个时间,私奔去了。

貔貅：招财纳宝，福瑞之兽

貔貅，又名天禄、辟邪、百解，共四个名字，是中国古代神话传说中的一种神兽，龙头、马身、麟脚，形似狮子，毛色灰白，会飞。古籍中记述的猛兽，雄者为貔，雌者为貅。

经过朝代的转变，貔貅的形态也在变化，有短翼、双角、卷尾、鬃须常与前胸或背脊连在一起，凸眼、长獠牙。较为流行的形状是头上有一角或两角，全身有长鬃卷起，有些貔貅的形象是有双翼的，而且尾毛卷曲。玉雕的貔貅一般采用卧姿，有口衔着玉钱的，也有趴在玉钱上的。人们喜欢用红线拴住貔貅口里的玉钱，或是将绳子拴在玉貔貅的尾巴上，用来佩戴和把玩。貔貅怪兽由于是神话传说中的动物，没有真正的形象可作依据，画师及艺术工作者只能凭空想象，因此貔貅在各个朝代的形象各异、千奇百态。

从古至今，上至帝王、下至百姓都极度注重收藏和佩戴貔貅，传说貔貅除了有开运、辟邪的功效之外，还有镇宅、化太岁、促姻缘等作用。中国传统有装饰"貔貅"的习俗，貔貅寓意丰富，人们相信它能带来欢乐和好运。貔貅以四面八方之财为食，吞万物而不泻，可招财聚宝，只进不出，神通特异。这个典故传开来之后，貔貅就被视为招财进宝的祥兽了。

在炎黄时期就有貔貅的记载和传说，那时传说貔貅是一种猛兽，为古代五大瑞兽之一，称为招财神兽。貔貅曾为古代两种氏族的图腾，据说帮助炎黄二帝作战有功，被赐封为"天禄兽"，即天赐福禄之意。貔貅专为帝王守护财宝，也是皇室象征，因此称为"帝宝"，又因为貔貅专食猛兽邪灵，故又称"辟邪兽"。中国古代风水学者认为貔貅是转祸为祥的吉瑞之兽，在汉代的一些书上也有对貔貅的解释，《汉书·西域传》上有一段记载："乌戈山离国有桃拔、狮子、犀牛。"孟康注曰："桃拔，一曰符拔，似鹿尾长，独角者称为天鹿，两角者称为辟邪。"《小尔雅·广言》中说："辟，除也。"顾名思义，是人们希望借助貔貅的法力，驱走邪秽，破除不祥。《急就篇》有言："射魅辟邪除群凶。"唐颜师古注："射魅、辟邪、皆神兽名。……辟邪、言能辟御妖邪也。"到了魏晋南北朝时期，貔貅的形象变得更加概括抽象，装饰意趣更浓。从现存的石刻及玉雕貔貅可以看出，它的外形极富曲线美，昂首挺胸，张嘴吐舌，气宇轩昂，颇有古代神兽的风采。明代也有大量关于貔貅的记载，明刘理顺《送袁环中（袁可立子）督宁远饷》说："以供貔貅用，腾骧月不同。"貔貅的寓意是招纳财宝的福瑞兽。明朱元璋时期，有个关于貔貅的小故事，传说朱元璋定都南京后，打算修建中山门，但国库空虚无钱财，丞相刘伯温建议朱元璋，用貔貅来纳财聚富，于是朱元璋听从他的建议，在国门之前放一对世间最大的貔貅，结果两江的士绅纷纷前来捐款，建城门时大动土木，场面宏大让朱元璋感慨万分，称道："大明臣民如此忠心，江山必然万载。"从此以后，朱元璋相信貔貅可以聚财，寓意是美好的，能为国家的建设起到重要的作用。

清代乾隆年间，由于乾隆皇帝好古，对古玉貔貅更是有着非同一般的痴迷与喜爱，在宫廷所藏的数件古玉貔貅身上，我们可以看到乾隆皇帝亲自授意刻于其上的御制年款及御制诗词，足可见他对貔貅的重视和喜爱，希望貔貅给国家带来好运，到达盛世的顶峰。正因为貔貅的美好的寓意，受到历朝历代皇帝的喜爱，达官贵人也对它趋之若鹜。到了现代，貔貅的魅力有增无减，在一些商场、银行、店面的门前大多是貔貅雕塑，人们希望借助貔貅带来的好运，生意可以红红火火，一切顺利。

平安生活，财源广进，是老百姓最希望获得的生活，所以常用吉祥物寄托心中的愿望，比如佩戴一些貔貅玉器护身，据说可以提升财运和成功运势，很多人选择古器貔貅来佩戴，开光后的至尊貔貅更具有强大的招财灵性和特质，可帮主人招取财源，守住财库，改变运气磁场，在事业和财运方面心想事成，财源广进，让事业和生活顺风顺水。

相关小知识

金蟾与貔貅的区别：貔貅和金蟾自古以来都是商人们喜欢的招财吉祥物，貔貅可吞万物而不外泄，金蟾有口吐金钱的能力，都是旺财之物，二者有什么区别呢？

金蟾长相十分特殊，说它是蟾蜍吧，它却只有三只脚，它的嘴巴很大，嘴巴里咬着金钱，胸前挂着金钱。传说中它曾是一头怪兽，危害乡里，被一个叫刘海的神仙降服了。为了不被灭掉，金蟾苦苦哀求，承诺所找来的所有财物，都让刘海散给灾民，以后只做善事，绝不危害乡民。于是，刘海就将金蟾收至门下，并随身携带，金蟾每天都会去劫掠一些富人的财产，并将这些财产送给刘海，让他帮助穷人。

这个传说广泛流传，也因此金蟾被赋予了招财之意。金蟾可随身佩戴，不过佩戴也有禁忌，要将头朝着自己，这样它吐出的财物，才能归自己所有。

貔貅也是一种招财之物，相传它本为地藏王菩萨的坐骑，是道教中的大将，以金银珠宝为食物，它四处寻找金银财宝来满足自己的口腹之欲。它的身体结构有一个异于其他生灵的地方，只进不出。这一特性被世人喜欢，认为它除了可以镇宅辟邪，更可以掌管财物，所以备受人们尤其是商人们的喜欢。

牡丹富贵：雍容华贵，仪态大方

牡丹自古被当作富贵的象征，并有着"花中之王"的称谓，其华贵而大方、不媚不俗的仪态赢得了百姓和帝王的喜爱。牡丹雍容华贵，是为吉祥昌盛的预兆。由此牡丹的形象被运用在剪纸、绘画、建筑、服饰等许多领域中。当今，牡丹成了中国的国花。

在北齐时期，杨子华提到牡丹。《骨董琐记全编》成书于民国年间，在其中写道："世但知牡丹盛于唐，而不知北齐杨子华'画牡丹处极分明'之句"，原来前人认为杨子华是中国牡丹的第一知己。而比杨子华更早的东晋人谢灵运曾说道"永嘉水际间多牡丹"，这才是关于牡丹最早的记录，在南北朝时期，牡丹已经被认为名花。牡丹约在隋朝时被引进宫廷，唐高宗曾在后苑欣赏牡丹，于是随着上层社会的广泛流行欣赏牡丹，在唐开元时，赏牡丹一度成为红极一时的行为。然而在上古时代，并不存在牡丹这个名字，人们早先将牡丹与芍药统称为芍药，唐代以后才进行更加细致的划分，于是牡丹便被划分出来。

宋朝时期，陆佃在《碑雅》中写道："芍药'华有至千叶者，俗呼小牡丹'。"又说"今群芳中牡丹品第一，芍药第二，故世谓华王，芍药为华相"，陆佃将牡丹称为群花之首，此后世间之人便将牡丹赞为"国色天香"。传说，在洛阳北邙山有一对善良的夫妇。两口子过着男耕女织的生活，生活恩爱。但有一件事情一直困扰着他们，成亲多年，他们一直没有生孩子。

直到有一天，夫妇俩在田间的小路上发现了一只老鹰，在老鹰的爪子下有一只挣扎的鹦鹉，夫妇俩连忙将鹦鹉救了出来。鹦鹉知道夫妇俩的心事，为了感激救命之恩，便从邙山仙人台衔来了灵芝草，夫妇俩知道了鹦

第七章 吉祥文化之图腾篇

鹁的用意,于是将灵芝草吃下,于是不久便生下了一个大胖小子,名叫作鹦哥。

十年之后,邙山开始流行一种怪病,许多人都染病不起,鹦哥的父亲也因为染病而去世了,母亲更是奄奄一息。鹦哥下定决心要找到父亲生前所提到的灵芝草,于是他翻山越岭,不怕艰难险阻,就要累到趴下的时候,一位长着白胡子的老人出现在他的眼前,老者问鹦哥为何到此,鹦哥说找灵芝草帮助母亲治病。老者摇着头说:"你母亲患的是冷热病,用灵芝草是治不好的。"于是老者交给鹦哥一块石头,让他把这块石头磨成钥匙,因为只有磨成了钥匙,母亲的病才能被治好。

鹦哥来到了河边,找到了一块大青石,便开始磨了起来,石头很坚硬,经过三天三夜,钥匙终于被磨好了。在这个时候,白胡子老者又出现了,看着憔悴的鹦哥,说道:"这把钥匙是用来打开王母娘娘瑶池的门的,那里储藏着金丹,只需一粒就可救你母亲。"话才说完,老者吹了一口气便将鹦哥送到了天宫。

到了天上,鹦哥果然看到了瑶池,便用钥匙打开了门,找到了一个金葫芦,取出了一粒金丹,要走时想到父老乡亲也需要金丹救命,于是便将所有的金丹都给带走了。可是还没走远,鹦哥便被王母娘娘发现,鹦哥拼命奔跑,眼看就要被追上,只好将金丹撒向家乡邙山。王母娘娘抓住鹦哥,要将他处死。白胡子老人再次出现在他的面前,原来老者是南极仙翁,老者对王母娘娘说道:"这孩子也是为乡亲们好,就饶了他吧!"王母娘娘听了,只好应允。仙翁告诉鹦哥:"金丹会在土地上长出一种奇特的花,你只需用它的根煎药,病人喝了药便可痊愈。"

鹦哥回到了住处,看都是没有见过的鲜花,就把它们的根刨出来,煮了药汤,分给乡亲们喝,没过几天村里的人的病都好了。由于这种花是王母娘娘的仙丹变出来的,于是世人便将这种花称作牡丹。这只是关于牡丹的一个传说,牡丹花由于备受推崇,关于牡丹的传说也就多如牛毛。

牡丹在宫廷织绣品中应用广泛,清代宫廷所用的丝绸样子的牡丹设计,一般会先由宫廷画师设计，然后再由江南三织制造。南京、苏州、北京的牡丹纹尤为出名。在诗词歌赋中，牡丹亦备受青睐，"唯有牡丹真国色""天香夜染衣，国色朝酣酒""共道牡丹时，相随买花去"，可知牡丹被人们所喜爱。

牡丹文化所代表的富贵、雍容、大方是历史发展的结果，它得益于上层社会诗人、贵族世家的推崇，表达了人们对未来富贵和美好的愿望。

相关小知识

芍药：芍药在中国的历史上源远流长，在牡丹未得名之前，牡丹与芍药都被称作芍药花。芍药的花极其艳丽，早在古代就被人们看作爱情的代表，又被人们誉为"花中仙子"或者"花中丞相"，可与牡丹争艳，是中国十大名花之一。在现代，芍药又被人叫作"五月花神"，被尊为七夕节的代表花卉。芍药除了极具观赏价值外，还有很大的食用价值。芍药花粥、芍药花饼、芍药花茶等，都具有独特的口味。此外，芍药更是具有医药价值。传说芍药本就不是凡间花种，有一年人间瘟疫，花神为了拯救世人，盗了王母的仙丹撒下人间，芍药花从此在人间盛开。

葡萄多子：多子多孙，儿孙满堂

葡萄的果实堆叠密集，并且果实中含有许多籽，通常代表多子多福的观念，意义在于祈福求子。家中栽种葡萄，从来就被当作一种文化的彰显，其在中国的园林艺术与庭院文化方面具有重要的意义，所以被当作吉祥文化的重要组成部分。

第七章 吉祥文化之图腾篇

我国早有关于野葡萄的记载,最早见于《诗经》,《诗·周南·蓼木》:"南有蓼木,葛藟萦之;乐只君子,福履绥之",在《诗·王风·葛藟》中写道:"绵绵葛藟,在河之浒。终远兄弟,谓他人父,亦莫我顾",《诗经》中把葡萄叫作葛藟,由此可知葡萄一词是从别处演化而来,有文献记载,葡萄一词是从希腊语中翻译过来。据研究者发现,在100万年以前的法国南部,阳光充足,特别是在普罗旺斯地区,当时葡萄广泛生长在这一地区。后来,约是公元前138年,出使西域的张骞从波斯引进了葡萄,从此在丝绸之路的沿线,葡萄被广为种植。经过千百年的发展,葡萄开始在中国的广大地区栽培。唐代诗人王翰在《凉州词》中写道:"葡萄美酒夜光杯,欲饮琵琶马上催。醉卧沙场君莫笑,古来征战几人回。"元朝的郑允端在《葡萄》中写道:"满匡圆实骊珠滑,入口甘香冰玉寒。若使文园知此味,露华应不乞金盘。"清代的陈维崧在《清玉案·夏日怀燕市葡萄》中写道:"风窗冰碗谁消暑?记百颗,堆盘处。掬罢盈盈娇欲语。轻明晶透,芳鲜圆绽,小摘西山雨。"葡萄美味,自古在人们口中广被赞誉。

葡萄在中国是很常见的吉祥图案,种下一颗葡萄籽便可以生长出长长的葡萄藤,葡萄藤继续生长,葡萄也就越结越多,于是有着"人丁兴旺""一本万利"的寓意,由此还被人们当作美好生活的象征。自古以来,葡萄图案被描绘在各种纺织品、铜镜、瓷器等制品中。经过一段时间的发展,葡萄文化开始被紫砂艺人驾轻就熟地运用到紫砂壶的制作中。

葡萄晶莹剔透、美观,种在庭院中,既可以食用还可以观赏,到了夏天,葡萄藤下是乘凉的好去处。在以农业为主的古代时期,葡萄多"子"的形象恰巧与劳动力的需求相符合,于是葡萄所带表的多子多福的文化在广大地区流行开来。

相关小知识

中国的庭院文化:现代建筑物的材料大多是钢筋和混凝土,它们的出现让建筑物产生了极大的飞跃。现代的大楼鳞次栉比却显得千篇一律，虽然实现了"大庇天下寒士俱欢颜"的愿望，却也少了一份中国传统中庭院文化的韵味。中国古代的建筑中，院子与房屋相结合，材料主要以木头为主，错落有致，中国人称之为"庭院"。中国的庭院文化已经有了上千年的历史，是研究中国传统文化不可缺少的一部分。中国人对庭院有着深深的眷恋之情，虽然时光流转，岁月变迁，中国人对于庭院的热爱始终未减。只需几间木房，一个小院子，院中种上几棵树、几株花，看叶生叶落，赏花开花谢，望云卷云舒，等春去秋来，于大多数中国人而言，已经是心中向往的桃花源了。

鲤鱼跳龙门：科举及第，功成名就

　　鲤鱼跳龙门常用来比喻科举考试，后来则比喻升官、中举等飞黄腾达的事情，鲤鱼跳龙门还常常被用来比喻逆流而上、奋发向上。

　　最早与鲤鱼跳龙门有关的记载出现在战国末期，战国末期史官著书《竹书纪年》，其中就有关于"龙门赤河"的记载，后来在汉代的典籍中出现了"鱼化为龙"的故事，所以鲤鱼跳龙门的故事完全形成于西汉初年。在各种书籍中也有关于鲤鱼跳龙门的记载，无外乎都表达着吉祥的寓意，在《埤雅·释鱼》中说道："俗说鱼跃龙门，过而为龙，唯鲤或然。"在李元的《蠕范·物体》中有写道："鲤……黄者每岁季春逆流登龙门山，天火自后烧其尾，则化为龙。"在《神童诗》有写："少年初登第，皇都得意回，禹门三尺浪，平地一声雷。"由此可见鲤鱼跳龙门早已成为文人笔下常写的吉祥事物。

　　传说在很久以前，位于龙溪河畔的乡民们过着男耕女织的幸福生活。

后来，不知从哪里飞来了一条黄色的孽龙，在村子里作恶多端，破坏庄稼、残害生灵，村民们原本平静的生活被打乱了。孽龙在村子里成了无人能治的妖魔，在每年的六月六日，更是逼迫人们献上一对童男童女和牛羊供它享用。若是村民们没按照孽龙的说法做，那么它就要破坏庄稼、吞噬人畜，害得村民们叫苦连天。这时，住在峡口镇的一位姑娘，名叫玉姑，决心除掉这条恶龙。玉姑知道云台仙子的住处，便几次去寻找云台仙子帮忙，可云台仙子并不在家，直到一天清晨，玉姑终于见到了云台仙子，仙子被玉姑的诚心所打动，就对玉姑说道："在这西边有个鲤鱼洞，洞里有个鲤鱼仙子，她会帮你的忙。"于是玉姑辞别了云台仙子，历经千山万水来到了鲤鱼洞，见到了鲤鱼仙子，将心中的话都说了出来。鲤鱼仙子看到玉姑的可怜模样，便对玉姑说："要想杀掉孽龙，只有一个办法，你必须变成一条鲤鱼，到时候冲进孽龙的肚子里，将其杀死。"玉姑答道："为了村民，为了那些无辜死去的儿童，我玉姑宁愿变成鲤鱼。"鲤鱼仙子见玉姑心诚志嘉，便朝玉姑头顶吹了三口气，顿时玉姑变成了一条美丽的红鲤鱼。于是小红鲤鱼逆流而上，经过一个月游回了家乡。在河的南岸，乡亲们正准备把一对童男童女和牛羊送到孽龙的住处，只是那对童男童女早已哭成了泪人。孽龙见到近在眼前的美食，早已垂涎三尺，将口张得极大。就在这时，小红鲤鱼从水中蹿进了孽龙的肚子里，东戳西刺，将孽龙的五脏六腑都弄伤了，孽龙倒在了地上，不断地挣扎，最后便一动不动了。孽龙死了，可是小红鲤鱼也葬身孽龙的肚子里。后来，村民们知道小红鲤鱼就是玉姑后，就在峡口镇的某山上建起了一座鲤鱼庙缅怀玉姑，至今在宁河地区，还流传着鲤鱼跳龙门的故事。

李白道："黄河三尺鲤，本在孟津居，点额不成龙，归来伴凡鱼。"这首诗纪念便是一个有鲤鱼跳龙门的故事，传说住在黄河的鲤鱼听说龙门风光好，便都赶往参观。它们从孟津出发，经过洛河，到了龙门处，没了水路。一条大鲤鱼说道："我试试跳过这个龙门怎么样？"伙伴们都七嘴八舌的议论起来，没有人敢跳。大鲤鱼于是自告奋勇，纵身一跃，到了半空中，空中的云朵和雨都跟着它往前走，可就在这时，一团火从它的身后追了过来，将大鲤鱼的尾巴给烧掉了。大鲤鱼忍着伤痛，继续往前飞跃，终于越过了龙门山，落到湖水里，一下子变成了一条巨龙。这时对面的伙伴都被惊吓住了，于是巨龙说道："我就是你们的伙伴大鲤鱼，跳过龙门，就可以变成龙了，你们也要勇敢的放开跳。"鲤鱼们听了这话，都一个个地拼尽全力跳，没有跳过去的从空中掉下来，额头上便长了一个黑疤。

鲤鱼越过龙门而摇身一变，有着破茧成蝶的意义，忙于科举的举子，跨过科举这道门，便从此改变了人生的轨迹。

相关小知识

龙的形象：龙是中华民族的象征，西方人常称中国为东方的一条巨龙，我们也自称龙的传人，那么龙是如何形成和演化的呢？

首先来说龙的身体构造。古时候，自然界风云变幻，人们对许多自然现象无法做出科学的解释，便幻想出一个生物作为族群的图腾，以求庇佑。这个生物既能拘神遣将，又能呼风唤雨，可谓踢天弄井无所不能。这一生物便是龙。宋人罗愿为《尔雅》所作的补充《尔雅翼》中，对龙进行了一番描述："角似鹿、头似驼、眼似兔、项似蛇、腹似蜃、鳞似鱼、爪似鹰、掌似虎、耳似牛"；明代李时珍的《本草纲目》也有记载："龙有九似：头似蛇，角似鹿，眼似兔，耳似牛，项似蛇，腹似蜃，鳞似鲤，爪似鹰，掌似虎，是也。"由此可以看出，不同朝代的不同学者对龙的身体构造也各抒己见，但有一点相同，即他们都将九种动物的形象杂糅形成龙的形象。这是因为在古代，人们认为九为阳数，代表无极，表示龙有数不尽的神力；同时中国自古又有"九九归一"的说法，"龙有九似"一定程度上寄托了人们对华夏统一、民族团结的美好向往。

燕子富贵：燕燕于飞，满园春色

燕子，学名家燕。它的体形一般较小，翅膀尖而长，尾巴分开似剪刀。由于它羽衣为单黑色，人们便给它取了个雅名，称作"乌衣"。

燕子在古时又称为玄鸟、元鸟、乌衣侣等，因体态轻盈，还有"天女"之美称。常在树洞中营巢，或在沙岸上钻穴，或把泥黏在房顶、屋檐的墙上用来做巢。

从古至今燕子就是百姓极钟爱的生灵，歌咏燕子的诗词妙句也数不胜数。诸如"思为双飞燕，衔泥巢君屋""细雨鱼儿出，微风燕子斜""燕子家家入，杨花处处飞"等。

可是为什么人们如此喜爱燕子呢？原来在民间百姓心目中，燕子是一种寓意春天来临，象征着富贵吉祥的益鸟。

"小燕子，穿花衣，年年春天来这里，要问燕子它为啥来，这里的春天最美丽。"这样脍炙人口的歌谣在我们每一个人的童年里都响起过，它揭示了燕子与春天的密切关系：古人认为燕子是美丽的天使、报春的精灵，为人们传递着春天到来的讯息，可以带来满园春色。

早在几千年前，人们就发现了燕子秋去春回的规律。相传在春秋时代，吴王有一位宫女，她曾将一只燕子的脚爪剪去，观察它是否能在第二年飞回原地。晋代傅咸也用此法观测过，果然这只燕子次年春天又飞回来了。

燕子可以知晓春天到来的这一特点，还给不少文人创作带来了灵感。例如杜甫的《绝句》"泥融飞燕子，沙暖睡鸳鸯"和白居易的《钱塘湖春行》"几处早莺争暖树，谁家新燕啄春泥"等。

古人不仅认为燕子随春而来，是报春的使者，让大地的花草树木舞动起来，还认为燕子是富贵吉祥的象征。如果有燕子飞到家来，说明这家人将财源滚滚，红运当头。

早在西周时期，小燕子的祖先们就曾经为百姓幸福的生活立下了汗马之功。相传西周王姬发打了败仗，被迫逃到一个荒山野岭，又累又饿，连随从也都奄奄一息了。这时小燕子衔食相济，不惜牺牲自己，才使西周王走出了困境，后来推翻了商纣王，这才让百姓过上了幸福欢乐的好日子。

至于燕子报恩，带来富贵的故事更是家喻户晓。从前有位老婆婆，她的儿子和媳妇都不在了，只留下一个孙子陪她，这个孙子名叫吴良。老婆婆含辛茹苦把孙子养育成人，但吴良长大后性格暴躁蛮横，十分自私。一天吴良正在睡懒觉，却被屋檐下的七只燕子吵醒了。暴怒的吴良抓起一根竹竿就跑到了屋檐下，朝檐下的燕子窝一通猛打。不一会燕巢就破了，五个小雏燕重重摔在地上，两只大燕子也都被吴良给打死了。这时老婆婆担水回来看到了这一幕，刚想教训吴良，反而被吴良嫌弃唠叨，赶出了家门，搬到对面的草棚里住了。那七只燕子，六只已经死去，只有一只还活着。老婆婆就把六只死燕子埋在草棚后面，捉虫喂养唯一活着的小燕子。

一天天过去，这只小燕子也长大了。一天，这只燕子从外面觅食回来时吐出一颗南瓜籽，放到老婆婆的手掌心上，口中还唱到："南瓜籽，种门口。住大屋，不用愁！"

听到燕子这样唱，老婆婆便把南瓜籽埋在了门口泥地里。不一会儿的工夫，门口长出了一棵南瓜秧，很快结出了大南瓜。从南瓜里蹦出来了几个"南瓜勇士"，这几个"南瓜勇士"给婆婆盖了新瓦房，还教训了吴良一顿。

从此，燕子在百姓心目中就有了知恩图报，可以给勤劳善良的人带来财富的美好形象，成了人们十分喜爱的"吉祥之鸟"。民间还有乳燕反哺的说法，钟敬文老先生在《中国民谭形式》中归纳中国民间故事的类型，其中就有"燕子报恩"一类，可见，燕子报恩在民俗中是很普遍的。

面对可以带来满园春色与富贵吉祥的燕子，百姓十分"宽容"，就算是燕子随便飞进屋在梁上筑巢，也不生气，反而有"燕子闹堂，家中吉祥"

之说。而且燕子古称"紫燕",百姓极欢迎燕子进家筑巢,寓意"紫气东来,人丁兴旺"。"做面燕,捏龙凤,描花画叶欢吉庆。"若到了清明节,家家户户还会做面燕,以迎春祈丰收。

相关小知识

燕窝:又称燕菜、燕根等,燕窝是雨燕科几种金丝燕分泌的唾液及其绒羽混合黏结其他物质所筑成的巢穴。因其含有丰富的糖类、有机酸、游离氨基酸以及唾液酸,具有滋阴润燥、补中益气等功效,自古以为都被视作高级营养品,是传统名贵食品之一。

燕窝按筑巢的地方可分为"屋燕"和"洞燕"两种,洞燕因受所在洞穴的矿物质影响,导致颜色有所不同,有红燕、白燕、黄燕之分,而屋燕因为环境单一,则只有象牙白一种颜色。

蟾蜍:吐宝不绝,财源绵绵

从古至今,商家在进门的地方会摆放一种造型奇特的动物。它有着硕大的嘴、暴凸的眼珠、满身的疙瘩,身上却堆满了钱币,有的连嘴巴里都含着铜钱。它形似青蛙,却不是青蛙,它的名字叫蟾蜍。

蟾蜍,也叫蛤蟆。两栖动物,背部表面有许多疙瘩,体内有毒腺,俗称癞蛤蟆、癞刺、癞疙宝。

蟾蜍在我国各地均有分布。因为其皮肤易失水分,故白天多会潜伏隐蔽,夜晚及黄昏才会出来活动,且喜隐蔽在泥穴、潮湿石下、草丛内与水沟边。蟾蜍在夜间捕食以蛾类、蜗牛、蝇蛆等害虫为食,是出了名的有益小动物。

早在《淮南子·原道训》中就有蟾蜍捉害虫的记载："夫释大道而任小数，无以异于使蟹捕鼠，蟾蜍捕蚤。"后来人们对蟾蜍了解越多，记载也越来越多。汉代张衡在《西京赋》中说："蟾蜍与龟，水人弄蛇。"唐时杜甫《八月十五夜月》诗之二中这样记载："刁斗皆催晓，蟾蜍且自倾。"

蟾蜍的耳后腺和皮肤腺分泌的白色黏液叫蟾酥，可入药。在《本草纲目》中还有记载，蟾皮是一种能治疗恶肿等疑难杂症的天然药材。

这样"多才多艺"的蟾蜍自然深受人们的喜爱，受到人们的追捧，也成为了人们餐桌上的常客。清代王应奎在其《柳南随笔》卷二中写道："徐启新为子延师而供膳甚菲。邨中四五月间人多食蛙者，然必从市中买之。启新以蟾诸类蛙，而堦下颇伙，即命童子取以供师。"

可是就因为它是有益动物，是医病妙药，商家就纷纷把它摆放在商店门口吗？蟾蜍寓意着财源兴旺，生活幸福美好，这其中还有不少传说。

一说，古时有一只蟾蜍精，他很喜欢咬钱，但他咬回钱财却不懂得如何用，只知道把那一带人家的钱财咬光，害得家家都沦为乞丐。因此太乙真人上告玉皇大帝，请求派神仙降伏此精。而众神明中只有韩湘子的箫音可以制服此只蟾蜍，于是玉皇大帝便派韩湘子下凡伏妖。当韩湘子吹箫时，此蟾蜍精就跳过来倾听，韩湘子趁其听得如痴如醉之时，一把就抓住了此蟾蜍精。

韩湘子降伏此蟾蜍精之后，就让他把咬回来的钱财吐出来分给穷人。考虑周到的韩湘子怕蟾蜍精法力越来越高强，以后就会不受控制，故折断其一只后腿，就成了一只三脚蟾蜍。其用意就是希望蟾蜍变成三只脚后，跳动不便，当他再咬钱回家后，就不会想往外跑了。

另一说，便是中国民间流传的"刘海戏金蟾，步步钓金钱"的故事了。传说吕洞宾的弟子刘海功力高深，喜欢周游四海，降魔伏妖，布施穷苦人，造福人世。一日，他降服了一只长年危害百姓的金蟾妖精，在过程中金蟾受了伤，被刘海断了一脚，故日后只余了三脚。自此金蟾臣服于刘海门下，为求将功赎罪，金蟾使出咬进金银财宝的绝活，助刘海造福世人，发散钱财，帮助穷苦人。人们奇之，称其为招财蟾。

不论哪种说法，这只三脚蟾蜍从此就在百姓心中成为了招财聚财、使人富庶的瑞兽，民间还有了"得金蟾者必大富"的俗语。人们还将蟾蜍的形象刻画在年画、剪纸及工艺品中，用以寄托"吐宝发财，财源广进"的美好愿望。

作为象征财禄满贯的吉祥物，蟾蜍还常常被百姓直接摆放在家中用以提升财运。但这三脚金蟾可不是胡乱放置的，其中有很多讲究。

首先，百姓十分注重开过光的金蟾第一次的摆放使用时间。一般都取早上七点至九点这一时间段，因为此时辰被百姓认为是一天中最有利的一个阶段，被称为"龙抬头"的时辰。

其次，在摆放方位上也十分讲究。这三脚金蟾的吉祥摆件一般分为口含金钱与口不含金钱的两种。口中含有钱的金蟾在摆放时，嘴冲屋内，取"吐财"之意，不含钱的金蟾就冲屋外，取"吸财"之意。

还有人早上让蟾蜍的头朝门外摆放，即让蟾蜍对外咬钱；晚上则将蟾蜍的头朝内摆放，即让蟾蜍将今日咬的钱放入金库。另外将头向外摆放时对它说："出去咬钱了！"将头对内摆时对它说："咬钱进来吧！"

相关小知识

八仙过海：八仙过海是一种流传最广的中国民间传说。八仙分别为汉钟离、张果老、韩湘子、铁拐李、吕洞宾、何仙姑、蓝采和及曹国舅。

八仙最脍炙人口的故事之一，最早见于杂剧《争玉板八仙过海》中。相传白云仙长有回于蓬莱仙岛牡丹盛开时，邀请八仙及五圣共襄盛举，回程时铁拐李建议不搭船而各自想办法，就是后来"八仙过海、各显神通"或"八仙过海、各凭本事"的起源。后来，人们把这个典故用来比喻那些依靠自己的特别能力而创造奇迹的事。

第八章 吉祥文化之语数篇

语言是人们彼此之间交流的工具，在吉祥文化中，吉祥文字和吉祥数字占有重要的地位。吉祥文字是指基本含义吉祥，或在人们生活中赋予某种特定吉祥含义的文字。这些吉祥文字被认为美好的字，蕴含了生活的祝福和期待。吉祥数字在中国文化和民俗中更是极具特色，在传统的文化习俗中，数字不仅代表数量多少，同时也隐含着吉凶的寓意。在吉祥数字中，有大数吉祥，也有小数吉祥，还有谐音和引申义吉祥等，种类十分丰富。

福：五福临门，幸福安康

"福"字吉祥，与"祸"字意义相对，通常指生活一切顺利、幸运。"福"代表福气、福运、幸福，并且与祈福、祝福以及一切美好的祝愿吉祥语息息相关，从古至今一直都是祥瑞、美好等吉祥寓意的统称，不仅是中国文化的根基与归宿，寄托人们对幸福生活的无限向往和美好祝愿，也在最大限度上体现出中华民族自古以来在物质和精神方面的双重追求。

福的历史悠久，源远流长，而且内涵极为丰富，包含了人类在生产、生活、思想、文化、民俗、艺术等方面内容，也超越了地域、政治、社会、民族、宗教和时空。在我国远古时期，就有祈福、崇福、祝福、种福、盼福、惜福等传统文化和仪式，因此"福"在传统文化中具有广泛的认同共鸣和心理基础。

"福"字是中国最古老、美好、吉祥的文字之一，也是最受欢迎，最具影响力，使用最广泛的文字之一。早在甲骨文时期，"福"字就已经出现，字形是一个盛酒的祭祀器具，摆放在神面前。由于古代的酒是用粮食酿造的，因此古人用美酒象征富裕的生活。"福"字由示、一、口和田四部分组成，示，代表神祇，与敬神祭祀有关；田，代表耕地、采集和打猎；一字在《说文》中解释说："一，惟初太始，道立于一，造分天地，化成万物"，所以代表太初之始；口字在《说文》解释说："口，人所以言食也。"因此代表吃饭说话，即嘴里吃着饭，同时赞美神祇的保佑。所以在这个"福"字中，寄托了中国百姓美好吉祥的愿望，古代民谣说"一口田，衣禄全"，体现了百姓祈求从田地里获得丰收，不仅要温饱，还要富裕。

在《说文解字》里说"福"是"示"字旁，与祈祷祭祀有关。古代的祭祀是为求得老天或神祖保佑，《左传·庄公十年》里说"小信未孚，神弗福也"，意思是说一个人的诚心没有达到令人感动的地步，那么天神是不会保佑他的。古人祭祀之后，要把祭品分送给人，叫作"致福"或"归福"，由此引申出"幸福"的意义，成为"福"字在今天最常用的含义。随着历史的发展进步，福字的内涵也变得越来越丰富多彩。在《尚书》中记载："五福：一曰寿，二曰富，三曰康宁，四曰攸好德，五曰考终命。"这就是人们常说的"五福全备"：一是长寿，二是富裕，三是康宁，四是修好品德，五是寿终正寝。战国时期的哲学家韩非子认为"全寿富贵谓之福"，这些都是人们对福的内涵进行分类，把福的形式和内容具体化。此外，从福字的内涵解释来看，"福"在中国文化中不仅是指物质满足，还有精神层面上的满足，以及对美好生活的追求。当评价一个人"有福"时，是包含了精神、物质、生活、事业、运气等多方面内容。

作为我国最古老的民俗文化之一，春节贴"福"字，从古至今都寄托了人们对幸福生活的向往，以及对美好未来的祝愿和期盼。据《梦粱录》记载："岁旦在迩，席铺百货，画门神桃符，迎春牌儿……"；"士庶家不论大小，俱洒扫门闾，去尘秽，净庭户，换门神，挂钟馗，钉桃符，贴春牌，祭拜祖宗"。这里的"贴春牌"即是写在红纸上的"福"字。由此可见，春节贴"福"是民间由来已久的风俗。传说，汉族民间贴"福"的风俗起源于姜太公封神的时候。商周大战结束之后，姜子牙奉命封神，等各路神仙都已经安排分派妥当，姜太公那个又丑陋又粗俗的老婆跑来大吵大闹，非要讨个神位不可。姜太公无可奈何，就给她封了一个"穷神"，并且定下规矩，凡是贴了"福"字的地方，穷神是不能去的。于是，每逢新春佳节，家家户户都在屋门上、墙壁上、门楣上贴"福"字，并且燃放鞭炮，老百姓贴"福"字的目的，就是要驱逐这个令人讨厌的"穷神"。

在民间风俗中，百姓为了更充分展示对幸福的向往和祝愿，也有故意将"福"倒过来贴的，表示"福已到"。而"福"字倒贴的习俗，有这样一个故事：这一年春节前夕，和珅府里的大管家为讨主子欢心，照例写了许多"福"字，让仆人贴到和珅府大门和库房上，这些仆人中有一个不认识字的，他误将大门上的"福"字贴倒了，门口路过的行人都笑着说，和珅家的"福"倒了。和珅到门外一看，顿时大为恼火，但是大管家能言善辩，跪到地上说："奴才听人说，大人寿高福大，如今大福真的到了，此乃天降祥瑞，是吉庆之兆。"和珅听完了心想，过往的行人都说和珅家福到（倒）了，正所谓吉语说千遍，金银增万贯，这真是天降的祥瑞之兆。于是他心花怒放，重赏了管家和那个贴倒"福"的仆人。此后，很多达官贵人都模仿和珅家，故意将大门上的"福"字倒贴，这一风俗就从官宦府第传入百姓人家，大家都希望过往的行人或者顽童嘴里念叨几句："福到了，福到了！"

"福"字文化在民间源远流长，人们将"福"字精描细做，制成各种图案，并与其他吉祥符号进行组合，比如龙凤呈祥、寿星、鲤鱼跳龙门、寿桃、五谷丰登等，展现出更加丰富的吉祥内容。

相关小知识

五福六极："五福临门"这个成语在民间可谓人尽皆知。五福的说法，来源于我国最早的一部历史文献、被历代尊为六经之一的《尚书·洪范》，文中明确提出了人生有五福、六不幸，即五福六极。长寿是五福之首，而早死是第一不幸。五福为：寿，富，康宁，攸好德，考终命。六极为：凶、短、折、疾、忧、贫、恶、弱。用现代的语言来说，五种幸福是长寿、富贵、健康平安、修行美德、长寿善终；六种不幸是短命夭折、疾病、忧愁、贫穷、丑恶、懦弱。《尚书·洪范》是后人根据箕子的话写成，相传周灭商后二年，箕子向周武王提出了帝王治理国家要遵守的"洪范九畴"，即各种统治手段，其中劝勉臣民用五福，惩戒罪恶用六极。这些著作体现了古人的幸福观念，历代王朝的统治者对这些观念和方法十分重视，对后世民间影响也十分深远。

禄：禄神临世，高官厚禄

提到禄字，许多人便会立即想到另外一个字：福。的确，禄是从福字中分化出来的一个主题意义。《说文解字》这样解释道："禄，福也"，用现在的话解释就是福气、运气。商周时期，若臣子能够接受君王授予的爵位，那便是"福"；若能够得到君王赏赐的礼物，那便是"禄"。后来秦始皇统一六国，中国进入封建社会，官员实行薪俸制，官职越高，薪俸便越丰厚，即所谓的高官厚禄，从此，禄便逐渐转变成薪俸的意思。从这里可以看出，禄字从一开始，便代表了人们对于物质的追求，是世人心中吉祥的字眼。

探究禄字中包含的更多的吉祥意义，便不得不提一个词：禄神。其实关于禄的最早的神话并非禄神，而是一种名叫"禄"的异兽。相传它形状很像麒麟，头上只有一个角，背上生着一对翅膀，善于辨别声音，能够明察事情的是非曲直。但关于异兽禄的神话传说不多，反而后来创造的中国四柱神煞之一的禄神香火不断，逐渐流行了起来。关于禄神，历来有许多说法，最为大家认可的是禄神比干。在中国的神话体系中，早期的神仙并不多，而且想要成为"仙籍"认可的神仙非常困难，所以能够被世人香火朝拜的神仙屈指可数。后来世人逐渐繁衍，凡人越来越多，"自学成才"修成神仙的野狐禅也越来越多，玉皇大帝深感治理人间非常麻烦，还要疲于应付那些争着入仙籍的神仙们，于是借商周大战之机，挑选许多修为高、品格高的人进入仙籍，直接成为神仙，帮助他管理人间。比干是轩辕氏后裔，修为有法，品格高尚，他在世间身死之后，被玉皇大帝挑选，位列仙班，成为"文曲星"，又叫"魁星"，掌管人间文运，成为世俗之中文人的保护神。隋唐时期开始科举制，文人一旦通过科举考试，便能够做官发财，从此，

第八章 吉祥文化之语数篇

比干又被世人称作"官禄之神",即禄神。中国古代的天文学家们也因此将北斗七星的正前方六颗星中第六颗星叫作禄星。

最早出现"禄神"这个名字和关于他的神话传说,是在西周,但当时信奉它的人并不多,直到西汉时期,它才逐渐得到了人们的公认。禄神真正的香火旺盛,是在距离西汉几百年的隋唐时期。隋朝发明了科举制,唐朝大大完善和发展使其繁荣。科举制一改前朝九品中正制或者察举制,不再需要公卿大臣和州郡长官的推荐,从一定程度上将血缘世袭制度和氏族垄断的权力打破和削减。寒门学子只要经过刻苦努力的读书,便有可能成为权力中枢的一分子。唯一遗憾的是,这条路实在太过狭隘了,所谓千万人争过独木桥,寒门学子要通过各级考试与选拔,表现极为出类拔萃者,才有可能得到官位。许多落榜之人悲愤之余,便想起了禄星,于是官禄之神比干的香火一下子旺盛起来。全国无论富贵贫贱,争相祈祷拜叩,希望得到大名鼎鼎的禄神——文曲星的帮助。

科举制的长期推行必然决定着禄神热度的长久不衰,到了宋朝,统治者在四川锦阳建造文昌大庙,以供天下学子祭祀供奉,后来又铸造了禄神的铁神像,全像由钢铁打造,大致是一位朝廷大员的形象,神像左右两侧有贴身童仆伺候,以显其身份卓然不凡,重达12000斤。值得一提的是,不知是真的有神灵护卫还是由于神像过于沉重,神像建成后,经过许多战乱,但它始终未曾毁掉,直至今天依然存在。到了明朝,禄神蕴含的吉祥意义又被加了一层——送子神仙。相传送子神仙为张仙,北宋文人笔记中记载了这样一则趣事:唐宋八大家之一的苏洵在一首诗中说,他两个儿子苏轼和苏辙,俱是由张仙托梦送来。后来苏轼苏辙两兄弟同一年参加科举考试,在同一个考场都考中了进士,一时间朝野为之轰动,送子神仙张仙之名也因此传扬。后来阴差阳错,传到了明朝,送子神仙就变成了禄神,而禄神便是比干,所以禄神比干又有了送子的新功能。

禄在古代人民心目中的位置如此重要,因此许多地方都有关于祭祀禄神的活动。有的地方举行的是"跳加官"的表演:一人扮禄神,身着大红官袍，面带一副笑容可掬的白色面具，手捧巨大朝笏，朝笏上几个大字，分明写着：当朝一品。在台上绕几圈下场，再抱道具孩子登场，绕圈，最后拿一条幅，上写：加官进禄，向观众展示，下面观众便哄然叫好。仿佛自己已经受了禄神的祝福，将来准会由禄神赐予官运。在闽东一带，又有另一种游戏：学子们用花生、榛子、桂圆代表探花、榜眼、状元，由一人手执三种干果向桌子上抛掷，学子们皆围在一旁，哪种干果滚落到学子面前，便表示此人将来会中哪种功名。现代学者认为，这是古代的向禄神占卜功名的仪式的演化。

古代禄神香火旺盛，连绵不绝，是因为学子们个个都想考取功名，加官进禄，代表了古代人对于物质上的吉祥的寓意。禄神实禄丰厚、加官进禄的吉祥寓意也一直保留到了今天。

相关小知识

北斗七星：北斗七星是天空中的七颗星，古人分别将它们命名为天枢、天璇、天玑、天权、玉衡、开阳、瑶光，因为七颗星组成的形状奇特，将它们串联起来很像一柄勺子，即古代舀酒用的斗，所以古人将它们称为"北斗七星"。其中，天枢、天璇、天玑、天权组成的形状像斗身，玉衡、开阳、瑶光组成的形状像斗柄。北斗七星的发现和命名是中国古代天文学和人民充满浪漫色彩的幻想相结合的表现。古人们经过细心的观察记录，发现并总结出一个规律，那就是北斗星在不同的方位出现，便表示不同的季节和时间。比如，夜幕刚刚降临时的北斗七星，如果斗的柄是指向东的方向，那么就是春季。以此类推，如果初夜时斗柄指向南，那么便是夏；斗柄指向西，则是秋季；斗柄指向北，则为冬季。

寿：长寿长存，国泰民安

寿文化是中国吉祥文化的一种。在《说文解字》中这样解释道："寿，久也"，可见寿字很早就被赋予了长久的含义。因此寿字虽然只是单一的字，却是用来祝福人的最好、最广义的字眼之一：用它来祝福人，表示人长寿；用它来祝福国家，表示国家永固；用它来祝福某些珍贵的物品，表示物品永存。用一个"寿"字来招福纳祥，期盼追求高龄长寿、健康如意，寄托人们美好的希望、祝福与向往，早已成为中华民族最常见也最美好的社会风尚。

关于"寿"这个字的产生有许多种说法，但最为大家认可的是这样的：先民造字之始，采用象形造字法，许多事物都有了自己相应的文字符号，可是独独寿没有。因为寿没有具体的形象，所以很难将它从远古的神话中剥离。直到商代，商朝人开始用"畴"字来表示寿的意思，因为畴字是田垄的意思，当时的田垄弯弯曲曲，庄稼随形就势而长，看上去像是没有尽头，大家觉得可以用它来表示长久，便约定俗成，用畴字作寿意。后来经过一代代的演变和简化，才有了今天的寿字。而寿文化，在创造"畴"字的时候，便已经发展起来了，这在《诗经》《老子》等书中都有记载。

几千年的中华文化在不断发展，寿文化也在中华文化的庇护之下不断完善和扩充。例如有关于寿的成语：寿比南山、万寿无疆、延年益寿等；有关于寿的日常用语：健康长寿，人寿年丰等；有关于寿的古诗词"神龟虽寿，犹有竟时""文康调笑麒麟起，一曲飞龙寿天地"等；祝寿品有寿联、寿桃、长寿面等；丧葬里有寿穴、寿衣等；老人六十岁称为初寿、八十岁称为中寿、一百岁称为高寿，七十七岁称喜寿、八十八岁称米寿、九十九岁称白寿；古代皇帝们的寿辰称为"圣寿节"，唐玄宗生日叫"千秋节"，唐宣宗生日叫"寿昌节"，明代以后，皇帝生辰统称"万寿节"，皇后则统称"千秋节"；中华文化中最长寿的人是彭祖……

丰富多样的寿文化令人数不胜数，当然，更具代表性和审美蕴藉性当属字画中的寿文化。书法中的"寿"，早已被一代代的书法家们图案化、概念化和艺术化了。它已经不仅仅作为一个字，更成为代表期盼、祝福等意义的吉祥符号，无论是隶书、楷书、草书还是行书，都赋予了它这样的含义。画中的"寿"，多为画寿星。男寿星当然是中华神话中"福禄寿"三星中的老寿星，通常被画作一个白胡子老头，最明显的标志是他大大的头颅上那高高的额头，他一只手拄着鹿杖，腰间挂了一个宝葫芦，身旁鹿鹤相随，另一只手托着个硕大的仙桃，笑容可掬。而女寿星则是"麻姑献寿图"中的麻姑。相传，麻姑以灵芝酿成寿酒，献与王母娘娘饮用，王母娘娘甚喜，便封她为寿仙。因此后人便作"麻姑献寿图"以纪念。除了画寿星，人们还画上长青的松柏、长寿的龟鹤和大自然中的日月山川等来象征长寿。

当然，无论物也好，玩也好，寿字最贴近的还是人。因此，尊老敬老、给老人做寿便成为极具中华文化特色的、极具人情味儿的一个主题。经过千年文化的积淀和发展，做寿已经成为寿文化中一个不可或缺的内容。民间老人的生日，除了有初寿、中寿、高寿等区分之外，还把六十岁的寿诞叫作花甲寿，七十岁的寿诞叫作古稀寿，八十岁至九十岁叫作耄耋寿，一百岁叫作期颐寿。给老人祝寿时，要先由寿星之子发出精美的请柬，亲朋好友收到请柬之后，要携带寿礼、祝寿字画等如期而至。拜寿的仪式也有严格的程序，整个过程绝不能有丝毫马虎。

中国人对于寿文化的追求，细细研究就会发现其中包含的丰富的吉祥意义。它是中国人民对于这一套汉族伦理规范的广泛认同，也是同孝文化等许多文化共同的道德律令。老人的长寿象征着国家的强大、社会的安定、家庭的安宁祥和，一个简单的寿字，其中包含着多少吉祥的寓意啊！

相关小知识

寿与生日区别：我们都知道，寿辰和生日虽然叫法不同，实际上是一回事，但二者之间还是有一定区别的。

平时，我们说过生日，主要是针对年轻人而言，没有哪个年轻人说给自己做寿的。而给老年人过生日的时候，往往会隆重和正式一些，这时的庆生也有了"做寿"的名号。为什么是这样呢？这里是有学问的。

按照传统习俗，只有六十岁以上的老年人才有"做寿"的资格，不满六十岁的人庆生就是过生日。如果一个人不满六十岁就说要给自己做寿，在民间看来，不是做寿，而是"折寿"了。

那么，"寿"与生日的界限为什么要定在六十岁呢？这时因为，天干地支六十年一个轮回。民间认为，一个人过了六十岁，就意味着他已经度过了一个完整的宇宙周期。所以，一个人一旦过了六十岁，就是老人了，就和普通人不一样了。所以，人过了六十岁，逢他们生日时，便可以接受子孙的祝拜。

富：迎神祭富，财丰物厚

富，属于形声字。从宀，畐声。意思是指安居乐业，吃喝无忧。并且与"福"字相通，古人们将富贵寿考定义为福。通过字形进行解读：宝盖头代表着家、家庭；中间的一横象征着安稳、安定；口字象征着人员、人口，人口代表了劳动力；田字象征着田地、土地，我国历史文明的代表是农业文明，土地意味着食物，食物即为财产。因此，根据以上结论判断，最初"富"的就是象征着家庭安稳、人口繁多以及土地广袤。

富字的本意代表财物丰盛，与贫穷是反义词，随着发展相继引申了富裕、充足等意义。《论语》记载着"贫而无论，富而无骄"，《荀子·王制》记载"王者富民，霸者富土"。

许慎的《说文解字》中记载"富，备也。一曰厚也"。由此而知，"富"的确象征着人的物质财富。物质财富在人生活中的作用，人人都知道，不用多说。所以，中国古代一部用于治理国家的典籍《洪范》将"富"划归"五福"之中："五福：一曰寿，二曰富，三曰康宁，四曰攸好德，五曰考终命。"后人认为"富"是："家丰财货也。"

中国文化里吉祥文字，就是象征美好的文字，古人曾说，"吉者，福善之事；祥者，嘉庆之征。"在《说文解字》里记载了"吉，善也；祥，福也"。富字凭借它饱满的寓意展示了古代人民对美好生活的期盼，所以把它定为吉祥文字。

在和富字的组合里，贵是第一。富贵两字不仅表达了人们对于高贵优越生活的向往，还从另一方面表达了富贵的人本身所流露的来自精神上的优越。《论语·颜渊》："商闻之矣：死生有命，富贵在天。"《东周列国志》第一百回记载："再说邯郸城中盼望救兵，无一至者，百姓力竭，纷纷有出降之议，赵王患之。有传舍吏子李同，说平原君曰：'百姓日乘城为守，而君安享富贵，谁肯为君尽力乎？'"同时《史记·魏公子列传》中记载"公子为人…不敢以其富贵骄士。"

同时和"富"进行组合的一些词语也流露出此类思想文化上的吉祥的味道。富甲（数一数二的富户）；富岁（收入好的年岁，就是丰年的意思）；富殖（拥有充足的货物）；富室（很有钱的人家）；富贵浮云（将财物视为烟云，嗤之以鼻）；富力（拥有很多的财产）；富赡（既有钱又有见识）；富贾（有钱的商人；象征富商）；等等。

在中国传统文化里，人们看重财富，同时把财富置于民间；中国传统文化分为治己与治人，统治者需要以身作则来教化民众；中国传统文化中形而上的思想彰显了财富在人生价值里的度量。中国传统文化里"富"问题上所彰显的此三类思想，让中国传统社会最终能够做到：不仅仅使民众富足，同时可以使风气得到修正，使民俗得到订正。总而言之，不可能成为一个没有贵族德义精神的大众社会，将变成一个君子社会，当变成了君子社会，国家和民族将真正变得强大。

在民俗文化里，"富"也包含着使命一样的重要意义。"迎富"的风俗大概从晚唐开始，唐宋时期在中国部分地区开始流行，最后在民间出现了迎财神的风俗。"迎富"意思是迎接祭拜"富神"、求取富贵的意思，就是把财富以及财运接到自己家。"富神"也就是"财神"，它象征着财富以及财运。从古至今的文献里记载的"富神"一共有这些化身：木质妇人、弃子（蓬叶）、被拾曰富、黄土、五通神。但对于"迎富"是哪天，有了三种说法：二月初二、"送穷"第二天"迎富"或"送穷"并且"迎富"。从唐宋到现在，每个地方"迎富"习俗存在各种表现方式：到野外采蓬来祭祀、迎富贵果子、郊游、接路头。这有力地证明了同一风俗在不同时期和区域的流传中传承和发展的统一。可它们都彰显了"富"在人们的生活里所具备的重要作用。

但"富"这个吉祥文字在人们生活里流露最为突出的当属逢年过节贴的对联而且特别是春节期间的对联，同时门匾上也可以发现"富"的痕迹，"富贵吉祥"四字一直紧密相关。总而言之，"富"字在中国文化的吉祥意思是非常重要的。

相关小知识

端木遗风：古人的财富观念，不仅仅在意财富的多少，对获取财富的途径也很在意。古人对财富的看法是："君子爱财，取之有道"，"利"的获取应该符合"义"的原则。对此最典型的例子，当属孔子的弟子子贡。子贡复姓端木，名赐，子贡是他的字，春秋末年卫国人。子贡是孔子的得意门生，孔门十哲之一。子贡不仅聪明好学、仁义孝道，更善于经商之道，富致千金，是孔子弟子中的首富，孔子曾称其为"瑚琏之器"。子贡诚信经商，依据市场行情的变化，贱买贵卖从中获利，以成巨富，他还坚持把财富作为他实现理想抱负的工具，这些行为为后世所推崇，称之为端木遗风。司马迁在《史记·货殖列传》中对子贡的言行记录有相当多的描述，评价颇高。

偶数：两两为偶，阴阳互转

　　数，指事物的数目符号、重量、时日、年龄等计量单位。数字对于科学而言，一就是一，二就是二，非常清楚，不掺杂一丝情感色彩。可是数字在人们心灵世界里的意义完全不一样，因为民族的不同，风俗习惯、宗教信仰以及生活方式的差异，让清清楚楚的数字越来越神秘，同时被赋予情感，在中国文化里，数字不只是代表数量，而且蕴含吉祥，同时中国历史中闪耀着独特的光芒。吉祥数字包括偶数吉祥，也包括奇数吉祥；在汉语里偶数大部分都是褒义，人们更加喜欢，因此偶数的吉祥意义大于奇数。例如"二"象征着"和谐"，"六"象征着"顺利"，很多少数民族认为"四"象征吉祥完美，在宇宙创始神话中被广泛应用，"八"即"发"因此被作为吉祥数字，相同的数字包括"十二""四十""一百零八"等。

　　偶数的吉祥文化从何时开始的呢？偶数吉祥包含很多内容，比如"六"这个字一直以来被人们乐意去当作计量单位，据记载，我国从先秦开始推崇"六"，如"六经""六艺"六部儒家典范；诗经包括"六艺"以及"六诗"；周代兵书包括"六韬"以及"六略"；汉代存在"六言诗"；明代存在"六子全书"；周代行政划分"六乡"，官制包括"六府"、"六官"或"六多"；佛教的"六六顺""六六双全"等吉语现在还依然被推崇。数字"十"大多数时候象征"多、满"，比如十足，十全十美。"十"代表完整、吉祥、圆满，追求"十"的风气大概开始于春秋战国时期，我国发现并且使用了十进制时。

偶数的吉祥文化最开始是起源于哪里呢？大部分人觉得南方是我们了解数字吉祥文化的源泉，可是根据现在的情况来说，偶数吉祥文化观念流行于全中国。例如数字"八"和广东话里的"发"是谐音，象征着财富以及地位，这个观念最初是被广州人认可，可是随着改革开放，人们的旅途变得越发简单、越发便利，这个观念转化为全国的观念。而且，因为信息传播加速、渠道变多，不只是少数民族地区以及南方地区，偶数象征吉祥的观念悄然席卷全国。

偶数于中国文化里为何吉祥呢？我们清楚，从中国传统文化对数字的使用中可以看出，人们大部分偏好避单，认为偶数是吉祥的。从古至今，中国人就产生了偶数崇高的认知，在少数民族里更加普遍，这和他们的生产、生活、地理环境和生产发展水平以及经济状况紧密相关，在各民族先民的生活里，因为生产力水平较低，人们的思维方式相应的比较直观具体。人们在生产、生活实践过程中察觉到，最好的事莫过于父母双双健在，最开心的事莫过于夫妻成对，最幸福的事莫过于两只手可以干活、两只脚可以走路，等等。慢慢地人们开始追求"好事成双"，偶数便逐渐变为一种吉祥文化。

偶数是如何具体的彰显吉祥呢？在北京举行传统的婚礼中，大多有一个人在婚庆队伍中间拿着两个点心盒。此类习俗现在很难找到，可是它并没有脱离老北京人的生活，我们还能够看到拿着点心盒的婚礼。点心盒要有两个，毋庸置疑，也是表达吉祥的含义，新人成对缺一不可。

中国当属诗歌的国度，在创作古典诗歌的时候，对偶必然是一门不可或缺的艺术手法，这能够被当作此类观念在文学艺术中的彰显。例如大家非常熟悉的"白日依山尽，黄河入海流"，这个例子极具代表。在长时间的创作实践过程，另外有人概括得到一些对格，如"云对雨，雪对风，晚照对晴空，来鸿对去燕，宿鸟对鸣虫"。

相同的例子不尽可数，就像送礼物的数量、挑选手机号码、挑选车牌号，等等，中国人视偶为吉的观念在多个方面得到彻底的彰显，因此数词也由于民族文化心理而被带上了感情色彩。在中国，偶数吉祥仅仅属于众多吉祥文化的一小类，还存在非常多传统的东西需要我们学习并传承。

相关小知识

中国人的数字忌讳：中国的数字文化里，整体上来说，忌单数，因为好事成双，所以给人送礼或礼金都忌单数。

"二"是双数，但因为没有人喜欢坏事成双，所以在双数的日子往往忌出殡。

"三"谐音"散"，做寿、结婚、祝寿、送贺礼时都忌讳"三"这个数字。

"四"谐音"死"，所以门牌号、车牌号、楼层号、都忌讳有这个数字。

"七"，在一些偏远的地方，妇女比较忌讳这个数字，因为封建社会对妇女有"七出"的戒条，犯了这七条就有被休的危险，所以有"七不出门，八不回家"之说，"八"之所以被禁忌，是因为有"分"的意思。

忌七十三（岁）、八十四（岁），民间说："七十三，八十四，阎王不请自己去。"因为孔子卒年为七十三岁，孟子卒年为八十四岁。

六：大吉大利，万事如意

六，在古代汉语中属于象形字，最初是以甲骨文的形态出现。甲骨文中"六"如同房屋的外形框架，包括立墙、斜顶，象征房屋的空间维度；四处墙壁另还有屋顶以及地板。部分甲骨文有屋脊，如同屋顶的烟囱。"六"是"庐"的本字，"庐"，是包括四面墙，还有屋顶、地面组成的房屋。金文继承了甲骨文字形。篆文又把金文的屋顶形象发展得越发复杂。隶书就把金文的屋顶形象缩减为一点一横。在"六"只是代表单纯数字以后，人们又造了"廬"取代"盧"（器皿里装有兽肉），象征生活活动的空间。

中国吉祥文化里，"六"的重要性无须多讲。概括来说，从相数来说，"六"代表安稳吉庆、吉人天相，可让人逢凶化吉。详细来说，"六"在不同方面具备不同的含义——基业：豪杰、官禄、财钱、将星、学者。家庭：家人和睦，六亲得力。健康：逢凶化吉，遇一次生险，可得长寿。一言以蔽之，"六"的意义就是包容了天地之德、福庆甚广、家势盛大、万宝朝宗之运，然满极必损，盈极必亏，若其他要素配合不周者，恐或如流水而下，成为所谓乐极生悲之象，这一数理具有天赋之美，安稳吉庆终生。

"六六大顺"存在下面几类说法：

一种是"六六大顺"取于周朝的《易经》，《易经》里存在六爻的说法，《易经》里"六"属阴爻（"九"属阳爻），六个六是"坤"卦。"六个六是'坤'卦"也存在两种意见，一类是"具备大吉大利的意思，即便有坎坷，可是最后通过努力都能够达到"。另一类是上六爻，龙战于野，其血玄黄，属于大不顺的卦象。由于不顺，因此人们将反其道而行之，用"六六大顺"，来阐述心中的愿望。发展到现在，六六大顺即代表希望一切可以圆满。

一种是,"六六大顺"取自春秋《左传》:"君义,臣行,父慈,子孝,兄爱,弟敬,此数者累谓六顺也。""六顺"原意是六种适合伦理规范的关系:"君义,臣行,父慈,子孝,兄爱,弟敬,所谓'六顺'"。随着发展,典故"六顺"就发展为一个特殊词语,常常出现在文献里。如《北史尉元传》:"然五孝六顺,天下之所先,愿陛下重之,以化四方。"又如唐·李邕《兖州曲阜县孔子庙碑》:"六顺勃兴,四维偕作。"当下用的"六六大顺",和《左传·隐公三年》的"六顺",或许存在明显的源流关系。即国君对于臣下要仁义,臣下要忠于国君,父亲以慈祥之态对儿女慈祥,儿女孝顺父亲,兄长以友爱待弟弟,弟弟尊敬兄长。这同样谈的是人与人的关系,以当下的眼光来看,即与家人好好相处,和社会上的人相互尊重,即可以圆滑处事。又记载:"君令臣共、父慈子孝、兄爱弟敬、夫和妻柔、姑慈妇听,礼也。"就是"君令不违,臣共而不二,父慈而教,子孝而箴,兄爱而友,弟敬而顺,夫和而义,妻柔而正,姑慈而从,妇听而婉,礼之善物也,夫治家莫如礼。"进一步扩充"六顺"的内容,因此六顺在祝愿顺利的时候也象征着一类礼节、礼仪。

在中国北方部分区域,存在"六六绿"。追溯到底是为什么,是由于六月六日左右,农民开始进入农闲阶段,属于走亲戚的最好时期。六月六女儿必须回娘家去,因此被叫作"回娘家节"。要是天气不错,太阳光很强,在这一天大部分人家将各种颜色的衣服取出来洗晒,各个地方都彰显着祥和的气息。六月六属于流传已久的"天贶(赠、赐)节",在民间存在"晒书""猫狗滗浴"等风俗,谚语、俗语中存在着"六月六,看谷秀""六月六,请姑姑""六月六,吃了糕屑养了肉""六月六,走罢麦"等;"六六"在酒令里有"六六大顺"的意思。

"六"到底为什么包含吉祥意思,不谈及《易经》以及《左传》中的记载,据说还和中国传统文化里存在的谐音现象相关。六的谐音可能是"陆"也可能是"路",六六大顺即"陆陆大顺""路路大顺"。同时,"六六"在酒令里象征"六六大顺"。在猜拳过程中,人们把猜"六"这个数唱成"六六顺",

也有人认为"六六顺"看成是吉祥和顺、万事顺利。六的另一种谐音读"溜"，即代表顺溜。两个六连一块，代表顺顺溜溜、大顺溜、这种说法起源自"三三不尽，六六无穷"。在以前，"三"象征没有穷尽的意思，因此"六"这个"三"的倍数，也顺理成章地包含了无穷尽的含义，事实上也就是代表"多""大"，"六六大顺"即加倍的顺利。

亲朋好友聚会以及举行喜庆筵席过程中，亲朋好友喝酒不能缺少行酒令，凑热闹，衬托喜庆氛围。数字六代表吉，万宝集门，天降幸运，立志奋发，得成大功。到了现代，"六"又出现了新的含义，代表着走好运、事业顺心，"六六大顺"就是祝愿他人事业兴盛。不管是何种意义，大部分都是希望别人可以万事如意，在各类关系上可以"和"与"仁义"兼顾。中国当属礼仪之邦，自古看重仁义道德，可以以礼待人，主张"和"的处事手段，一定可以"六六大顺"。

相关小知识

六艺：六艺指古代贵族和读书人要掌握的六种技能：礼、乐、射、御、书、数。早在西周时期，学校有国学和乡学两种，主要教学内容就是六艺。"礼"指的是礼节，民间婚嫁、丧娶、入学、拜师、祭祀自古都有礼乐之官（司礼），政府更是常设有专门的礼仪官职。"乐"指的是音乐，古代有掌管音乐的官吏，负责宫中庆贺宴飨之乐。"射"指的是射箭技术，有白矢、参连、剡注、襄尺、井仪五种，不但可以战场杀敌，也是锻炼身体、修身养性的活动。"御"指的是驾驶马车的技术。"书"指的是书法、识字、作文。"数"指的是算术知识。儒家学派的创始人孔子早年就受过良好的六艺教育，其三千弟子中，身通六艺者有七十二人。

第九章 吉祥文化之植物篇

在吉祥文化中，有一类吉祥植物，是指被人们赋予了各种吉祥含义的特殊植物，既有花草树木，也有果实种子。这些植物通常使用谐音来赋予其吉祥意义，同时，用植物表示吉祥意义，多以组合的图案构成完整的吉祥符号。比如"岁寒三友"，是使用松、竹、梅三种植物的象征意义；比如"天地长春"是用天竹、南瓜、长春花进行组合构成吉祥的寓意。由于吉祥植物具有这样的特点，因此在中国的吉祥图案中，多用吉祥植物组合搭配其他吉祥物，构成一个完整的吉祥画面。

桃子：长命百岁，延年益寿

桃子是夏季常见的一种水果，中国是桃树的故乡，早在公元前10世纪左右，在《诗经》中就有很多记载描写桃子的优美诗句，《诗经·魏风》中有"园有桃，其实之淆"的句子，《诗经·桃夭》有"桃之夭夭，灼灼其华。之子于归，宜其室家"的名句。在《尚书》《管子》《韩非子》《山海经》《吕氏春秋》等文献中，都有关于桃树和桃子的记载，在《礼记》中，把桃子列为祭祀神仙的五果之一（李、梅、杏、枣）。这说明在远古时期，我国黄河流域的广大地区已经普遍种植桃树。

在中国的传统文化中，桃子带有吉祥寓意，是一个包含很多意义的象征体系，在古代百姓的文化观念中，桃子象征着生育、吉祥、长寿。而这些吉祥文化以各种不同的形式，在人们的心底产生潜移默化的作用。比如说，桃花象征着春天和爱情，古代诗歌中有形容颜若桃花的美人，同时桃花也有理想世界的象征，比如陶渊明写的《桃花源记》，人们形容美好的家园为世外桃源。桃木可以驱邪祛祸，在古代民间，桃木剑是保护安全和健康的辟邪工具，而桃子这种水果也融入了中国神话体系中，蕴含着长寿健康和生育。

由于桃子在中国古代文化体系中的特殊性，因此形成了内涵磅礴广阔的桃文化。桃文化在古代民俗生活中，具有积极的生命意义，其象征和体现在于：第一，桃子"子繁而易植"，桃树容易种植养活，是孕育生命的象征，而且多子多福，也是春天的使者，时常被比喻成婚姻；第二，受古代先民万物有灵的思想影响，百姓赋予桃树镇鬼辟邪的作用，用桃树做成木剑，可以保护生命，家庭安康和健康，让桃子有了吉祥的象征意义；第三，桃子具有食用和养生的功能，让人们联想到延年益寿，所以桃子具有长寿的象征意义。

在中国古代关于桃子的故事有很多，在一些神话传说中，桃子是神仙吃的果实。吃了头等的大蟠桃，可以"与天地同寿，与日月同庚"；吃了二等桃子，可以"霞举飞升，长生不老"；吃了三等桃子，可以"成仙得道，体健身轻"。正因为如此，桃子经常被称为"仙桃"和"寿桃"。比如在《西游记》里，天宫的王母娘娘做寿时，就会设蟠桃宴会招待群仙，这说明，桃子绝非一般的水果可比，在中国神话体系中具有重要的地位。

那么桃子为什么会有吉祥和避邪的寓意呢？这跟古代的一个神话传说有关。在《山海经》中记载，在北方大荒中，有一座大山，山里边住着一位大神，名叫作夸父。夸父个子长得很高，力气非常大，而且专门喜欢替人打抱不平。有一次大地发生了严重的干旱，太阳烤得大地和江河湖海都干涸了，到处一片荒凉，夸父带领全族人去找水抗旱，但是到处找不到水，于是夸父非常生气，就发誓把太阳摘下来。他从早上起来，就一直追着太阳跑，可是太阳光越来越强烈，晒得夸父口渴难当，他一路狂奔追日，累得头昏眼花，口干舌燥，但是仍然坚持着不能倒下去。他一边鼓励自己，一边低头去喝黄河的水，最后把河水喝干了，但还是不解渴，眼看着太阳往西去，夸父不甘心，就把手杖朝太阳扔了过去，然后倒在地上死了。第二天，手杖变成了桃树，长满了桃子，族人们吃着桃子解渴，渡过了缺水的难关。这个故事流传到后世，人们认为桃子是夸父的化身，具有吉祥和积极抗争的寓意，因此可以延寿辟邪。

桃木的质地细腻，木质清香，在古代也叫作"降龙木"，是中国民间用途最为广泛的辟邪治鬼的材料。百姓们常常用桃木做成桃木剑，佩戴身上或悬挂在家中，用来驱邪避鬼。在神话传说中，主宰人间寿命的南极仙翁，也就是老寿星，手里经常捧着一个硕大的仙桃，因为桃子可以延年益寿，所以年纪大的老人过生日，要蒸寿桃形的馒头，带有吉祥祝愿的象征。

关于桃木剑能辟邪的说法，有一个古老的传说故事，据说东海里有一座风景秀丽的度朔山，又名为桃都山，山上有一棵大桃树，枝叶繁茂，可以遮蔽三千里，在桃树顶上住着一只金鸡，每天早上都站在树上报晓，这棵桃树东北的一端，有一处拱形的树干，垂落到地面，就像一扇天然形成的大门。在这座桃都山里住着各种妖魔鬼怪，如果妖怪想要出门，就必须经过那扇天然大门，所以每当清晨金鸡啼叫的时候，夜晚出去游荡的鬼怪就必须赶回来。而在大门两边站着两个神仙，他们是一对兄弟，分别叫作神荼和郁垒。如果鬼怪在夜间干了什么伤天害理的事情，神荼和郁垒就会手拿桃木剑，把他们捉住，然后用绳子捆绑起来，送到虎谷去喂虎，因此所有的鬼怪都非常害怕这两兄弟，更害怕他们手中的桃木剑。因为这个故事在民间流传甚广，用桃木剑镇压鬼魂的说法深入民心，而神荼和郁垒成为降鬼的两位大仙，于是人们用桃木刻成神荼郁垒的形象，或者在桃木剑上刻上神荼郁垒的名字，挂在自家房内或门檐上，用来避邪，也叫作桃符，一切妖魔鬼怪见了之后，都会逃之夭夭。

相关小知识

降龙木：降龙木是存在于演义小说或传统评书中的神木。关于降龙木的来历，历来就众说纷纭，一说降龙木是千年桃木；另一说降龙木是六道木；又一说降龙木是木瓜树；还有一种说法认为降龙木就是降龙木，是单独的一种树木，只不过现在已经绝迹。专家认为降龙木生长的地方在黄河以北，是民间俗称的"牛筋树"。这种树木质坚硬又坚韧，是一种做兵器的好材料，生长极为缓慢，成年的牛筋树历史皆很悠久，几乎看不出它们的年轮。降龙木还能避魔祛毒，评书《穆桂英挂帅》中讲到辽军大摆天门阵，释放毒气，杨六郎惨败。后来穆桂英亲自带来降龙木，驱散毒气，大破天门阵。这虽是评书，但降龙木具有祛毒的功效有据可依，历史上还真有人将降龙木做成筷子献给皇帝，以测饭菜是否有毒。

金橘：招财纳宝，吉祥如意

中国人视金橘作为吉祥水果，千百年来为民间所喜爱，以为它是招财纳宝的象征。历代名家吟咏金橘的诗词甚多，并形成了独具特色的吉祥文化。

中国南方尤其是广东，过新年时，几乎家家户户在大门、阳台上至少要摆两盆以上金橘，一些讲究的还会在金橘树上挂满利是封（也就是常说的红包）。因为在粤语等语系中，"桔""吉"同音，"金吉"者，桔为吉，金为财，金橘也就有了吉祥招财的含意。

什么是金橘呢？金橘，别名金弹，又名金柑，属芸香科、金橘属，是著名的观果植物。原分布中国东南沿海各省，特别是广东地区，种植和食用金柑的历史最悠久，是名副其实的金橘之乡，另外华南及长江中下游也广为栽培。

金橘是原产我国的一种植物，至今已有1700多年的栽培历史。据明嘉靖浙江志记载："宁波金豆（即金橘），味甘香，胜于大桔。"据浙江《定海县志》记载；"金柑出马岙，沙蛟（今宁波大榭）者佳，不可多得。"金橘未见有野生的，中国南方各地栽种金橘，以台湾、福建、广东、广西栽种得较多，金橘尤其在广东地区发展得特别好，广东人也特别爱吃金橘。由于金橘的耐寒性远不如金柑，因此五岭以北较为少见。

关于金橘，还有一个历史传说。在很久以前，在龙泉也就是今天的遂川，有一个小山镇，镇上一个姓古的汉子十分懒惰，人们叫他懒蛇古。这懒蛇古家里很穷，经常吃不上饭。有一天，他饿得狠了，就去山上找野果子充饥。当他翻过一座座山，又累又饿，感觉自己陷入绝境的时候，突然间，他看到了长着金黄色果实的小树，十分的高兴，也不管这果子可不可以吃，就迫不及待地吃了起来，等他吃饱了，就在山上睡着了，准备等死。

不过，这懒蛇古在山上睡醒了一觉之后，不仅没有死，反而觉得非常的有精神。他突然想到，为什么不把这些果实带回家种种看呢，如果没有粮食可以维持生活，这些果实不就排上了用场了吗。于是，懒蛇古就将树上的果实全摘了下来，吃掉后将果核埋进土壤里，就不再管了。后来，懒蛇古的菜园里长出了一棵棵幼苗，懒蛇古很高兴，但是仍然懒得去管，只是有时候会去除除草而已。三年之后，小苗长成了果树，夏天的时候开了花，花谢之后竟然真的结出了果实。秋天的时候，果实变成了金黄色，又大又圆，十分好吃，既可以让懒蛇古吃饱，又可以拿出一部分去卖。人们吃了这果实，觉得十分好吃，就问这果实是什么，懒蛇古告诉了大家，还告诉大家应该怎么来种，从此，这果子就广为流传，其他的地方也都在种植。因为这果子是金黄色，吃起来有一股橘子味，后来就被人取名金橘。金橘的颜色和形状都十分吉祥，因此人们就把它当作招财纳宝的吉祥水果，它的吉祥文化也由此而来。

金橘被称作吉祥之物，它背后的吉祥文化也极为丰富。中国南方过年的时候，就有金橘贺岁，大吉大利的吉祥习俗。金橘谐音为"金吉"，同时它的颜色黄澄澄的，犹如黄金一般，因此金橘有招财纳宝、富贵吉祥之意。此外，金橘的外形是圆滚滚的，而且味道甘甜多汁，象征着团圆美满，家庭幸福，感情甜美，因此在节日中，人们常常喜欢在家里摆放一两盆金橘。

金橘是南方过年时最好的贺岁物品，金橘树不仅可以作为贺礼，也可以用作拜年的果篮，这种文化流传久远，也深入南方的民俗艺术中。以金橘为题材的年画、贺卡、工艺品多不胜数，人们用枝叶茂盛、果实丰满的金橘树来点缀居家厅堂，在房间内金橘果高挂，金黄灿烂，预示财运亨通，也祝愿新的一年吉祥如意，都寄托了人们对美好生活的追求和向往。

相关小知识

金橘茶：在中国许多地方，还流传着以茶代礼的风俗。南宋都城杭州，每逢立夏时节，家家户户都会烹新茶，并配合各种细果，馈赠给亲邻好友，这在当地被称之为"七家茶"，这种风俗流传至今，不过现在人们会在烹茶时在茶杯里放上两枚"青果"也就是金橘或橄榄，预示着新春吉祥如意之意。

柿子：事事如意，一切顺遂

柿子是中国古代历史悠久的传统食物，据古时候的文献考证，柿子在两千多年前就已经有了文字记载，比如《尔雅》中已经提到了柿子，论述"柿子有七德：一寿，二多阴，三无鸟窠，四无虫蛀，五霜叶窠玩，六嘉实可啖，七落叶肥大可以临书。"在《礼记》中也记载，柿子在古代是一种非常珍贵的食品，味道甘美，吃下去可以生津解乏。

柿子除了是一种食物之外，也因为它的名字谐音"事"，将很多柿子放在一起，称为"事事顺意"，同时柿子的颜色是红色，因而成为中国传统吉祥文化中的重要组成部分。关于柿子有一个古老的传说，在很久以前，淮阳县北部有一座二虎山，山里边居住了几户非常贫穷的人家，他们每天依靠着放牧、种地、采药和采野果子为生。其中有一家姓鞠，老夫妻生养了四个儿子，但因为家里非常贫困，生活入不敷出，前三个儿子相继夭折，只剩下第四个儿子，起名叫四子。这四子生得虎背熊腰，不仅勤劳善良，而且聪明伶俐，当地的百姓山民都很喜欢他，认为他是一个非常有出息的好孩子。

有一天从山外来了一位老人,他带着一位如花似玉的女儿,这少女对四子一见钟情,一心想嫁给他,老人见四子忠厚善良,于是同意了他们的亲事,给两人举办了婚礼。前来祝贺的乡亲们都说四子可真有福气,娶了一个贤惠的天仙女。夫妻两人在一起生活了几年,有一天四子的媳妇回娘家,从娘家带回来一条树枝,四子就把树枝插在院子里,第二年很快长成一棵树,然后开花结果。到了秋天果子成熟了,四子请大家品尝果实,大家吃完之后,都称赞这果子真好吃,又甜美又多汁,但是果子叫什么名字,谁也说不上来。这时有个老人说,这果子是四子栽种出来的,咱们就叫它作"四子"吧。后来当地的百姓就把这种果实叫作"四子",又因为四子姓翦,所以就叫作"翦四子",时间一长谐音发生了变化,传到外面就成了"尖柿子"。

因为柿子的"柿"音同"事",古代的百姓就将许多吉庆吉祥的含义寓于其中,用来表达美好的祝福寓意。比如两个柿子和一个如意组成图案,寓意为"事事如意"。把百合花、柿子和灵芝放在一起,就意为"百事如意"。把柿子和心形的桃子摆在一起,寓意为"万事顺心意",用五个柿子和海棠花摆在一起,表示"五世同堂",寓意着老人长命百岁,享受幸福美好的家庭生活。把柿子和秤杆放在一块儿,表示"事事称心",这些图案和寓意常常用于节庆、生辰、婚礼,以及各种庆典中,从古至今广为流传。

此外,古代考生参加科举的时候,柿同音"仕",送柿子代表祝福考生仕途顺利。在校园中栽种柿子,是音同"师子",体现出尊师重道、师徒如父子的传统风尚。冬天的时候用水化开冻柿子叫作"消柿",寓意为心里如果有什么烦恼事,都会烟消云散。春节时期,南方的习俗是,大年初一早上起床要吃柿饼和橘子,寓意为"百事大吉"。成熟的柿子颜色如火红一般,形状又好像灯笼一样,所以中国古代人常常将柿子树作为院落栽种的重要植物,寓意日子过得红红火火,一切顺利。

另外,中国传统还有霜降时吃柿子的习俗,据说这个习俗跟明王朝的开国皇帝朱元璋有关。他小的时候家里十分贫困，有一年霜降，朱元璋饿着肚子，已经三天没有吃饭，当他走进一个小山村的时候，发现村旁长着一棵柿子树，上面结满了红彤彤的柿子，朱元璋一看见柿子高兴极了，使出浑身力气爬到树上，大吃了一顿。吃完柿子之后，他发现不仅肚子不饿了，而且身体也强壮了。

后来朱元璋建立明朝当了皇帝，有一年霜降他领兵再次路过当年那个小山村，想起霜降吃柿子的事情，他派兵去寻找那棵树，发现柿子树还在，上面还是结满了红彤彤的柿子。朱元璋看着这一棵柿子树，脱下自己的红色战袍，亲自爬到了树上，郑重其事地把战袍披在柿子树上，并封这棵树为"凌霜侯"。

后来这个故事在民间流传开来，就形成了霜降吃柿子的习俗，一是为了纪念大明开国皇帝朱元璋，二是霜降吃柿子确实对身体有好处，因此有吉祥的寓意，寄托着人们对身体健康、丰衣足食的愿望。如今很多地区逢年过节也吃柿子，在桌上摆几个柿子，表达着人们祈求一年事事顺心、事事平安、事事如意的寓意。

相关小知识

吃柿子的禁忌：虽然柿子是一种比较美味和营养较为丰富的水果，但在食用时有一些禁忌，也并非适合每一个人。

柿子含有大量的鞣酸，鞣酸可在胃酸的作用下沉淀凝结滞留在胃中，形成"胃柿石"。胃柿石不易粉碎，积累到一定程度可引起胃黏膜充血、水肿、糜烂、溃疡等严重后果，所以不能空腹吃柿子。

另外，柿子性寒，胃肠功能不好者、胃部寒凉者都不宜过多食用。

第九章 吉祥文化之植物篇

橙子：心想事成，梦想成真

　　橙子在我国的吉祥文化中有着两层寓意，皆取谐音。因橙与"成"谐音，所以橙子有着心想事成、成就的寓意，多为走亲访友、逢年过节的必备品。橙子的另一种寓意为真诚、真心诚意。多用于男女双方互相吐露心意时，表达自己的爱会毫无保留地给对方，没有半分虚假。因为橙子本身色泽金黄，形状圆润，黄色在我国是吉祥之色，象征着富贵、财富、丰收之意，颇受人们喜爱，因此就被人们作为吉祥之物来看待。

　　关于橙子的起源，现在仍有争议。一是说起源于东南亚，在文化交流中传播到中国。二是说橙子是橘子和柚子的杂交培育出来的。根据我国湖南省长沙市郊马王堆出土的西汉古墓中出土的文物中显示有本属植物的种子。后来根据种子的外形粗大且略有棱角，再加上实验证明是香橙的种子，据此证明橙子在我国历史悠久。如果橙子真的是橘子和柚子的杂交品种的话，那么来源就久远了。早在春秋时期，我国大诗人屈原就作了一篇《橘颂》，来描写和称赞自己家门口的那棵橘树。屈原是秭归人，直到现在，秭归这个地方仍然是远近闻名产橘子的重要产地。在两千多年前以前，橘树只生长在长江三峡一带，难以迁移，而只有秭归这个地方一年四季都有橘子。战国时期，《晏子使楚》中记载，橘生淮南则为橘，生于淮北则为枳。可见当时人们对橘子的生长习性已有了一定的了解。苏轼写的诗中也有描写橙子的语句，在《赠刘景文》中写道：一年好景君须记，最是橙黄橘绿时。用橙子代表了季节，可见橙子在古代人心中的重要性。

　　橙子亦称为黄果、柑子、金环、柳丁，它的价值不仅体现在它的寓意上，还有它的食用价值、药用价值以及营养价值。橙子味甘、酸，性凉，具有生津解渴、开胃下气的功效。橙子营养成分极为丰富而全面。橙肉可食用，果皮芳香，是熏香代品，可作香料。早在古代，先人们还没有发现香料的时候，橙子皮就作为香料的替代物广为使用了。橙子皮同时也是很好的中药材。在鸡肉和鱼肉中放置一些橙子皮，还可有效祛除腥味，提升肉的口感。

现在因为技术的发展，再加上橙子本身有一些劣势，比如说不利于保存、含糖量太低等，橙子又衍生许多其他的种类，像甜橙、脐橙、血橙、冰糖橙、红橙等，这样既满足了人们的需求，扩大了橙子的商业化程度，又延伸了橙子的普及范围，把橙子的美好寓意和多种多样的价值带给世界各地的人们。

相关小知识

马王堆汉墓：马王堆汉墓的位置是在今湖南省长沙市芙蓉区东郊的4000米处，那里有个马王堆乡，1972年开始发掘工作后，便按照考古学界的惯例将之命名为"马王堆汉墓"。据考证，这是西汉初期的长沙国丞相，即轪侯利苍家族的墓群。一号墓为利苍妻子的墓，二号墓为利苍自己的墓，三号墓为利苍儿子的墓。马王堆汉墓的发现有重大价值，它为研究汉朝初期的手工业、埋葬制度和科技等提供了重要的史实资料，也为研究汉朝时期长沙国的历史、文化等提供了更直接、详尽的参考资料。2016年6月，马王堆汉墓被评选为全世界十大古墓稀世珍宝之一。

甘蔗：节节攀登，步步高升

甘蔗在我国来由已久，但据考，它的原产地是印度或新几内亚，大约在周宣王时期传播到我国南方。据史料考证，"蔗"这个字是出现在宋代，所以在宋代之前，"柘"就是甘蔗的意思。到了宋代，我国南方各省甘蔗种植已经十分普遍。关于甘蔗的发现，让世人看到了大自然的神奇，亚历山大东征印度的时候，手下一位将领是这样叙述甘蔗的：印度生长着一种没有蜜蜂就可以产生蜜糖的草。后来，甘蔗随着殖民掠夺和文化交流传播到了任何可以种植的地方，当然也包括中国。

关于甘蔗的趣事儿，当数"顾恺之吃甘蔗的理论"了。顾恺之作为晋代最著名的画家，犹爱吃甘蔗。但他每次吃甘蔗的时候都跟常人吃法完全相反，他每次吃的时候，都是先从甘蔗梢儿吃起，然后慢慢吃甘蔗头儿。见此，人们都问他为什么这样吃，顾恺之答道：这样吃才能渐入佳境呀！意思就是这样吃才能越吃越有味道。现在经常用"倒吃甘蔗"来形容一些事物渐渐进入美好的状态。西汉著名文学家司马相如在《子虚赋》中写道：诸柘巴且。诸柘的意思就是甘蔗。这句话的意思就是甘蔗产于南方一代，得之不易。还有就是郭子仪在平定"安史之乱"时，率兵抵达山西时，唐代宗为表示对他率兵出征的犒赏和慰问，特意赏赐给他二十根甘蔗。

甘蔗有着很大的营养价值和药用价值。在《本草纲目》中记载："蔗，脾之果也，其浆甘寒，能泻火热。煎炼成糖，则甘温而助湿热。蔗浆解酒，自古称之。"甘蔗具有清热解毒、生津止渴、和胃止呕等功效。有关甘蔗能治病，还有一则故事。过去，大团有个染坊师傅是常州人，有一次，他得了暴发性巨热病，这个病在当时被认为不治之症。四处求医未果，听说苏州有个叶天士，就去找叶天士看病。叶天士诊断过后，把他留下来关进了杂物间。杂物间里堆满了一捆捆甘蔗，床铺就摆在甘蔗的旁边，床上只有两条被子。夜里叶天士的家人来送饭还把门给锁上了。就这样过了一个礼拜，叶天士的家人才来开门，只见到屋中一地的甘蔗渣，那堆在屋子里的甘蔗基本上都被咬了，常州师傅看见有人开门就匍下来跪在地上，感谢叶天士的救命之恩。看到这儿不禁会疑问，问什么要感谢他呢？原来，叶天士知道这暴发性巨热病发病期间的症状是看见什么就咬什么，常州师傅在被关起来的当天就发病了，加上屋子里只有甘蔗，于是就一直啃咬甘蔗。因为甘蔗具有清凉和解毒的作用，一个礼拜下来，常州师傅的病也就慢慢被治愈了。甘蔗的药用价值在这篇故事中得到了充分的体现。

甘蔗为节状食物，可与竹子类比，含有节节攀登、步步高升的寓意。还有一层寓意，就是家庭吉祥和谐的含义。因此很多地方的传统婚俗中就有关于甘蔗的礼节。在举行婚礼的时候，在两旁放置甘蔗。因为甘蔗是一节一节的，代表着女方是有节的女子，不是那种随随便便的人。同时这也是娘家给夫家的许诺，寓意着有头有尾，代表这段姻缘不会半途而废，会有头有尾。这是娘家对女儿的祝福。甘蔗味甜，象征着婚姻会幸福美满、甜甜蜜蜜。新婚夫妇结婚不久，岳父母要举行"请仔婿"仪式，宴请亲朋好友，然后把女婿请回家悉心款待。宴会结束之后，送女婿回家时，岳父母按俗规把一对甘蔗用红绳包扎，让女儿和女婿带回家中，寓意往后的日子，过得像甘蔗一样节节甘甜。

此外，南方一些地区过年吃甘蔗，寓意吉祥和谐。过年是一年的结束，一年的开始，在过年时吃甘蔗代表着一年从头甜到尾，预示着你的这一年将会气韵畅通、幸福安康。还有"春种甘蔗一节，秋收甘蔗一捆"的说法，这个是取"发"之意。代表着在将来的这一年里会发财，有好气运。同时在选购甘蔗的时候一般都是成双地买，因为甘蔗形似光棍，寓意不好。当然在不同的地区可能甘蔗的寓意会有所不同，但人们对它的喜爱程度丝毫不减。

相关小知识

红糖：指的是带蜜的甘蔗成品糖，因为没有经过高度精炼，因此，红糖中几乎保留了甘蔗汁中所含有的全部成分。就中医的角度而言，红糖性温，味甘，入脾经，具有活血化瘀、暖胃健脾、补血益气的功效。红糖属性温和，通过"温而补之，温而通之，温而散之"的方式，来起到补血益气的功效。相较之下，虽然白糖味甘，然而性平，色白，故而其补血的效果远远比不上红糖。

红豆：相思情切，寓意缠绵

唐代大诗人王维有一首著名的诗歌《相思》："红豆生南国，春来发几枝。愿君多采撷，此物最相思。"《辞海》中是这样解释红豆的：红豆，是红豆树、海红豆及相思子等植物种子的统称。至于它长什么样，我国明朝时期的医药专家李时珍这样说："相思子，树高丈余，其叶似槐，其花似皂荚，其荚似扁豆。其子大如小豆，半截红色，半截黑色。彼人以嵌首饰。"清朝人檀萃也说："相思子，似槐，性耐土，秋花，白色。子如珊瑚，初黄，久半红黑，每树数斛，售秦晋间妇女为首饰。"

知道了"红豆"长什么样，可它生长的"南国"又是在哪里呢？

《本草纲目》中记载："相思子生岭南。"具体地说，"岭南"指五岭山以南，包括广东、广西地区。早在晋时期的刘渊林为相思树作注时就说："相思，大树也。……其实如珊瑚，历年不变，东冶有之。"特意交代了它的产地"东冶",这里的"东冶",即今天的福建省的福州市,与"岭南"一说是相互印证的。

可是古人为什么要借"红豆"来寄相思,而不是用其他颜色的种子来表达相思之意呢?

原来,关于红豆的来源还有一个凄美的爱情故事。相传,在古时有位男子远征,他的妻子在高山上的树下朝夕祈望,因为思念远在边塞的爱人,不停地在树下哭泣,直到泪水流干,流出来的眼泪便成了鲜红的血滴。血滴化为一颗颗红豆,落地生根,长成大树,结了一树的红豆,人们称之为相思豆。

到了唐朝,王维将红豆这一意象写入诗中,作成《相思》,并赠给著名乐官李龟年。在这些文人乐官的带领下,红豆第一次入诗就取得了巨大成功,以其独特的感染力,使得梨园子弟口口传唱,文坛上津津乐道,更受到了民间百姓的欢迎,引发了中国人绵延千年的相思情愫。

自《相思》一诗之后,将红豆作为相思代称的意识越发深入人心,后来诗坛不少人效仿王维,作起"红豆"诗来。其中唐末诗人温庭筠写出的《新添声杨柳枝词》最为出彩:"井底点灯深烛伊,共郎长行莫围棋。玲珑骰子安红豆,入骨相思知不知。"在此诗中,巧妙地运用谐音和比喻的手法,以"深烛伊"谐"深嘱你",以"莫围棋"谐"莫违期",用"红豆"嵌在骰子里的情形,生动比喻"相思"的"入骨"程度。

而后,人们对红豆的热爱程度丝毫不减。元代高明《商调·黄莺儿》中有"几番血泪见红豆,相思未休"。《红楼梦》中亦有《红豆曲》"滴不尽相思血泪抛红豆"。明末清初时的著名诗人、学者钱谦益更是将其室命名为红豆山庄。清代学者惠栋及其父祖士奇、周惕,一家三代都以红豆为室名、别号。还有红豆山房(清吴其泰)、红豆村樵(清仲云间)、红豆树馆(清陶樑),等等。由此可见,红豆作为"相思"的代称,可谓风靡后世,久盛不衰。

红豆作为文人的创作素材显得耀眼夺目,在百姓生活中作为开运祈福的吉祥物件也是不甘落后。年轻男女们用五色丝线串相思豆做成手环项链，佩戴于腕上，意为"得心应手"，佩戴于颈上，意为"心想事成"。或在农历年中遇到较差的月份时佩戴红豆，可祛邪避讳。或在定情时，互送一串许过愿的相思豆，求得爱情顺利。或在婚嫁时，新娘在手腕或颈上佩带相思豆串成的手环或项链，以象征男女双方心心相印白头到老。结婚之后，在夫妻枕下各放六颗许过愿的相思豆，以求夫妻同心、百年好合。而且不同数量的红豆代表不同的寓意，比如一颗代表"一心一意"、两颗代表"相亲相爱"、三颗代表"我爱你"、四颗代表"山盟海誓"、五颗代表"五福临门"、六颗代表"顺心如意"，等等，都体现出红豆寄托了人们对幸福的追求和美好愿望。

相关小知识

红豆：就是红小豆，也叫赤豆。相传红豆和糯米都是驱鬼的道具，我们可以在一些电影和电视剧里看到有道士用红豆和糯米驱鬼的场面，所以古时候人们会在冬至日吃红豆糯米饭，希望那些游魂野鬼不要来打扰自己平静的生活。

红豆和糯米都有很高的补益作用。红豆含有大量的钙、磷、铁等微量元素和赖氨酸、结晶性皂苷等物质，味甘、酸，性平；利水消肿，解毒排脓。

梧桐：灵性梧桐，木中之王

古之俗语有云："栽下梧桐树，引来金凤凰。"

凤凰是我国传统祥瑞文化里的"崇拜物"，被奉为鸟中之王，象征着天下太平，早在《山海经》就曾这样评价凤凰："首文曰德，翼文曰义，背文曰礼，膺文曰仁，腹文曰信"。由此可见凤凰在中国人心目中非同一般的地位。那梧桐是什么"来头"，可以让尊贵而挑剔的凤凰"非梧桐不止"呢？

梧桐又称碧梧、青玉、庭梧等，是一种优美的观赏植物，常被种植于庭院宅前，夏季开黄绿色的小花，鲜艳而明亮。事实上，不是因为梧桐树开花美丽就引来了"金凤凰"，而是梧桐树本身具有深刻的内涵。

我国古人喜借某些植物来抒发情感表达自身品格，如"花中四君子""岁寒三友"等，高大挺拔的梧桐当然也少不了赞誉。由于梧桐的外表具有孤高、疏直、质虚的特点，是树中之佼佼者，就常被文人借以表达自身高洁不凡的品格。梧桐的另一特点是材质美好而高贵，是造良琴的必选之材。关于梧桐的这种用途，《现代汉语词典》在对"梧桐"的解释中有这样几句话："木材白色，质轻而坚韧，可制造乐器和各种器具。"早在西汉时期桓谭的《新论》中也说道："昔神农继伏羲王天下，梧桐作琴""削桐为琴，丝绳为弦"，因而古人称琴为"丝桐"。而琴又是君子修身养性的"必备神器"，由此可见梧桐在文人心中的地位。

另外，梧桐多生于崇山峻岭之间，故古人认为梧桐秉受了纯正的天地灵气，有感知寒暑往来的灵异，民间有"梧桐一叶落，天下尽知秋"之说。汉代的王逸有曰："木有扶桑、梧桐、松柏皆受气淳矣，异于同类者。松柏冬茂，阴木也；梧桐春荣，阳木也；扶桑日所出，阴阳之中也。"即在古人眼里，梧桐是春木也，是东方之草，被奉为"木中之王"。

基于以上梧桐才德俱全，既可以观赏，又可实用，被文人君子视为知己的特点，当然使凤凰"非梧不栖"。于是百姓常把梧桐种植在庭院宅前，希望可以引来"金凤凰"，寄托了人们对美好生活的盼望。

那究竟是什么时候梧桐树吸引来了凤凰呢？

最早的记载出自《诗经·大雅·生民之什》中的第八篇《卷阿》的这一句："凤凰鸣矣，于彼高岗。梧桐生矣，于彼朝阳。"意为凤凰和鸣，其歌声飞越山岗，而梧桐在灿烂的阳光下尽情地生长。由于凤凰的栖息之地乃为高贵睿智之所，梧桐树则是不二之选。

《庄子》中也多次出现的梧桐意象。其中《庄子·秋水》云："夫鹓雏发于南海而飞于北海，非梧桐不止，非练实不食，非醴泉不饮。"这几句话在体现了鹓雏不共凡鸟卑栖的高洁之志的同时，更是揭晓了梧桐的不凡，有祥瑞美好的寓意。

后来"桐叶封弟"的故事更是梧桐可以引"凤凰"这一吉祥寓意的真实写照。据《吕氏春秋·重言》载：周成王与唐叔虞小时在一块儿玩耍，成王拿着一枚桐叶，当作圭送给弟弟唐叔虞说："我以此为凭信封你。"周公知道了这件事后，对成王说："天子无戏言。"后来成王封叔虞于唐。

随着历史的演变，梧桐衍生出来了更多的寓意，俨然已经成为尊贵高洁、吉祥瑞兆、忠贞不渝的象征，成为文人创作常用的素材。东汉时期，乐府《孔雀东南飞》中写道："两家求合葬，合葬华山傍，东西植松柏，左右种梧桐，枝枝相覆盖，叶叶相交通。"焦仲卿和刘兰芝双双殉情，后来他们被合葬在一起，在他们的坟墓左右种上梧桐，这表达了对他们忠贞不渝的爱情的歌颂，更是用梧桐叶相交错来表达了对他们死后可以永远相守的祝福。

那么人们是怎么用梧桐来祈求祥瑞的呢？普通百姓在宅院周围栽种梧桐，表达对生活顺利、好运的期盼，文人墨客把梧桐写入文章，表达自己志向高洁，可以得到赏识的愿望。唐朝大诗人李白就有"宁知凤凰意，寄托梧桐前"的诗句。南宋一尚书韩元吉更是重视梧桐的吉祥意蕴，他在京宅第门前多种桐木，称"桐木韩家"，其文章有名于时，作集而起名为《桐阴旧话》。

相关小知识

法国梧桐：梧桐并不是现代人常见的法国梧桐。法国梧桐只是中国民间的俗称，它既不同于中国传统的梧桐树，也并非产在法国。法国梧桐的正式名称是英桐，又称二球悬铃木，属于悬铃木科悬铃木属，而梧桐属于锦葵科梧桐属。法国梧桐是欧洲人培育成的杂交种，由原产于欧亚大陆的法桐和北美洲的美桐杂交培育而成。17世纪的西班牙经常将法桐和美桐种植在一起，杂交种子落地后自然生长起来，此后在英国伦敦流行。作为园林景观和城市绿化种植，人们称之为伦敦梧桐或英桐，因耐污染、少虫害，很快传播到其他城市。近代上海的法租界，法国人把英桐引进到霞飞路一带种植，因叶子似梧桐，民众俗称其为法国梧桐。法国梧桐十分适合作为行道树和公园绿化树，是现在世界各地的温带城市最常见到的树种，有"行道树之王"的美称。

葫芦：福禄双全，富贵无双

葫芦，属葫芦科、葫芦属植物。它是爬藤类的植物，表皮有软毛，夏秋开白色花，雌雄同株。葫芦喜欢温暖、避风的环境，幼苗怕冻。新鲜的葫芦皮为嫩绿色，果肉白色，果实也称为葫芦，未成熟的时候可作为蔬菜食用。

从小在我们听过的神话和看过的故事里，葫芦始终与神仙和英雄相伴，如八仙中的铁拐李、济公和尚、寿星南极翁等都身背葫芦或腰悬葫芦。这些身有异能的神仙们为什么选择葫芦作为他们的法器，而不是其他的植物呢？

这就要从葫芦的外形说起了。在古人看来，葫芦外形是嘴小肚大，可以很好地吸收住宅内的上佳气场，以增福纳寿，而对于不佳的气场则可以进行有效的阻遏，以驱魔辟邪。于是常与神仙和英雄相伴的葫芦，就被人们认为健康长寿的象征和保宅护家的吉器。

而且葫芦这种植物生长极快,能蔓延,多果实。多籽的葫芦,又谐音"多子",其枝茎称为"蔓","蔓"又与"万"谐音,"蔓带"则与"万代"谐音。葫芦多籽的这一特色,恰恰与人们希望儿孙满堂的愿望相符合,所以人们认为它是催旺人丁的吉祥植物,表示"子孙万代,繁茂吉祥"。且"葫芦"一名与"福禄"谐音,民间就常用葫芦来表示福禄,认为葫芦可旺财守财。

葫芦不仅外形讨喜、各种谐音寓意美好,它还有许多食用和药用价值。例如元代的王祯在《农书》说:"匏之为用甚广,大者可煮作素羹,可和肉煮作荤羹,可蜜前煎作果,可削条作干……"又说:"瓠之为物也,累然而生,食之无穷,烹饪咸宜,最为佳蔬。"可见葫芦是被古人作为瓜果菜蔬食用的,而且吃法多样,既可烧汤做菜,又能腌制干晒。不过与其他瓜果不同的是,不论是葫芦还是它的叶子,都要在嫩时食用,否则成熟后便失去了其食用价值。

于是既有美好寓意又有极强的实用功能的葫芦经过代代相传,就成了人们心目中增寿除邪、福禄祥瑞、保宅佑子的吉祥物,深受人们的喜爱。

既然人们如此喜爱葫芦,那人们是什么时候开始认识葫芦这种植物的呢?

早在7000年前,我国考古人员就在浙江余姚的河姆渡遗址发现了葫芦及种子葫芦,这是目前世界上关于葫芦的最早发现。

葫芦在我国古籍中最早称为瓠、匏和壶,在《诗经》中这三个字都可以找到。《邶风》云:"匏有苦叶,济有涉深";《卫风》中云:"齿如瓠犀";《豳风》中则有:"七月食瓜,八月断壶";《小雅》还有:"南有木,甘瓠累之"的描述。其中的"匏""瓠""壶""甘瓠"均指葫芦。

在葫芦被人栽培的这七千载的岁月里,人们对葫芦的认识愈来愈深刻,对它的利用也越来越广泛。那人们是如何利用葫芦的呢?

古时的豪门大族多在家中供养天然葫芦,置于中堂之上,用以趋吉避凶。一些民家则在屋梁下悬挂葫芦,称之为"顶梁",据说有此措施后,居家会平安顺利;较讲究的人家,则用红绳线串绑五个葫芦,取"五福临门"

之意。现代人则把葫芦放置于卧室中，用以祈求添丁旺子。

还有人将其制成乐器，或作为养虫的器具，甚至用模具套制出多种多样的葫芦，作为高级艺术品去把玩，称为工艺葫芦。明清时期的很多帝王和名人都是工艺葫芦的爱好者。

相关小知识

悬壶济世：悬壶济世，指的是对医者普济众生的赞美之语。其中的"壶"字，古代通"瓠"，即瓠瓜，也就是葫芦。古代的医者要用葫芦作为容器，用来盛放药丸，俗称"药葫芦"。药葫芦盖上盖子之后，有一定的密封性能，潮气不易进入，可以使药物保持干燥。医者去外就诊，携带药葫芦非常方便。

根据史籍记载，古代医者出外行医，经常背着葫芦，如唐代药王孙思邈，后世的画像中离不开药葫芦。古代不少行医者在诊室内都要悬挂一个葫芦，不仅盛放药物，也是行医的标志，直到现代还有众多中医、中药店沿用。古代神话故事中，也经常提到药葫芦。传说中位列"八仙"的铁拐李，就经常背着葫芦，内有灵丹妙药，可以治病救人。神话小说《西游记》中，太上老君用来救人的仙丹，也是用葫芦盛放。

月季：月月花开，月月红火

月季是蔷薇科，也是一种常绿或半常绿的低矮灌木。开花多为红色，偶有白色，既可作观赏植物，又可作药用植物，也称月季花。

在我国，月季深受百姓喜爱，甚至被国人誉为"花中皇后"。我国还是

第九章 吉祥文化之植物篇

月季的原产地之一，国人还给月季起了一个亲切的名字，叫作"月月红"。

国人为什么如此喜爱月季呢？又为什么给月季起"月月红"的名字呢？

原来其中还有历史渊源呢！相传在神农时期就有人把野月季挖回家来栽植，月季花自然就成了华夏先民北方系——传说中的黄帝部族的图腾植物。

在这长达几千多年的栽培历史中，聪慧的国人发现月季不仅花形秀美、姿色多样、香气悠远，而且花期特别长，四季常开。于是月季的这种适应性强，耐寒的特性就被人们赋予了坚韧不屈的精神，受到了人们的爱戴。也因月季花期长的缘故，民间还借月季表达"四季常青"的美好愿望，被人们赋予了"四季平安"的吉祥寓意，还成为了中国首饰上的一个吉祥图案。

也是因为它花色艳丽且四季常开不败，每个月都有它娇艳盛开的身影，于是月季还被人称为"月月红"。"月月红"这一名称就被人们用来寄托对一年12个月，每月都红红火火的美好生活的盼望。

那到底是什么时候月季开始被广泛栽种，出现在大众的视野中的呢？

早在中国的六朝南齐，诗人谢朓有《咏蔷薇诗》诗句描述蔷薇花为红色。而关于古代月季的栽培，见之记载的却要比蔷薇晚二三百年。宋时宋祁著《益都方物略记》中记载："此花即东方所谓四季花者，翠蔓红花，属少霜雪，此花得终岁，十二月辄一开。"可见那时成都已有栽培月季。明朝刘侗在其《帝京景物略》中也有写"长春花"，可知当时北京丰台草桥一带也种月季，供宫廷摆设使用。

后来王象晋的《二如亭群芳谱》中也有详细的记录："月季一名'长春花'，一名'月月红'，一名斗雪红，一名'胜红'，一名'瘦客'。灌生，处处有，人家多栽插之。青茎长蔓，叶小于蔷薇，茎与叶都有刺。花有红、白及淡红三色，逐月开放，四时不绝。花千叶厚瓣，亦蔷薇类也。"由此记载可见，在当时月季早已被普遍栽培，成为处处可见的观赏花卉了。

至明末清初，月季的栽培品种就大大增加了。清时许光照所藏的《月季花谱》就收集有64个品种之多，另一本评花馆的《月季画谱》中有记载品种的月季就有 109 种。

月季作为人们喜爱的花卉，不仅被人们作为装饰来美化庭院、装点园林、布置花坛等，更是常常被诗人用作创作素材写进诗中。唐代著名诗人白居易就有"晚开春去后，独秀院中央"的诗句，宋朝诗人苏东坡也有诗云"花落花开无间断，春来春去不相关；牡丹最贵惟春晚，芍药虽繁只夏初，惟有此花开不厌，一年常占四时春"。北宋韩琦对月季更是赞誉有加："牡丹殊绝委春风，露菊萧疏怨晚丛。何以此花容艳足，四时长放浅深红。"

不仅众多文人喜爱月季，在百姓的日常生活中也常常可见它的身影。

例如在百姓所使用的家具木雕上，就常常用月季为题材，一则象征四季，二则象征长春。如雕花瓶中插月季花，取"四季平安"之意；天竹和月季则寓意"天地长春"；白头翁鸟栖于寿石旁的月季上，则寓意"长春白头"；等等。在女子首饰的打造上，也常常利用月季这一意象，将月季花和其他有吉祥寓意的植物等造型一起组成更为吉祥圆满的设计图。如月季与葫芦可组成"万代长春"；月季和牡丹则组成"富贵长春"等寓意吉祥的图案。

相关小知识

花中四君子：花中四君子指的是梅、兰、竹、菊，它们大概是中国古代的文人们所用到的最多的意向了。中国的文人、隐士们，赋予梅兰竹菊高洁的品格，以此来比喻自己的高雅。兰花生来花朵颜色偏淡，气息清香，又喜欢在幽静僻远的地方生长，古代文人们便把兰花比喻为谦谦君子，将它和艳丽的牡丹作对比，来比喻自己不同凡俗；梅花在寒冬腊月开放，且清幽淡雅、美丽绝俗，具有"傲霜斗雪"的特性，文人们便用梅花来象征自己坚韧不拔、清幽脱俗的品格；竹子经冬不凋，且四季常青，又具有空心的特点，常被看作刚正、谦逊、潇洒、不卑不亢的代表，文人们借此来比喻自己高雅；菊花芳香袭人，且在秋季开放，不与百花争艳，于是文人们用菊花比喻自己恬然处世、不屈于权贵的品格。

佛手：佛缘长久，手到财来

佛手是一种常绿的小乔木，又称为"香橼"，长出一种形状奇特的柑橘类果实，在成熟的时候心皮分离，裂纹好像手掌，有时候张开犹如佛祖的手指，因此称为"佛手"。"佛手"的名称即为佛祖之手，有佛教文化的延伸和寓意，代表"佛陀"的保佑，因而可以招来福禄吉祥，作为食物和摆设，能够避去灾害，获得吉祥。

佛手形态各异，有"千指百态""招财"等品种，尤其颜色金黄，更被称为"金佛手"，有招财纳福的寓意。在中国，佛手的"佛"也与"福"为谐音，于是引申出抓福之意，佛手的"手"被认为勤俭节约之手，寓意有手到财来、守财安家等。另外，"手"还有掌上明珠的寓意，被长辈看作给孩子赐福的吉祥物品。佛手的寓意从古代发展到今天，不仅包含了依靠自己的双手发财致富、达到成功目的的含义，也有福气好运的象征，表达人们对美好生活的祝愿和向往。因此佛手的寓意十分广泛，从很多方面都象征着幸福美满、吉祥如意。

关于佛手的来历，有一个古老的传说。在很早以前，浙江金华罗店有一座高山，山底下住着母子两人。母亲年老多病，每天都觉得胸腹胀闷不舒服，只好用双手抱胸，她的儿子非常孝顺，四处求医救母，用了很多药物，但是都没有效果。有一天晚上，儿子梦见一位美丽的姑娘，赐给他一只手样的果子，好像仙女的手指一般，儿子在梦中把果子给母亲闻了一下，母亲立刻病愈。儿子醒来之后，认为是神仙引导启示他，所以决心找到这种果子。他离开家里，翻山越岭找了很多天，已经筋疲力尽，坐在一块岩石上休息，突然听见一只青蛙叫着说："金华山上有金果，摘取金果能救母，明晚子时山门外，大好时机莫错过。"这孝子听了之后，第二天就照着指示到山门前，发现金花遍地、金果满枝，这时在梦中见到的那位姑娘飘然而来，说道："孝子的孝心感天动地，今天就送你天橘一只，可以治好你母亲的病。"

孝子非常感激，并恳求要一棵天橘苗带回去。姑娘答应了，孝子带着树苗和果实返回家中。母亲一闻果子立刻病愈。于是孝子辛勤栽培果子，金果能治病的消息传遍山村，大家都栽种这果子。乡亲们认为那位姑娘是救世观音，而天橘是观音的玉手，所以把这金果称为"佛手"。

佛手作为吉祥植物之一，有着久远的历史和深厚的文化内涵。历代文人时常将佛手入诗入画，以表达福寿、吉祥、丰收喜悦之情。宋代晏殊《佛手花》云："丹葩点漆细馨浮，苍叶轻排指样柔。"清代王士稹《池北偶谈》云："断此金黄体，施与祇树林。度人难下指，合掌即传心。"清代曹寅《洞庭诗别集》云："两堂偏识枸橼性，截片烹茶也子幽。"李琴夫《随园诗话·咏佛手》云："白业堂前几树黄，摘来犹似带新霜。自从散得天花后，空手归来总是香。"

古代人们见到佛手，只是觉得它的形状奇特，果实金黄，跟富贵满堂和招财进宝相得益彰。于是将这种果实摆放家中，作为招财的吉祥物。后来，人们发现佛手不仅可以欣赏，还具有珍贵的药用价值，能散发出一种香味，持久不散，闻了之后神清气爽，舒肝健脾，所以越来越多人在家中栽培佛手，作为观赏和修心的植物。

随着人们的生活普遍提高，佛手因为具有"福寿"的特殊内涵，因此出现了翡翠、白玉等雕刻而成的佛手吉祥物，成为吉祥文化的艺术品种之一。

翡翠和白玉佛手的流行，象征着人们追求平安吉祥、消灾祛病、招财进宝等愿望，佩戴佛手吉祥物，寓意要用自己的双手去创造幸福和美好的未来。如今，佛手已被越来越多的人喜爱，还与桃子、石榴组成多福、多子、多寿的"三多"图案，成为吉祥植物的代表之一。

相关小知识

吉祥三多：中国文化中非常崇尚吉祥，在祝福图案的传承中，逐渐形成了具有吉祥意义的"三多"，即佛手、桃子与石榴。佛手，"佛"与"福"谐音，传说佛的手能握尽天下财宝，因此佛手寓意多福多富；桃子俗称"寿桃"，传说西王母的蟠桃三千年一结果，吃了能长生，而中国传统的老寿星经常以捧着桃子的形象出现，因此桃子寓意多寿；石榴的果实最具特色，寓意多子。在中国古代的家具、瓷器等家用品或者赠人的礼品中，常常有佛手、桃子与石榴三者并蒂或者三者相缠在一起，来祈愿自己或被赠者多寿多福多子。还有的绘画在图案中画上九只玉如意，寓意"九如"，即如月之恒、如日之升、如松柏之荫、如南山之寿、如川之方至等，再加上佛手、桃子与石榴，祝愿人"三多九如"，可谓吉祥之至了。